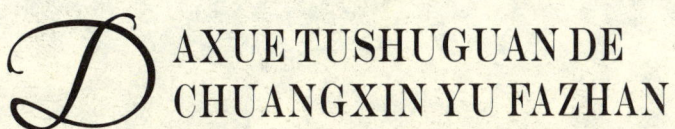

大学图书馆的创新与发展

---编委会成员---

主　编：马继刚

副主编：林　平　陈明惠　王兴伦　毛学群

执行副主编：袁学良

编委（以姓氏笔画为序）：李咏梅　张盛强　姜　晓
　　　　　　　　　　　　赵　萍　韩　夏

责任编辑：段悟吾
责任校对：曾　鑫
封面设计：李金兰
责任印制：王　炜

图书在版编目(CIP)数据

大学图书馆的创新与发展 / 马继刚主编. —成都：四川大学出版社，2013.5
ISBN 978-7-5614-6834-0

Ⅰ.①大… Ⅱ.①马… Ⅲ.①院校图书馆-图书馆工作-文集 Ⅳ.①G258.6-53

中国版本图书馆CIP数据核字（2013）第120579号

书　名	大学图书馆的创新与发展
主　编	马继刚
出　版	四川大学出版社
地　址	成都市一环路南一段24号（610065）
发　行	四川大学出版社
书　号	ISBN 978-7-5614-6834-0
印　刷	郫县犀浦印刷厂
成品尺寸	170 mm×230 mm
印　张	23
字　数	424千字
版　次	2013年5月第1版
印　次	2013年5月第1次印刷
定　价	40.00元

◆读者邮购本书，请与本社发行科联系。
　电话:(028)85408408/(028)85401670/
　(028)85408023　邮政编码:610065
◆本社图书如有印装质量问题，请
　寄回出版社调换。
◆网址:http://www.scup.cn

版权所有◆侵权必究

前　言

　　数字化的浪潮不断冲刷着已有的图书馆模式。新技术手段的快速渗入、网络环境的便利，以及读者获取知识行为的多样化，加快了图书馆在办馆理念、管理体制、文献资源结构、服务方式等各方面的变化，许许多多新问题摆在我们面前，需要思考、探讨、解决。为了适应数字信息技术迅速发展和高等教育改革持续深化的新形势，使图书馆的服务更加贴近读者的需求，四川大学图书馆广大馆员近年来十分重视对于图书情报工作之理论和具体业务的研究，积极探讨高校图书馆管理创新、服务创新和专业队伍建设、数字化建设等相关理论与实践问题。继 2007 年和 2010 年编选论文集后，我馆今年再次将本馆馆员的部分研究论文结集出版。

　　本论文集收入论文共 54 篇，内容涉及图书馆建设与发展、数字图书馆技术应用、文献资源建设、读者工作、知识服务、文献资源共享等多个方面。许多论文将理论与实际工作紧密结合，提出了具有一定参考价值的见解和观点。当然，由于时间紧迫，编选工作繁重，所选论文难免存在一些错谬之处，敬请读者指正。

编　者
2013 年 3 月

目 录

图书馆建设与发展

重回中心
　　——大学图书馆的未来 …………………… 马继刚　张宸　姜晓（3）
学术传播危机对高校图书馆的影响及应对策略 ………… 张盛强（10）
Web 2.0 时代高校图书馆面临的挑战及对策 ……… 吴诺曼　张黎俐（17）
高校图书馆是培养高素质人才的教育基地 …………… 杨华　刘莹（22）
高校图书馆建设中的人文关怀浅析 …………………… 郭素芬　刘蓉（28）
高校图书馆的数字化建设对学习型人才培养的意义 … 李禾　周一萍（33）

现代技术应用

网络环境下的全生命周期图书馆设备管理系统 ……………… 赵佳（41）
WLAN 在图书馆的应用管理及安全策略
　　——以四川大学图书馆为例 ………………… 向忠　雷若寒（47）
基于 LibGuides 软件的嵌入式学科服务平台 ………… 杨莹　罗宏（53）
基于 ASP. NET 的讲座预约系统的设计与实现
　　——以四川大学图书馆为例 ………………………… 王丽华（58）

文献资源建设

基于使用分析的中文图书采访评价研究
　　——以四川大学图书馆为例
　　………………… 李咏梅　陈隽枢　范晓燕　彭蕾蕾（71）
浅谈高校图书馆外文图书采访工作
　　——以四川大学图书馆为例 ………………… 彭蕾蕾　黄晓渝（80）
浅议基于文科专科项目的高校外文图书资源建设现状与发展
　　……………………………………………………… 刘柳　韩夏（87）

开放存取运动发展状况及其利弊分析 ………… 陈红莹　张玲玲（93）
数字资源长期保存策略研究 …………………………… 何晓庆（101）
浅谈电子资源与高校图书馆珍贵纸质文献的保护 … 肖金萍　萧金城（107）
"读者决策采购"模式在国内图书馆实践的可行性思考
　　……………………………… 唐李杏　张盛强　黄晓渝（112）
长尾理论对图书馆文献资源建设的启示 ……… 范晓燕　赵兰蓉（118）
关于设计高校图书馆图书推荐系统的探讨 …………… 陈晓耘（124）

数据库建设

基于CNKI新旧版平台的比较研究 ……………………… 雷琴（131）
Westlaw International 和 Lexis.com 数据库的比较 …… 罗宏　杨莹（137）
高校机构知识库及其可行性方案设计
　　——以四川大学为例 ……………… 胡琳　霍林　邱皓毅（147）
合理利用 Best Practice 数据库助力临床思维的培养
　　……………………………………… 张宇　余平静　赵萍（153）

分类编目

日文图书编目与回溯建库之思考
　　——以四川大学图书馆为例 ……………… 尤蓉锦　张静（161）
谈规范我国出版西文图书归属问题的具体策略
　　——以四川大学图书馆为例 …………………… 王瑞荣（168）

读者工作

高校图书馆基础服务弱化趋势与突围发展 …… 刘裴裴　李荣慧（175）
浅析高校图书馆服务及形象提升 ……………… 刘振娅　李丽娜（181）
以人为本，创新高校图书馆阅览服务 ……… 王勇　杨辉　沈军卫（187）
高校图书馆流通阅览服务质量考评的实践探索
　　——以四川大学图书馆江安分馆为例 … 郑军　郭素芬　周亚玲（192）
图书馆期刊阅览服务存在的问题及对策探讨
　　……………………………… 唐筱岚　钟卉　王永华（199）
基于复杂适应系统理论的自治模式图书排架 ………… 淳姣　王勇（203）
无微不至
　　——古籍阅览服务经验谈 ……………………………… 邹艳（209）

大学图书馆免费开放的路径设计 …………………………… 胡芬（215）
从服务学习的维度探析高校图书馆志愿服务
　　——以四川大学图书馆志愿者队为例 ………………… 黄欢（219）
高校图书馆志愿者队伍可持续发展探讨 …………………… 李红（224）
大学生占座现象及占座心理探析 ………………… 张丽　蒋真明（228）
近年来关于高校图书馆读者服务工作的研究综述 ………… 杨雲舒（239）
日本大学图书馆读者服务特色与启示 …… 苟雪梅　陈国强　李廷源（247）

信息咨询与读者指导

提升以用户为中心的高校图书馆信息咨询服务 …………… 李红霞（257）
学科服务平台的构建及实施 ……………………… 徐平　赵萍（262）
基于图书馆信息推送服务的博弈 …………………………… 蒋旭（269）
文献信息检索课程的教学改革初探 ………………………… 王圣洁（274）
数字环境下图书馆新生信息素养教育方式探讨 …… 刘莹　杨华（278）

文献资源共享

浅谈新媒体环境下省、自治区、直辖市高校图工委的协调功能
　　……………………………………………………………… 孙诗（285）
CASHL服务宣传推广工作的探析 ……………… 唐桂华　曾加洪　钟敏（291）
依托CASHL资源，提高西南地区人文社科科研保障水平 … 曾英姿（296）

调查与分析

四川大学本科生使用图书馆行为的调查
　　………………… 任建明　刘珊珊　刘玉钰　吕陈浩　孟文晶（305）
高校图书馆读者用户检索行为调查
　　——以四川大学为例 ………………………… 周一萍　赵佳（314）
提高高校图书馆数字资源利用率的思考
　　——基于四川大学调查数据的分析 …… 韩松　张海　李廷源（320）
近15年高校图书馆人力资源研究论文统计分析与演进综述
　　………………………………………………… 雷若寒　向忠（327）
2011年版与2010年版《中国科技论文统计源期刊》入选医药卫生类统计源
　　期刊的对比分析 …………………… 谭至娟　童于真　王萍（334）

其 他

高校图书馆建筑的几个问题及解决方案
　　——以四川大学江安图书馆为例 ·················· 杨辉　程丽敏（341）
《隋书·经籍志》的学术价值浅析·························· 姚大亮（347）
基于 RDF 的春秋历史事件描述研究 ························ 李国洪（351）

图书馆建设与发展

重回中心

——大学图书馆的未来

马继刚 张宸 姜晓

摘 要：文章回顾了大学图书馆在我国现代高等教育制度建立以来所发挥的重要作用，分析了当前大学图书馆面临的机遇与挑战，探讨了图书馆作为一个发展的有机体，在趋势与变革中重回中心的未来发展方向。

关键词：大学图书馆；机遇与挑战；未来发展

一、引言

教授是大学的灵魂，图书馆是大学的心脏，没有一流的图书馆就办不成一流大学，这是我们耳熟能详的共识。然而当下的大学图书馆备受电子出版物及网络搜索引擎冲击，成为大自修室，甚至有新建高校不再设立图书馆的现象，以及由此引发的大学图书馆被边缘化的观点，正不断冲击着大众的眼球与观念。

大学图书馆是否被边缘化？面临怎样的挑战与机遇？未来又有怎样的发展与走向？笔者认为：在这个信息激增、搜索引擎无所不知的时代，不是图书馆不重要，而是传统图书馆的发展模式需要创新。大学的教学科研工作对图书馆信息导航员和知识服务者职能的需要依然存在，并提出了更高的要求。盲目地追踪边缘化、消亡论是一种庸人自扰、杞人忧天的态度。信息技术带给大学图书馆的冲击，实为对以数字图书馆服务为代表的新时期大学图书馆功能价值的需求。在核心竞争力上，时代带给图书馆更大的包容性，互联网、搜索引擎都已成为图书馆的助手，而非绝对的竞争对手。顺应时代发展，向多元、现代、开放的新型大学图书馆转型，在趋势与变革中重回大学中心，将是未来大学图书馆必然的发展方向。

二、大学图书馆在我国现代高等教育发展史上的重要作用

以柏林大学组建为代表的第一次学术革命带来了现代意义上的大学的出现。现代大学提倡"学术自由"和"教学与研究相统一"的原则,逐步形成了以教学和科研为主要职能的现代高等教育体系。我国的现代高等教育事业也在这一大潮流引领下,经历了19世纪末的起步到20世纪初快速发展的重要阶段。大学图书馆从封建教育机制下单一的"藏书楼"演变为现代高等教育制度中具有一定独立性并自成体系的办学机构,这一进化过程本身就已成为近现代史上我国高等教育制度发展、完善历程中的重要变革。

五四新文化运动时期,李大钊先生曾任北京大学图书馆主任(馆长),他在《在北京高等师范学校图书馆二周年纪念会上的演说辞》(《平民教育》1919年10号)中谈到:"古代图书馆不过是藏书的地方。管理员不过是守书的人。他们不叫书籍损失,就算尽了他们的职务。现代图书馆是研究室,管理员不仅保存书籍,还要使各种书籍发生很大的效应,所以含有教育的性质。"[①] 现代大学图书馆不同于古代藏书楼,最根本的一点,就是它不仅藏书,而且介入教育乃至学术事业,是学术名家和教员、学生开展研究与教学活动围绕的中心,推动学校各项事务发展的中心。时任国家教育改革总设计师的蔡元培先生就非常关心大学图书馆的发展,不仅聘任李大钊为教授兼任北京大学图书馆主任五年,与教务长同为校评议会成员,而且还将图书馆主任列为学校的立法机关校评议会成员,直接参与校政决策。1935年至1937年间,北大校长蒋梦麟甚至亲自兼任图书馆主任。更可见当时的高等教育管理者对图书馆事业的重视,以及图书馆在大学制度中的中心作用。

民国时期的大学图书馆已经具有健全的体制和完善的管理制度,成为推动我国高等教育早期快速发展的重要支撑。例如当时的大学设有"图书委员会",对图书馆的方针、任务、重点资源补充进行讨论并做出决定。20世纪30年代青岛大学(现山东大学)图书馆的图书委员会就是由梁实秋、闻一多等著名文学家、社会知名人士组成,并编辑出版了《国立青岛大学图书馆周刊》,刊载学校的新闻、学术活动等。这期间,鲁迅曾与梁实秋展开了激烈的"笔战",关于青岛大学图书馆也是"论战"的重要内容之一。当时的大学图书馆在广泛的社会生活、学术前沿阵地中引领性的重要作用由此可窥见一斑。

---

① 陈平原:《图书馆的学术使命》,载《中华读书报》2012年11月21日,第3版。

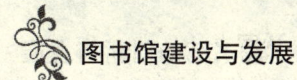

正是在这些积极举措和图书馆人的共同努力下,我国大学图书馆在现代大学的早期发挥了重要的作用,奠定了良好的基础并获得了长足发展。新中国成立后尤其是近三十年来的黄金发展阶段,我国的大学图书馆事业更是获得了翻天覆地的变化,馆藏数量、质量迅速增长,学科、制度建设日趋完善,图书馆已成为大学校园中名副其实的文献信息中心。

三、目前大学图书馆遇到的挑战与机遇

2011年1月,艾尔弗莱特大学图书馆的培训指导馆员布莱恩·苏利文(Brian T. Sullivan)发表了《2050年学术图书馆遗体解剖》的专题报告。认为:"学术图书馆将会死亡。尽管这样的判断还为时过早,但针对当前出现的严峻问题,鲁莽地拒绝将导致学术图书馆状况的进一步恶化并最终走向死亡。可以预见,学术图书馆将会独自死亡,且其作为高校心脏的作用也将会被世界所遗忘。"[①] 无独有偶,《TIME》甚至直接以《电子书让图书馆没戏唱了?》为题目刊发文章。这些关于图书馆未来生存境遇的讨论,让我们清醒地厘清了当下大学图书馆面临的机遇与挑战。

一方面,相较于传统馆藏的过时,越来越多的图书都具备了完全的数字化形式,传统的物理馆藏似乎显得没有必要。科研工作者和师生趋向于数字化信息资源的使用,可以随时浏览或者下载到便携的设备上,对数字化资源需求的呼声逐年升高,随之各大学图书馆用于电子资源购置的经费在支出中的比重也逐年增大。并且一些国外的数据出版商长期在业内处于垄断地位,使得大学图书馆在与其博弈中相对处于劣势地位。此外,电子资源一旦选用就要连年续订,以及出版商费用的每年自然增长,都给大学图书馆发展带来很大的压力。

另一方面,数据商在不断提高数据库费用的同时,甚至拒绝出售电子资源给大学图书馆,使得大学图书馆收集信息资源的难度日渐加大。2012年9月,美国图书馆协会(ALA)公布了莫琳·苏利文(Maureen Sullivan)主席的一封公开信,对西蒙 & 舒斯特(Simon & Schuster)等三家公司拒绝向112000个图书馆和约1亿6900万名公共图书馆用户提供对其电子书的访问提出质疑和抗议。屡见不鲜的是某国外垄断出版商集团正在拓展一项不再向图书馆卖书,而是开设提供网上阅读服务网站的业务。图书馆用户可以凭

---

① 冯佳、张丽、陆晓曦编译:《2050年学术图书馆遗体解剖》解读,载《新华书目报》2011年1月21日,第23版。

借 ID 身份认证登录该网站阅读图书,每阅读一次,支付一定的费用。"这就使得图书馆的功能趋近于中介组织,不提供内容,只是为出版商提供用户以收取费用。""这种趋势彰显了出版商的'野心',信息传递方式的变化,以及图书馆功能和角色的演变"的可能。① 这些数据商对信息的垄断和人为制造信息鸿沟的做法都给大学图书馆的发展提出了挑战。

此外,出版商与搜索引擎企业通过免费或者收费的信息资源吸引了大批读者。2012 年 10 月,美国出版商协会(AAP)与 Google 公布了一项调解协议,提供对已由"数字图书馆计划(Google Library)"项目进行数字化、但处于版权保护期内的出版商出版的图书和期刊的访问,按照协议 Google Books 允许用户免费浏览多达 20% 的图书,若用户还想继续浏览则需要通过 Google play 购买数字版本。这项协议使这场长达 7 年的 AAP 起诉 Google 版权侵权的诉讼以一种联合发展的模式收场。斯坦福大学图书馆馆长迈克尔·科勒(Michael A. Keller)曾对 Google 公司另一项 5 年时间扫描 5000 万册图书,提供网上免费浏览的"数字图书馆计划"评价:"多年来,图书馆一直在努力数字化图书,但限于技术和资金的双重原因,速度非常缓慢。'数字图书馆计划'的实施使数字化产品的输出从小作坊进入真正的工业化生产。"② 这些发展趋势对于大学图书馆在提供文献资源、传播文化、传递信息等的诸多职能都提出了挑战。

四、"图书馆是一个发展的有机体",创新发展,重回中心

印度著名图书馆学者阮冈纳赞在 1931 年提出:"图书馆是一个发展的有机体"③,至今仍有重要的意义。根据杜定友、刘国钧提出的对图书馆要素的讨论,白国应认为我国图书馆已于 20 世纪 90 年代进入典型的第三代图书馆,柯平提出随着电子图书馆、数字图书馆、虚拟图书馆等成为当下图书馆服务的主流形态,我国图书馆的发展已全面迎来第四代图书馆时期。

无论从图书馆史还是图书馆的发展现状来看,图书馆都是一个发展的概念。这里的发展有两层意义,一方面是如阮冈纳赞的图书馆基本定理,图书馆经历了从雏形到成熟,处于不断成长的状态;另一方面,图书馆如同生物

---

① 赵婀娜:《生存危机唤转型大学图书馆会否遭遇"遗体解剖"》,载《人民日报》2012 年 4 月 20 日,第 18 版。

② 赵婀娜:《生存危机唤转型大学图书馆会否遭遇"遗体解剖"》,载《人民日报》2012 年 4 月 20 日,第 18 版。

③ 柯平:《重新定义图书馆》,载《图书馆》2012 年第 5 期。

有机体一样，在渐变的过程中也会发生质的改变，出现转型、蜕变或者变异，今天的图书馆已经呈现出如同生物多样性的多种形态并存、发展的局面。

互联网产生20年来，图书馆发生的变化远超过以前100年的变化。可以预计，未来图书馆还将发生更大的变化。大学图书馆目前遭遇到一些挑战，导致有些人对图书馆的价值产生怀疑，甚至"图书馆消亡论"不断扩散。然而更多的现实发展表明，大学图书馆并没有萎缩或者倒退。作为文化事业的组成部分，每当新的文化形态出现的时候，图书馆也会面临一种新的文化境遇。从最初的藏书楼到现代的文化、信息中心，图书馆事业发展的历史，也是职能不断扩展的历史。

顺应时代发展，积极应用各种信息技术改造图书馆，创新求变，使图书馆真正成为一个知识扩散、信息生产、服务机构的科研和实验基地，进入学校教学、科研主渠道，成为学校的文献信息中心、文化中心、学习中心。大学图书馆界很多新的办馆理念和实际行动也使我们看到了这样的发展趋势。

(一) 发展多元共享空间，迎接挑战

近年来，构建"多元化的共享空间"，满足读者多元化服务需求是大学图书馆开展的一项十分有益的尝试。北大图书馆朱强馆长描述其特征为"它是人气很高的公共书房、起居室、交流室，是师生们在家庭（宿舍）、教室之外经常活动的第三空间。它将实现艺术无死角、科技无死角，是集图书馆、博物馆、展览馆、教育技术馆为一体的校园核心建筑"。具体来说，这里将是一个"资源共享空间""学习研究空间"和"文化艺术交流空间"的共同体。它可以为师生提供多种载体形式、多学科内容完整齐备的一站式资源获取渠道，轻松使用各种资源；创设良好的学习氛围，设置类似于学习室、研讨室、独立研究间等的学习空间，并提供各种先进的设备；此外，还可以开设各类文化艺术展览，使读者足不出户就可以参与各种文化交流，提升欣赏的素质水平，使读者在图书馆的任何地方，都能随手取阅书刊、操作屏幕，欣赏名画和艺术品，沉浸于信息、科技和艺术营造的文化空间。读者到图书馆，除完成检索信息的主要目的之外，还可以学习、办公、开会、交友、参观、体验、欣赏，甚至是约会、小憩。在这里数字技术、现代化设备及各种信息资源相融合，图书馆的资源、服务及环境融入读者的学习过程，使他们可以得到学习指导、技术咨询，可以进行思想交流和分享智慧，达到促进学习研究和知识创造的目的。

北京师范大学—香港浸会大学联合国际学院从2008年就开始了创建

"学习共享空间"的尝试,现已成为该校教育理念创新实践的一大特色。

(二)深度挖掘,提升对科学研究的服务能力

相比于国内一些大学图书馆在服务学习方面的创新,对科研的支撑显得相对单一,主要集中在电子资源服务、查收查引、科技查新及竞争力评估等方面。索尼公司前董事长出井伸之在谈到发展创新之路时,曾指出产品销售并不在于便宜,而是真正的"需要",对于大学图书馆来说同样如此。在以电子科研(E-science)、电子学术资源(E-scholarship)为代表的科学研究E化进程中,大学图书馆主动出击,积极参与并努力发挥作用,扩大图书馆的服务效益及其在校园的影响力,更好地发挥文献信息中心的作用。美国的一些高校图书馆针对每项科学研究都留下海量文稿、数据没有专业管理的状况,开展与研究人员的合作,展开数据监护工作,对科研数据进行全程管理和永续管理,为图书馆的信息资源收集打开了全新的思路与发展方向。哈佛大学图书馆的 OCP 项目,完全站在用户的角度建设主题数字资源,提供高品质符合读者需求的信息服务,免除了读者在不同载体类型资源之间辗转的复杂过程。北京大学图书馆也开展了致力于机构数据库的建设,对北京大学的数据监护进行全面调研和规划工作。

(三)深入推进,信息服务嵌入教学

开展信息素养教育一直是大学图书馆发挥教育职能的重要途径,从教育部 1984 年 3 次发文推广《文献检索与利用》课程至今,该课程已在各种类型的高校中普遍开设,形式主要有必修课、选修课、讲座等。由学科馆员与教师共同讨论教学大纲,分析教学案例,分别讲授相关知识,全程参与课程设计、教学与评价,以"嵌入课堂"为主导思想的多元化的信息素养教育模式在一些大学图书馆试行,并取得了良好收效。如复旦大学图书馆对新闻学等 6 门专业课程进行了嵌入式讲座;河北师范大学全程跟踪了古代文学专业先秦两汉文学方向的多门研究生专业课程,针对不同层次对象(硕士生导师、研究生)的需求特点,采用信息推送和讲座培训,逐级提供专业课嵌入式讲座和与专业课配套的信息推送服务。

五、结语

1920 年 8 月 15 日《申报》有一篇题为《北大图书馆之现在与将来》的文章,那是一篇有关蔡元培、李大钊以及诸多北大教授如何热心图书馆事业的报道,开篇写道:"图书馆为学校第二生命,稍有常识者,无不知之。"结

尾则是:"该校教员及学生对于本校图书馆事业能如此热心筹划,则前途发展定可预期也。"①

如果说,19世纪大学图书馆的机构建设和普及是潮流,20世纪大学图书馆的职业理性思考和制度建立是重点;那么当下认清大学图书馆面临的挑战与机遇,在趋势与变革中定义大学图书馆的未来则是每一位热爱图书馆人的理性思考。

参考文献:

[1] Publishers and Goole Reach Settlement [EB/OL]. Association of American Publishers. 2012 [2012-12-23], http://www.publishers.org/press/85/.

[2] 陈进. 教育部高校图工委服务创新工作组一年度工作汇报 [Z]. 重庆, 2012.

[3] 陈平原. 图书馆的学术使命 [N]. 中华读书报, 2012-11-21 (3).

[4] 冯佳, 张丽, 陆晓曦编译.《2050年学术图书馆遗体解剖》解读 [N]. 新华书目报, 2011-01-21 (23).

[5] 柯平. 重新定义图书馆 [J]. 图书馆, 2012 (05): 1-5.

[6] 佚名. 上世纪30年代的山东大学图书馆 [J/OL]. 图书馆界, [2013-01-15]. http://www.nlc.gov.cn/newtsgj/yjdt/2010n_4724/10y_2181/201110/t20111025_54049.htm.

[7] 佚名. 美国图书馆协会主席发布公开信向数字出版商宣战图书馆员 [EB/OL]. 图书馆员, 2012 [2013-2-17]. http://lib.notefirst.com/libnews/15115/default.aspx.

[8] 袁曦临. 从封闭走向开放:关于创业型大学图书馆的思考 [J]. 图书馆杂志, 2008, 10: 46-50.

[9] 朱强. 如何重新定义大学图书馆——以北京大学图书馆为例 [EB/OL]. 中国图书馆学会高等学校图书馆分会, 2012 [2013-01-5]. http://www.sal.edu.cn/information-info.asp?id=2613.

[10] 赵婀娜. 生存危机唤转型大学图书馆会否遭遇"遗体解剖" [N]. 人民日报, 2012-04-20 (18).

---

① 陈平原:《图书馆的学术使命》,载《中华读书报》2012年11月21日,第3版。

学术传播危机对高校图书馆的影响及应对策略[①]

张盛强

摘 要：学术传播危机对图书馆的文献保障能力产生了严重的危害，是中国高校图书馆必须面对的挑战。学术传播危机的解决应立足于实际的学术传播环境，立足于中国学术群体的认知。目前，学术传播危机的解决方案包括按需出版、建设高校机构知识库、开放获取运动、集团采购和用户决策采购等。

关键词：学术传播危机；高校图书馆；应对策略

近年来，学术传播危机（Crisis in Scholarly Communication）成为高校图书馆及相关学术群体不可回避的问题和挑战。学术文献资源价格的疯狂上涨成为高校图书馆开展学术传播活动中必须面对的严重问题。由于经费增长有限，图书馆等信息服务机构的学术文献订阅量大幅下滑，直接导致了学术文献保障能力的下降。

一、国内外研究现状

学术传播危机是伴随着数字信息技术革命而出现的新兴问题。国外的研究中，对学术传播危机的形成原因和发展的研究较为系统。1992年，克利福德·林奇（Clifford A. Lynch）在《反响回应以及实现：从学术传播危机到信息化时代》（Reaction, Response and Realization: From the Crisis in Scholarly Communication to the Age of Networked Information）一文中阐述了信息技术发展对传统学术出版造成影响的各个方面，包括知识产权、成本价格和技术系统等，并提出了对传统的出版系统进行改革的观点。桑福

---

① 本文系"四川大学2012年图书馆、情报与文献学"和"2012年度四川省高校图书馆、情报与文献学规划项目"研究成果。

德·撒切尔（Samford G. Thatcher）的文章《学术传播危机》（The Crisis in Scholarly Communication）描述了大学出版社面临的学术著作出版困境。2001年，约翰·霍顿（John Houghton）在一份讨论报告《学术传播经济学》（Economics of Scholarly Communication）中详细论述了学术传播作为一个系统面临的各种问题，这些问题集中体现在学术文献价格的上涨和学术文献访问获取的矛盾，报告从知识产生和利用的角度定义了学术传播危机的背景，从经济的视角分析了技术、商业发展与学术传播的分歧，同时也对传统学术评价体系提出了质疑。希拉里·科尔贝塔（Hillary Corbetta）在两篇系列文章《学术传播危机·卷一：厘清问题，吸引员工》（The Crisis in Scholarly Communication, Part I: Understanding the Issues and Engaging Your Faculty）和《学术传播危机·卷二：以技术服务为重点，从内部影响图书馆》（The Crisis in Scholarly Communication, Part II: Internal Impacts on the Library, with a Focus on Technical Services）中系统概述了学术传播危机对大学的影响，仔细讨论了作为大学校园事实上的学术传播教育中心——图书馆应该采取的措施和方案。乍得·斯加特泽（Chad Schatzle）在《解决学术传播危机的方案》（A Proposed Solution to the Scholarly Communications Crisis）中提出采用博弈理论解决学术传播危机的观点。总体来说，国外研究对学术传播危机提出的解决方案包括图书馆与出版社的多元合作、集团采购和开放获取（Open Access）。

国内对学术传播危机的研究相对较少，通过中国期刊网全文查询，仅获得7篇相关文献。大多数研究都只把学术传播危机作为背景介绍，很少把学术传播危机当作一个系统问题来讨论和研究。国内研究主要集中于开放获取运动、集团采购等方法的介绍和实践总结。例如，黄凯文的《高校图书馆构建机构仓储初探》阐述了机构仓储的定义、特点、功能，探讨了高校图书馆构建IR的意义及将面临的问题；李丽和张成昱的《美国大学出版社与图书馆的多元化合作》介绍了学术传播危机下美国大学出版社和图书馆的合作模式，从而共同促进学术传播；冉娜的《简论同行评议开放期刊的发展及影响》从同行评议开放期刊的产生着手，阐述了同行评议开放期刊的发展历史，分析了其影响力。

二、学术传播危机的具体表现及成因

（一）学术传播危机的具体表现

学术传播危机主要表现在两个方面。一方面，曾经在学术传播体系中为繁荣学术传播做出重大贡献的学术出版机构近年来饱受质疑。在商业利益的驱使下，商业学术出版机构利用其在学术传播体系中业已形成的话语权，不断放大学术出版的利润空间，导致学术出版物价格出现高于平均基本通胀率的疯狂上涨，在自然科学、技术工程和医疗科学领域，期刊价格上涨尤为明显。例如，著名的学术出版商里德·埃尔塞维尔集团（Reed Elsevier）从1986年到2000年，其期刊价格上涨了226％，而同期的消费物价指数（CPI）上涨仅为62％。学术出版商的暴利被经济分析家直接称之为"摇钱树"（Cash Cow）。受学术资源价格上涨因素的影响，图书馆等学术信息机构参与学术传播的成本大幅增加，与学术出版商在学术传播运作链条上的冲突加剧。以澳大利亚大学图书馆为例，1986年至1998年间，澳大利亚大学图书馆的杂志订阅数量下降了37％，但用于期刊订阅的支出却增加了263％。期刊订阅的单位成本增加了惊人的474％。在学术资源价格上涨的背景下，学术传播的各个环节正常有序的运行模式受到冲击，学术传播主体之间的冲突不可避免地爆发了。另一方面，作为学术传播内容生产者的学者，在学术追求和职业晋升双重压力下，发布学术研究成果的需求和愿望持续增长，"不出版就灭亡"（Publish or Perish）[①]成为学者维持其学术生涯的警示语。但是，随着学术成果的快速增加和学术竞争的加剧，学者们发现通过传统学术传播体系发表论文和出版著作却愈加困难。学术传播危机严重阻碍了学术传播活动的正常开展。

（二）学术传播危机的历史成因分析

学者、学术出版机构和学术信息服务机构是学术传播主体的主要构成部分。古代学术传播的主要形式为学者之间的人际传播，学术传播机构则为学术思想的保存做出了重要贡献。学者与学术传播机构的诉求主观上与客观上都基本一致：主观上都是为了自身的发展，提升自己的学术地位和社会地位；客观上都保障学术传播成为社会发展的重要力量。古代学术传播的阻碍来自于传播科技和社会结构。

学术出版者作为传播主体开始出现于近代。伴随着印刷科技的创新和社会结构的剧变，学术出版者为现代学术传播模式的建立做出了巨大的贡献。以图书、期刊为代表的学术传播如同大众传播一样，在现代学术传播体系上赢得了更受关注的舞台。自从图书、期刊作为商品出现在学术出版体系中，

[①] 丁学良：《"你敢写中文？"——英语学术界的研究产品发表制度》，《清华社会学评论特辑》，2000年6月。

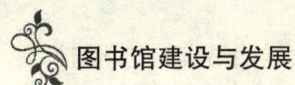

参与学术传播的传播主体诉求开始出现分歧。这种分歧主要体现为学术出版者为了维持和加强自身的发展,必须发挥和利用图书、期刊的商品属性,追求利润的最大化。在现代学术传播体系中,由于处于学术传播主体工作链的中游,这种分歧显得尤其不可忽视。

在现代学术传播体系发展初期,促进学术传播发展才能保障传播主体的整体发展,因此学术出版者的商业诉求分歧并不突出。随着人类社会的发展,科学文化的重要作用得到了世界各国的认可,学术传播地位也得到了极大的提升。人类社会对学术传播给予重视的同时,也给学术传播主体带来了空前的压力。学术传播主体也需要通过竞争获得更多的发展机会,这种竞争在两个方面尤为明显。一方面,学术人员必须面对学术评价的压力,从而在学术生涯的竞争中获得晋升。而现行学术评价过分依赖出版指标,造成学术出版的需求空前高涨。"Publish or Perish"正是学术评价体系对学者造成出版压力的写照。另一方面则出现于学术出版领域。由于商业规律的必然性,学术出版经历了漫长的竞争和淘汰,创造了很多学术出版的精英企业和机构,其副产品则是兼并带来的垄断。据美国著名的投资公司摩根士丹利的一份市场报告统计,2001年全球科学出版市场前9位的出版商占据了全球57.7%的市场份额,其中Reed Elsevier一家就占据了23.3%,详见下表。垄断造成了学术传播话语权的失衡,造成了学术传播主体的冲突。

2001年全球科技出版市场统计

	2001 Revenues (US$ mn)	2001 Market Share (%)
Reed Elsevier (Elsevier Science)	1055.3	23.3
American Chemical Society	357.3	7.9
Thomson	259.0	5.7
John Wiley & Sons	243.6	5.4
Inst of Electrical & Electronics Engineers	200.3	4.4
Wolters Kluwer	169.3	3.7
McGraw-Hill	146.2	3.2
Springer-Verlag	44.0	1.0
Others	1916.9	42.3
Total Scientific Market	4536.4	100.0

学术评价体系的不完善和学术出版垄断是造成学术传播危机的主要因素，是学术传播历史发展的产物。我们不能因为学术出版机构的垄断将其无限妖魔化，否认其曾经为学术传播做出的贡献。而且应当承认，即使在学术传播危机处于分歧的焦点，学术出版机构仍然在为学术传播贡献自己的力量。大量高质量的学术论文、图书专著仍旧通过学术出版机构严格的评审、认真的加工、不断完善的服务传递到终端学术用户手中。

回顾学术传播历史的发展，我们可以看到学术出版机构的商业运作并不是不可调和的矛盾。面对垄断造成的学术传播危机，学术传播主体应该继续坚持学术传播的本质要求，充分利用新的技术环境消解垄断对学术传播的危害，突破学术资源商品化对学术传播的桎梏，探索合理的学术传播主体协作模式。

三、学术传播危机的解决思路

（一）中国学术传播危机的地域特征

学术传播危机已经成为全球学术共同体关注的热点问题。在全球化的视角下总结危机现状，分析历史成因可以系统地把握学术传播危机的本质。同时，综合性的研究必须注重应用价值，即必须结合中国高校学术传播的实际情况进行讨论和分析，才能得出具有现实参考意义的研究结论。

中国的学术传播危机与西方国家存在地域差异和特征。首先，由于西方发达国家在经济、文化、教育及学术发展上形成的历史优势，在学术传播的地区关系中处于事实上的支配地位。这种地区发展水平的差异增加了中国学术传播危机的复杂性。其次，中国的科研政策、教育制度、学术评价标准、学术出版商业模式、高校图书馆运行机制都具有鲜明的国情特色，还处于不断发展完善的阶段，这些都是导致学术传播具有地域特征的重要影响因素。最后，作为发展中国家，中国的学术传播危机必须面对尊重知识产权和保障学术公平的双重挑战。

以上学术传播的地域差异，是中国学术群体全面认识学术传播危机不可忽视的因素，是客观分析中国高校面临的学术传播危机严峻性的基础。

（二）中国学术群体对学术传播危机的认知

学术传播危机对于整个学术传播群体的危害是不言而喻的。尽管学术传播危机已经在全球范围内得到了相关学科（例如图书馆学、新闻出版和传播学）的重视和讨论，但是学术个体和学术团体对于学术传播危机的体会来自于学术事务中的细节和琐事，大多比较零碎和片面，缺乏整体性认知，未能形成共鸣和共识。而学术群体对学术传播危机的共鸣和共识是解决危机的现实基础。

基于以上的逻辑分析，我们有必要对中国高校学术群体对学术传播危机的认知进行调研。通过实证研究获取中国高校学术传播群体中不同年龄、不同学科、不同院校的学术人员对于学术传播危机的认知程度，从而切实了解中国学术人员对于学术传播的真实感受。图书馆作为事实上的学术信息传播教育机构，有义务唤醒学术群体对于学术传播危机的忧患意识，为提出具体的解决方案奠定现实政策基础。

四、学术传播危机的解决方案

目前，学术传播危机的解决方案包括按需出版、建设高校机构知识库、开放获取运动、集团采购和用户决策采购等。

按需出版是指利用数字印刷、网络传输等先进技术，根据时间、地点、内容、样式、数量等特殊要求进行定制印刷出版。按需出版体现了网络学术出版的技术优势，也特别适合学术传播中特有的"长尾"现象的要求，即满足特定专业的少数学术用户的文献获取需求。

机构知识库是指学术机构或学术共同体为了长期学术研究和知识积累的需要，对机构成员所产生的数字学术文档进行永久收藏，并提供免费的、开放的访问服务。

开放获取（Open Access，简称OA）运动是指为破除学术研究的障碍，将学术文献放在互联网上，在保障作者的基本权益的前提下，免费向大众开放并允许合理利用的学术传播方式。作者的基本权益仅仅限于作品的完整性和作品被正确规范地使用和引用。开放获取并没有明确的规范，但其核心价值是免费获取和合理使用。

集团采购是指图书馆以联盟形式团结起来，合作开展引进数字资源的采购工作，规范引进资源集团采购行为，通过联盟的努力为成员馆引进数字学术资源，谋求最优价格和最佳服务。

用户决策采购是指图书馆以用户为中心，按照用户实际使用需求来决定学术资源的购买与使用。用户决策采购体现了学术信息服务机构应对学术传播危机的新思路，是对学术传播各方利益的充分尊重，是在网络环境技术条件下调整学术传播网络营销模式的新实践。

五、结语

学术传播危机是一个现实的、严峻的、影响深远的问题，已经对学术传播活动造成了严重的阻碍和危害。学术评价体系的不完善和学术出版垄断是造成学术传播危机的主要因素。学术传播危机的形成是一个复杂的系统问题，必须避免片面认知。建立科学的学术评价体系，对于研究学术传播问题的解决方案具有重要的作用。高校图书馆作为学术传播的重要机构，应该通过自身努力促使学术评价体系的多元化和科学化，以中国学术传播危机的地域特征为理论依据，以中国学术群体的认知为现实基础，参考和借鉴已有的方案，并在实践中给予客观评价和调整。

参考文献：

[1] Chad Schatzle. A Proposed Solution to the Scholarly Communications Crisis [J]. Journal of Access Services, 2006, 3 (3): 37-47.

[2] Economics of Scholarly Communication, http://web.archive.org/web/20010613024440/http://www.anu.edu.au/caul/cisc/EconomicsScholarlyCommunication.pdf.

[3] Hillary Corbetta. The Crisis in Scholarly Communication, Part I: Understanding the Issues and Engaging Your Faculty [J]. Technical Services Quarterly, 2009, 26 (2): 125-134.

[4] Hillary Corbetta. The Crisis in Scholarly Communication, Part II: Internal Impacts on the Library, with a Focus on Technical Services [J]. Technical Services Quarterly, 2009, 26 (3): 173-182.

[5] Lynch C. Reaction, response, and realization: From the crisis in scholarly communication to the age of networked information [J]. Serials Review [serial online], 1992, 18 (1-2): 107-112.

[6] Thatcher, S. G. (1995). The crisis in scholarly communication [J]. The Chronicle of Higher Education, 41 (25): 2-B1.

[7] 黄凯文. 高校图书馆构建机构仓储初探 [J]. 图书馆工作与研究, 2006 (2): 51-54.

[8] 李平. 开放式信息取用技术的发展及其在图书馆建设中的作用 [J]. 科技情报开发与经济, 2011, 21 (5): 21-22.

[9] 钱庆, 李军莲, 夏光辉, 高星, 吴英杰, 孙海霞, 李雯雯. 生物医学开放获取期刊导航系统的设计与实现 [J]. 医学信息学杂志, 2009, 30 (3):14-18.

[10] 冉娜. 简论同行评议开放期刊的发展及影响 [J]. 科技情报开发与经济, 2009, 19 (1): 56-57.

[11] 唐圣琴. 贵州省本科院校图书馆OA资源开发利用调查分析 [J]. 农业图书情报学刊, 2012, 24 (8): 30-35.

[12] 王春梅. 试论数字化环境下图书馆信息资源建设 [J]. 现代情报, 2009, 29 (8): 90-92.

Web 2.0时代高校图书馆面临的挑战及对策

吴诺曼　张黎俐

摘　要：Web 2.0的兴起使一些热门网站和工具成为读者上网首选，图书馆资源遭到冷落，本文分析了症结和原因所在，并引入"路径依赖"理论，提出利用Web 2.0技术对内适度改造、对外全面推广的对策。

关键词：高校图书馆；Web 2.0；路径依赖

一、Web 2.0简介

近年来方兴未艾的Web 2.0概念，已经成为互联网发展的趋势。到底什么是Web 2.0？通俗地讲，Web 2.0就是第二代互联网。Web 1.0时代，用户普遍通过网络浏览器浏览 HTML 网页来获取自己需要的信息，是一种以网站为中心的单向度模式。Web 2.0时代，则是以用户为主体，用户既是信息的发布者，也是接收者，用户与网站、用户与用户之间是一种灵活的交互模式，其联系性和工具性较 Web 1.0 而言不可同日而语。Blog（博客）、Wiki（维基）、RSS（简易信息聚合）、Tag（标签）、Podcasting（播客）、SNS（社会网络）、Social Bookmarks（社会书签）、IM（即时信息）、开源软件、网摘、P2P（高效的传输技术）与 Ajax 等是Web 2.0的关键技术。如果把 Web 1.0 时代的网站比喻成一个提供和发布信息的"黑板"，那么Web 2.0时代的网站则更像一个开会的"圆桌"，为互联网用户分享和交换信息提供了绝佳的平台。普遍认为，Web 2.0为用户带来了真正的个性化、去中心化和信息自主权。一句话，是用户主导了话语权。

二、Web 2.0与高校图书馆的关系

以倡导"以人为本""读者至上"为传统的图书馆，尤其是高校图书馆（其服务对象是对信息有着高需求度和高敏感度的特定人群），第二代互联网

这些鲜明的特征不能不引起业界的充分重视和正式研究。Web 2.0 成为图书馆人热议的话题，Library 2.0 等概念也应运而生。然而在探讨两者结合的可能性之前，有必要明确高校图书馆自身的功能和特点，从而清晰地界定 Web 2.0 在图书馆业务中扮演的角色，才不至于在技术潮流的冲击下迷失方向。

高校图书馆作为大学办学的三大支柱（图书馆、实验室、师资队伍）之一，不仅承载着情报功能，而且承载着教育功能。其为教学、为科研服务的性质，决定了图书馆在资源引进和建设方面既需要引入读者推荐机制，尽力满足读者对信息的需求，还需保持高度的专业性、权威性和独立性。这是高校图书馆不同于商业机构或者社区图书馆的地方，对学术水准的要求决定了高校图书馆在自身资源引进和建设上不可能完全去中心化，相对于瞬息万变的信息市场而言，反而应趋向于保守，与"热门"保持一定距离。那么，Web 2.0 对高校图书馆的影响和作用到底在哪一方面呢？笔者认为，就 Web 2.0 带给用户个性化、去中心化和信息自主权这些特性而言，高校图书馆应该把 Web 2.0 概念重点应用于对图书馆资源的使用上，利用第二代互联网的优势，低成本而高效地推送资源，使读者方便而灵活地利用资源。

三、症结与原因分析

高校图书馆的一个普遍现状是日益边缘化，尽管投入了大量的资金与人力，资源不可谓不丰富，体系不可谓不完整，质量不可谓不高端，然而使用率普遍低下。实际上，读者一旦有机会接触到图书馆尤其是电子文献资源，会惊叹"原来我要的资料图书馆网站就有，并且这么多、这么全"。造成此现状的原因主要有两点。

（一）读者的"路径依赖"

路径依赖（Path-Dependence）是一个社会学名词，它的特定含义是指人类社会中的技术演进或制度变迁均有类似于物理学中的惯性，即一旦进入某一路径（无论是"好"还是"坏"）就可能对这种路径产生依赖。某一路径的既定方向会在以后的自我发展中得到自我强化。这种现象同样存在于互联网用户对信息的寻求方式上，一旦用户使用过几次某个网站，就会固化下来，成为搜寻和接收信息的首选甚至是仅有选择，不是因为更好用，只是因为习惯了。

根据 CNNIC 最新发布的《2011 年中国青少年上网行为调查报告》显示，青少年网民在网络沟通交流上表现得非常活跃，即时通信（86.0%）、微博（61.6%）、社交网站（57.7%）和博客/个人空间（71.9%）的使用率高于整体网民的平均水平。其中，大学生群体在大部分网络应用上的使用率较高,其中搜索引擎、网络新闻的使用率分别达 92.3% 和 85.4%;网络音乐和视频的使用率分别达 88.8% 和 78.9%;即时通信和电子邮件的使用率分别达 95.1% 和 82.7%;网络购物、网上支付和网上银行的使用率分别达 64.9%、58.6% 和 58.4%。报告表明,高校图书馆的服务对象主体——大学生在使用网络时有着自己的"路径依赖",他们常去的是上文提及的这些类型的网站而不是图书馆。

(二)图书馆网站自身缺乏吸引力

目前多数高校图书馆首页上是本馆资源的简单罗列,界面既不简洁也不清楚,令人望而生畏。而网站的导引文字也显得专业和生涩,例如 OPAC (Online Public Access Catalogue) 联机公共目录查询系统,对于读者来说是非常费解的名词,这类技术性语汇往往令读者的查找难以为继,导致用户流失。另外,高校图书馆资源利用过程中还会出现用户注册限制、防火墙限制某些服务功能应用等障碍,给读者带来挫败感。一句话,图书馆网站不好用,结果就是无人用,导致大量富有价值的资源读者无从知晓,电子资源和纸本图书一同"蒙灰"。

四、Web 2.0 环境下高校图书馆的对策

Web 2.0 的兴起,既将传统的图书馆网站那种单向度、自我中心的模式抛入了落伍的行列,也为图书馆的发展和服务创新提供了契机。在现有条件下,由于读者使用网络的"路径依赖",图书馆即使把自己改装成一个典型的 Web 2.0 网站来吸引用户上门,效果也十分有限。而高校图书馆承载的为教学科研服务的学术功能也决定了图书馆不可能完全去中心化,转型 Web 2.0 既无可能也无必要。笔者认为恰当的对策应是:第一,吸取 Web 2.0 的优点,对图书馆网站做适当人性化改造;第二,利用 Web 2.0 技术,全方位推广图书馆。

如果说在单向度、静态化的 Web 1.0 时代,图书馆的推广实行起来还存在资金门槛高、执行难度大、收效甚微的障碍,Web 2.0 技术的兴起,正好提供了克服上述困难的条件,使推广变得相对灵活和容易。因此,最可行的方案就是到师生常去的各个人气网站安家,使用户无论从哪个自己依赖的路径入手,都能通过无缝链接轻松抵达图书馆资源宝库。以下就以 Web 2.0 热门的网络工具为例,说明图书馆如何来开展创新服务。

(一)IM(即时信息)

即时信息如腾讯 QQ、MSN、移动飞信、阿里旺旺、手机微信等,都是高

校师生群体中使用率很高的沟通工具,具有很好的用户基础,不少院系师生已经使用这些软件实现管理和沟通。图书馆以统一的官方名称,注册使用多种即时通讯工具,通过加好友、建群等方式,可以实现用户与馆员的同步交流,在线为用户提供咨询与解答,并及时将图书馆的服务动态发送到用户手上。值得注意的是,在 IM 工具的使用上,一个失败的策略是开发图书馆专用的实时资讯软件,如 CALLS 的高等院校分布式联合虚拟参考咨询系统、清华同方的 TPI 系统、北信易宝 TRS 系统,由于没有考虑用户的"路径依赖",使用效果并不好。例如,2007 年 11 月,东北师范大学图书馆淘汰了使用不便且利用率很低的 TRS 实时咨询系统,启用 QQ 和 MSN 开展咨询服务。

(二) SNS(社会网络)

SNS(Social Network Services),即社会性网络服务。简单地说,SNS 的实现原理是在 SNS 网站上建立自己的朋友圈,而你的每一个朋友又建立他自己的朋友圈,通过你的一个朋友,你能看到你朋友的朋友,这样就形成了一个大的人际关系网络。用户自主地将想要分享的信息发布在网站上,也获取其他用户的信息,信息的题材没有限制,其五花八门的程度往往会带给人意想不到的收获。每一个用户进入网站看到的页面都各不相同,取决于自己建立的"圈子",内容是完全动态的。国内以 SNS 为核心理念的社交网站成长非常迅速,在大学生和青年群体中最具影响的有人人网(由校内网改名)、开心网与豆瓣网。其中豆瓣网尤其值得高校图书馆关注和建立合作,因为豆瓣网聚合的用户以资深书迷为主,目前已拥有 6938 万"居民",并且队伍还在迅速壮大中。因其用户忠诚度高、信息原创性与可读性强、同兴趣用户聚合力强、操作界面极度人性化,已经成为读书人找书的首选网站。豆瓣优异的导读功能与图书馆可谓天作之合,读者在豆瓣上浏览图书信息、阅读其他读者关于该书的精彩评论时,这本书"在哪儿买""在哪儿借""哪儿有二手转让"等信息都会显示在旁边。目前,清华大学、厦门大学、华中科技大学等 10 余所高校图书馆都开发了可接入豆瓣 API 的 OPAC 馆藏查询的应用程序,使读者在豆瓣找书时就可以通过无缝链接看到这些图书馆的馆藏,达到理想的资源推送效果。另外,豆瓣的"兴趣小组"功能也为图书馆宣传提供了绝佳平台,高校图书馆在此建立以"××大学图书馆"命名的兴趣小组,聚合自己的用户,为爱书、懂书之人提供最新最详尽的服务资讯,并利用 SNS 网站"圈子"的特性,通过每一个用户达到一传十、十传百的宣传效果。目前,中国国家图书馆、首都图书馆、清华大学图书馆、上海交大图书馆等都已在豆瓣上建立兴趣小组。

（三）微博

微博，即微博客（MicroBlog）的简称，是一个基于用户关系信息分享、传播以及获取平台，其原理与 SNS 网站类似。因其 140 字的篇幅规定，使微博信息具有短平快的鲜明特点，无论在电脑或者手机上，都可以随时记录、随时分享，国内的微博网站以新浪、腾讯为代表。截至 2011 年 10 月，中国微博用户总数达到 2.498 亿，成为世界第一大国。微博的出现带来了信息传播方式典型的 Web 2.0 式的变革，随着一系列显著的"微博效应"，其影响力迅速吸引了各行各业，在微博上建立自己的"麦克风"几乎成为外联惯例，和机构电话、邮箱一样不可或缺。在新浪微博上以"大学图书馆"为检索词检索用户，可以找到 500 条以上的结果，说明各高校图书馆已经意识到微博的重要性。经观察发现，由于微博篇幅短小，其信息偏向碎片式、火花式、集锦式，是以"快餐"的形式呈现给用户的。但若因此就忽略了整体的策划意识，被维护馆员的主观视野所限制，就会带来随意性和不稳定性，这是微博营销值得注意的风险。武汉大学图书馆对微博平台的利用体现了较好的策划意识，值得高校图书馆借鉴。

此外，Blog（博客）、Wiki（维基）、RSS（简易信息聚合）、Tag（标签）、Podcasting（播客）等 Web 2.0 技术，也同样是图书馆推广的有效手段。高校图书馆具有强大的资源优势，只要准确把握自身定位，顺应 Web 2.0 时代读者的使用习惯，充分利用 Web 2.0 技术开展创新服务，新的发展机遇就会随着挑战一起到来。

参考文献：

[1] 百科名片. 路径依赖 [DB/OL]. [2013-3-21] http://baike.baidu.com/view/397443.html.

[2] 百科名片. 微博 [DB/OL]. [2013-3-21]. http://baike.baidu.com/view/1567099.html.

[3] 豆瓣网首页 [DB/OL]. [2013-3-21]. http://www.douban.com.

[4] 任志刚. Web 2.0 时代高校图书馆的网络营销之路 [J]. 科技情报开发与经济，2011（1）：2.

[5] 王惠，王树乔. SNS 应用于图书馆 2.0 服务初探 [J]. 图书馆学研究，2010（6）：71.

[6] 中国互联网络信息中心. 2011 年中国青少年上网行为调查报告 [DB/OL]. [2012-8-3]. http://www.cnnic.net.cn/hlwfzyj/hlwxzbg/qsnbg/201208/t20120816_33304.html.

高校图书馆是培养高素质人才的教育基地

杨华 刘莹

摘 要：本文从高校图书馆资源优势、技术优势、环境优势、人才优势等方面阐述了高校图书馆是培养高素质人才的教育基地。并以四川大学图书馆为例，对如何强化高校图书馆的大学生综合素养教育功能提出了方法与措施。

关键词：高校图书馆；大学生素质教育；教育基地

一、引言

高校图书馆是大学信息资源中心，身兼信息职能和文化教育职能，它所实施的社会教育具有全程性、多样性和自主性的特点，对大学生的思想道德、内在修养、心理素质等有一种潜移默化的影响。随着我国高等教育改革和发展，高校图书馆的职能已经从单纯的文献藏、借、阅服务，发展成集阅览、学习、展览、科研、学术交流，乃至休闲等多功能为一体的现代化场所，是实现科教兴国和倡导"学习型社会"的重要机构，直接影响大学生成长，是培养高素质人才的教育基地。

二、高校图书馆参与培养大学生综合素养的优势

（一）高校图书馆的资源优势

随着现代社会科技发展需要，高校图书馆的资源类型和形式逐步走向多元化、综合化、整体化、人文社会科学与自然科学相互渗透与融合的藏书建设体系。随着计算机网络化的发展，除了图书类、期刊类纸质文献外，高校图书馆还加强了对电子信息、视频数据库、网络资源、电子出版物、多媒体电子阅览室等的建设，成为在校学生获取信息资源的重要来源。

(二) 高校图书馆的技术优势

为了提高服务质量和水平，高校图书馆与时俱进，不断加强技术设备和软件的更新，除了普遍采用自动化集成管理系统外，还采用 RFID 智能管理系统，使馆藏文献、读者服务之间更便捷、更高效，全面实现了图书馆文献管理的智能化、高效化。如四川大学图书馆技术中心对数字图书馆系统平台功能进行整合开发，对门户网站进行改版，并开发了一站式查询系统、个性化门户系统、读者选书系统等新系统，增设了移动图书馆服务、短信与邮件服务、电子期刊现期目录推送服务等新项目，进一步拓宽了图书馆服务范围，提升了服务质量，有助于学生对信息的搜集和利用，为信息素养教育构建了良好的技术平台。

(三) 高校图书馆的环境优势

高校图书馆有丰富的馆藏、综合素质全面的馆员，并配有中央空调，在这样宁静幽雅舒适的馆舍、充满文化气息的育人环境里，在远离喧嚣和功利欲望的净土里，读者会产生浓厚的学习兴趣，自主选择到图书馆来感受知识的熏陶，使图书馆成为在潜移默化中陶冶学生思想道德情操的圣洁之地。

(四) 高校图书馆的人才优势

随着社会科技发展需要，高校图书馆工作人员的人才结构趋向高学历、多学科。据教育部高等学校图书情报工作指导委员会"2011年高校图书馆发展报告"统计表明：全国564所高校（含高职院校）的47492名工作人员中，本科以上学历占总人数67%，硕士以上学历占总人数9.92%。如四川大学图书馆214名工作人员中，本科以上153人，占总人数71.5%，硕士、博士以上72人，占总人数33.6%。高校图书馆将硕士以上人才作为主要聘用对象，大专以下学历人数比例呈逐渐下降趋势，而硕士、博士以上学历人数比例呈逐渐上升趋势，高校图书馆工作人员的整体素质得以提升，为高素质人才教育基地建设奠定了人才基础。

三、强化高校图书馆的大学生综合素养教育功能的方法与措施

(一) 营造人性化的阅读环境

良好的学习环境是在校大学生学习质量得以保证的前提，而"以人为本"的人性化阅读环境，有利于进一步培养大学生的综合素质。

虽然说阅读是很个人的事，但是读者需要这么一个场所，翻翻书、听听讲座，分享与交流。在图书馆这样具有文化底蕴的环境里，可以让读者获得一种

心灵的宁静，激发他们的学习兴趣。例如在显著的位置设置一个寓意深刻的标志性雕塑，使学生一进馆就能感受到该校的图书馆文化；还可利用橱窗、过道等空间，增设一些宣传语、名言警句来激发学生积极向上、自尊自强。

四川大学图书馆江安分馆在各楼层、阅览区域摆放室内植物盆景，既美化了环境，也净化了馆内空气质量。家具布置上采取无障碍取书的图书馆家具设计，即有书的地方就有阅览桌椅，有桌椅的地方就有书架，同时设置沙发、茶几，营造一个温馨舒适的阅读环境。在一楼大厅还为学生设立咖啡屋，学生可以在这里自习、聊天交流、开展小型班会等，让学生有一个温馨舒适的休闲空间，增进了同学间的友谊。

（二）"以读者为中心"的服务管理模式

1. 通借通还服务

就四川大学而言，图书馆分为城中心老校区的文理馆、工学馆、医学馆和新校区江安馆共四个分馆。四川大学图书馆实行通借通还服务，学生可在就近分馆提交借书申请单或还书，进一步方便了读者利用图书馆的文献资源。

2. "藏、借、阅、咨"一体化管理和服务模式

四川大学图书馆江安分馆馆舍面积25300平方米，从一楼到五楼实行"藏、借、阅、咨"一体的全开架的借阅方式，即使同学找不到自己选定的那本书，也可以在相近的书架上查阅到同类型的书籍，从而排除了因拒借而产生的不快乐因素。2010—2011年，江安馆共接待读者430万余人次，书刊利用419万余册次，借还图书158.5万册次，是国内使用效率和服务效益最好的大学图书馆之一。

（三）分层次、多渠道地加强全校本科生、研究生及教师信息素质培养

1. 新生信息素养教育

加强入馆教育，是开展导读工作的必要环节。为培养学生信息素质，在每年开学之际，四川大学图书馆都要制作新生教育课件，安排近百场次的培训讲座，讲解图书馆的组织、机构、设施、服务项目、服务方式以及规章制度，并印发如何利用图书馆的导读手册，使新生对图书馆有全面的认识和了解，有利于充分利用图书馆资源。

2. 开设信息资源检索与利用课

四川大学图书馆长期为在校大学生开设"信息检索与利用"课程，培养学生的信息意识和利用现代信息检索技术获取文献信息的技能，为国家建设

培养和造就具有较高综合能力和创新能力的人才起到了积极的作用。

3. 引导学生阅读经典

大学生还处在人格养成阶段,对价值观和人生观的定位,还需要学校的培养,高校图书馆可以引导学生接受传统经典和人文精神的熏陶。

(四)开展多种形式的服务活动

1. 读书节

四川大学图书馆在每年4月23日的"世界读书日",以"品百年老馆,读万卷藏书"为主题,带领志愿者队举办"读书节"系列活动,迄今已连续举办了7届,通过在丰富学生业余生活、提高学生人文素质、营造浓厚读书氛围、构建有特色书香校园文化方面起到积极作用。

2. 读者服务宣传周

四川大学图书馆江安分馆在每年秋季开展"读者服务宣传周",相继举办了"文化视频讲座""图书馆奇妙之旅""移动图书馆体验与宣讲""图书馆安静日"等一系列主题活动,让大学生更多地了解、认识图书,更好地利用图书馆。

3. 志愿者队伍建设

自2005年以来,四川大学图书馆江安分馆组建了一个由500余名学生组成的志愿者队伍,每年服务时间近4万小时。到2011年,累计约4000名学生参加过志愿者队。培训、指导志愿者学生参与图书馆日常服务工作,形成富有特色的组织管理机制,并围绕文明校风建设开展多种形式的活动,传递爱心、传播文明,成为一支在校内乃至国内高校中具有影响力的队伍。他们在学习空余时间到图书馆和老师们在融洽和谐的气氛中一起快乐工作,架起了图书馆老师与读者之间的桥梁。志愿者之间团结协作,不怕困难,磨炼意志,提高了学生的交往能力,增强了学生服务社会的责任感。

4. 教授推荐书目

四川大学图书馆江安分馆在2011年、2012年邀请校内各学科的学术专家教授每人推荐一本经典图书,以展板的形式公布在江安分馆大门口,引起了学生们的强烈兴趣和关注,有效地起到了指导学生读好书的推荐作用。

5. 开展形式多样的知识讲座和演讲活动

为了让全校师生更好地了解和使用图书馆资源,图书馆定期为在校师生举办图书馆专题讲座。同时邀请校内外各个学科的专家、学者进行知识讲座和座谈会,对学生进行阅读方法指导,对有关书籍进行讲评和赏析。利用图书馆报告厅开展专题讲座、报告会和电影、音乐、戏曲欣赏。此外,加强与高校的团委、学工部合作，举办旨在弘扬爱国主义、发扬中华传统美德、重视精神文明建设的读书活动。

（五）充分利用现代信息设备

1. 电子阅报屏

为了方便读者阅读报刊，四川大学图书馆在大厅安装了电子阅报屏，只需手触点击就能翻阅各类报刊，使学生能及时了解当日新闻和关注的实事。

2. 大厅咨询台每日推荐书目

四川大学图书馆大厅设置多个电子显示屏，每周为读者提供一本经典书目，并附该书的摘要和索书号，指导读者一进馆就能快速有效地了解这本好书的内容并迅速找到这本书。

3. 电子阅览室开展综合信息服务

随着网络的普及，高校图书馆电子阅览室已不能仅仅满足大学生查阅检索信息资源的需求，应该与时俱进开展综合信息服务，更深入地、多方位地加强电子阅览室的信息服务。

4. 无线上网（WIFI）在图书馆的普及和超星移动图书馆的开通

四川大学图书馆内全面覆盖无线上网功能，还在阅览座位各个角落安装了大量的有线上网插座，大学生获取知识更快捷、方便、高效。四川大学图书馆与超星移动图书馆协作，加大了学生的信息来源。

5. 利用现代化技术与读者开展互动交流

充分利用图书馆主页、电子邮箱、BBS、网上咨询系统、微博等现代技术手段与读者开展互动交流，及时解答读者提出的各类问题。

（六）引导大学生多做一点"无用"的阅读

阅读并不一定非得有用。法国人夏尔·丹齐格在《为什么读书》一书中说："在功利主义的世界里，阅读维系着超脱，而超脱有利于我们的思考。读书毫无用处。正因为如此，读书才是一件大事。"因此，要多做一点无目的的阅读，把阅读当作是一种生活方式的阅读，而不是纯粹为了应付学业考试和毕业文凭而阅读。因此，高校图书馆除了收藏专业类书籍外，应增加哲学、历史、文学艺术等人文学科图书，组建一个机构合理、质量较高的藏书体系，这有利于培养大学生全面内在修养。

（七）提高高校图书馆管理人员自身的综合素质

1. 服务态度

作为与大学生面对面的服务者，应端正态度，认准自身在大学生教育中的定位，积极创造条件加强服务意识和创新意识。增强图书馆与学生的亲和力，建立起相互理解、相互信任、相互尊重的关系，让大学生从这里不仅能获取知识、陶冶情操，还能得到温暖与尊重，在和睦的环境里熏陶身心，增长才智。

2. 专业技能

为培养高素质的"一专多能"的图书馆管理人员，高校图书馆要定期组织业务工作研讨会，开展业务技能培训、职业道德培训，组织外出参观学习，以提高馆员专业技能和服务质量。

3. 增加馆员沟通能力和亲和力

图书馆工作人员是学生的老师，以"服务读者，关爱学生"为工作思路提高沟通能力和亲和力，可缩小老师与学生之间的距离，在学生阅读导向上、思想情绪上做到无微不至的关怀和引导，帮助学生获得更广泛、更自由的阅读情趣，纠正和指导学生的人生观和价值观，有利于学生综合素养的全面提高。

四、结语

阿根廷国家图书馆馆长、著名作家博尔赫斯曾说过："如果有天堂，天堂应该是图书馆的模样。"高校图书馆不仅是知识的天堂，也是大学生的精神家园，是培养具有深厚文化底蕴，具有扎实专业知识，具有创新意识，具有广阔国际视野的国家栋梁和社会精英的教育基地。

参考文献：

[1] 单桂凤. 学校图书馆快乐教育的尝试 [J]. 图书馆工作，2000（4）：40-41.

[2] 李欣. 图书馆在构建和谐社会中的作用 [J]. 科技情报开发与经济，2008（18）：79-80.

[3] 宁白. 图书馆是天堂的模样 [J]. 炎黄纵横，2011（4）：6-8.

[4] 吴昊. RFID智能管理系统在图书馆的应用 [J]. 计算机光盘软件与应用，2011（7）：1-2.

[5] 夏尔，丹齐格. 为什么读书——毫无用处的万能文学手册 [M]. 广西：广西师范大学出版社，2012.

[6] 郑月香. 大学生课外阅读与图书馆的导读工作 [J]. 农业图书情报学刊，2010（12）：192-194.

[7] 朱刚. 高校图书馆文化环境建设对大学生成才成长的影响探析 [J]. 江苏技术师范学院学报，2012（18）：137-139.

高校图书馆建设中的人文关怀浅析

郭素芬　刘蓉

摘　要：本文针对当代大学生人文素质状况和高校图书馆实施大学生人文关怀的优势，阐述了高校图书馆在环境建设、制度保障和馆员素质等方面的建设中，应该处处引入人文关怀的理念。

关键词：人文关怀；环境建设；高校图书馆

一、引言

"人文"的概念是什么？《辞海》中这样写道："'人文'是泛指人类社会的各种文化现象。"所谓"人文素质"，是指在人文方面所具有的综合品质或达到的发展程度，它通过人的气质、人格、文化修养、艺术涵养等方面表现出来，强调的是关注人的生命、价值和意义的人本主义。所谓"人文关怀"，就是承认人的价值，充分尊重人的主体性，在与人的交流中注入人文情愫，弘扬人文精神。21世纪，人们面临着许多前所未有的希望与梦想、机遇与挑战。在高等院校中，一些大学生的人文素质、心理状况、精神处境令人担忧，部分大学生的人际关系紧张和各种适应不良，造成大学生焦虑、抑郁、强迫症、人格障碍、精神疾病等心理问题日渐突出，大学生的心理健康问题日益成为人们关注的焦点。高校图书馆应利用其资源和环境优势，积极参与到大学生的人文素质教育中，并在图书馆的制度保障、环境建设和馆员素质等方面，处处引入"人文关怀"的理念，主动发挥图书馆的教育功能，配合学校做好大学生的心理疏导工作，不断地提高大学生的人文素质。

二、人文关怀是构建和谐图书馆的重要因素

目前，无论从大学生的人文素质教育方面，还是从图书馆长远发展方面来看，构建和谐图书馆都离不开人文关怀。人文关怀是高校图书馆贯彻"以人为本"、构建和谐图书馆的需要，应该成为评价和谐高校图书馆的重要

指标。

（一）当代大学生的精神处境呼唤人文关怀

21世纪，社会经济高速增长，物质文化生活日益丰富。由于社会财富分配存在不均现象，贫富悬殊差距加大，社会竞争也越来越强烈，人际关系随之复杂化。作为主要生活在高校环境里的这一特殊群体，大学生们面临着方方面面的压力，造成他们身上存在许多亟待解决的问题。例如，新生存在着对新的学习环境不适应的问题，因来自不同地区、面临新的人际关系交流和处理问题，对专业选择的茫然和学习方式方法不适应，以及如何对未来职业进行规划的问题等。怎样才能舒缓或减轻大学生们的心理压力，以积极的心态去适应眼下的复杂环境，如何在大学生心理障碍未出现之前积极进行有效干预及时疏导，已成为所有高校乃至全社会共同关注的问题。世界卫生组织发布的报告指出，全球每四人中就有一人在其一生中的某个阶段产生过某种心理障碍，特别是当今的大学生群体。《中国青年报》有一份调查显示：大学生中有17%的人出现过焦虑症状，14%的人出现过抑郁症状，12%的人存在敌对情绪。最近几年来，大学生自杀行为呈现上升趋势，令不少家庭支离破碎。所以大学生心理健康问题应该引起全社会的关注，特别是培养人才的高等院校，教育工作者加大对大学生的人为关怀和心理疏导是义不容辞的社会责任。

（二）高校图书馆开展大学生人文关怀的优势

图书馆不仅保存了人类文化遗产，在现代社会，图书馆担负了更多的教育职能。尤其是高校图书馆，不仅是给学生们提供知识的场所，更是帮助学生树立起正确人生观和价值观的重要场所。

第一，高校图书馆人文资源对大学生的素质起潜移默化的作用。具有人文属性的图书馆，积累了人类社会自有史以来的系统的人文资料，成为今天人类进行人文教育的基地。图书馆自身的环境布局、内部装饰、建筑风格、丰富藏书、优质服务等，这些人文意境和人文行为无时不在影响着读者的思想，陶冶着读者的情操。图书馆良好的管理模式、完善的规章制度等，能对大学生的思想和行为具有引导力和约束力。例如图书馆内倡导自律的语录牌，随时滚动宣传的电视显示屏，以及历史伟人肖像和警句名言都能影响和提高读者的思想道德水平。而浓厚的学习氛围、海量的文献资源、排列整齐的丰富藏书、宽敞明亮的阅览厅等，能使读者在思想品德和社会公德方面受到良好的启发和深刻的教育。

第二，图书馆拥有一支具有一定素养的专业队伍。有资料统计显示：全国从事图书情报工作的人员，有50％以上具有大专以上文凭，而高校图书馆工作人员的这一比例还要高很多。图书馆员高度的责任感，促使他们必须有一颗希望大学生健康成长的爱心。图书馆员针对不同群体、不同个体提供不同的特色服务，特别是对部分心理存在障碍的读者，更要向他们有目的地选择、推荐优秀作品，让其受到正面能量的影响，增强自信心。同时辅以人性化的关怀，通过倾听心声、情绪安抚、耐心劝导使他们逐渐认识到自己的问题，不断地进行自我调适，加强自我修养，尽快地从焦虑和痛苦的情绪中走出来。

第三，高校图书馆是学校精神文明建设的窗口。窗口是一个双向概念，可与读者进行双向互动，不但可以了解读者，更是展示馆员的平台。在图书馆里，读者完全处于身心自由放松状态，或借书或阅览，或咨询或交流，没有被强制受教育之感。对于图书馆员热情的推荐，循循善诱的引导以及具有亲和力的交谈，读者容易接受，不会产生逆反心理。

三、人文关怀是促进图书馆环境建设的客观需要

人文关怀，必须从真诚开始。不仅仅是关注人的基本物质需求，更要关注人的精神满足。人的身心发展的好坏与其所处环境密不可分，所以说环境具有育人的功用。图书馆是沉积汇聚人类文化的聚宝盆，又是大学生频繁出入的重要场所。如果说图书馆的建筑环境是大学生物质需求的硬件基础，那么完善的制度环境和优质的服务环境就是实施人文关怀的软件基础。加强图书馆软硬件环境的建设，对大学生良好品格的形成，以及引导大学生树立健康向上的人生价值观都将产生积极的作用。

（一）体现人文关怀的建筑环境

图书馆的建筑环境主要包含两方面：一是蕴藏人文关怀的建筑结构设计，二是能体现出图书馆具有审美情趣的室内布局。在建筑结构上务必尽可能地设计出符合读者的实际需要，让读者感到更舒适、更亲切。著名的教育家陶行知认为："一种生机勃勃、稳定和谐、健康向上的环境氛围本身就具有广泛的教育功能。"图书馆建筑环境除了馆舍建筑的结构设计和室内布局外，还要考虑整体规划。图书馆选址，要求安静并远离喧嚣，与周边环境和谐一体。馆内环境要切合人文特点，室内装饰应给读者带来愉悦、亲切感。馆内布局要方便借阅，实行藏书、借阅、咨询全开放式的一体化服务。色彩上要和谐、协调，使馆内环境呈现静谧、安详的气氛。墙壁墙柱上适当配上

具有中国特色的水墨画，让读者在知识海洋中尽享环境之美。另外，馆内绿化也是不可忽略的方面。大厅内、书架旁摆些大型盆栽植物，窗台上的吊兰、工作台上的小盆景不仅能以美引善、陶冶情操，同时净化了空气，让室内环境更清新宜人。

（二）建立人文关怀的制度环境

高校图书馆应制定出一套健全的规章制度和行为准则，并不断加以完善。其中，要制定出适合本馆的职业道德准则和馆员行为举止规范。建立读者权益保障机制，同时还要建立对大学生进行心理疏导的长效机制。只有当制订出一系列蕴涵人文关怀的规章制度，且在制度上予以保证，行动上落到实处，才能更好体现对读者人格上的尊重，给予读者更多人性化的关爱。另外规章制度要公开透明，让读者一目了然，制度公开的同时还要建立良好的多渠道信息反馈系统，如在各楼层咨询台、办公室设立意见箱、留言簿等，为不断地完善各项规章制度提供依据。

（三）实施人文关怀的服务环境

图书馆现代管理理念的核心就是要实行人性化的管理。不是"书本位"，而是要施行"人本位"管理。这里的人包括图书馆馆员和所有读者。一方面，图书馆馆员应该得到来自学校、图书馆各级领导的人性化关怀，将馆员个人发展与图书馆发展同步，达到双赢的目的。这样馆员才会乐业、敬业，在服务中真正投入自己的情感，提供给读者优质的服务。另一方面，对读者的人性化服务要贴近用户需求，提高服务的针对性和适用性，满足个性化的信息需求，推行个性化的服务。而人性化管理与人文关怀是不可分割的，实施人性化管理的过程就是在体现人文关怀。在图书馆里，读者体验着平等，享受着关怀，得到的是尊严与尊重。

实施人性化的关怀服务必须建立一支具有较高素质的馆员队伍。图书馆馆员不再是传统意义上的负责借还书的管理员，不仅要具备图书情报方面的专业知识，同时还要不断拓展知识领域，成为各专业的信息专家，成为懂专业、会管理、会育人的良师益友。图书馆馆员不仅要引导读者多读书、读好书，还要通过各种形式的活动，发挥图书馆的导向功能，对读者施以人性化的素质教育。除了专业知识过硬，还要具有较强的人文素质软实力，如饱满的精神状态、得体的着装、和蔼的态度等，都能给读者以示范效应，产生高尚人格感召力。

参考文献：

[1] 黄雪雄. 高校图书馆在提高大学生人文素质中的作用 [J]. 图书馆论坛, 2006 (1): 204-206.

[2] 孟默涵. 把人文关怀引入高校图书馆环境建设 [J]. 晋图学刊, 2002 (4): 58.

[3] 彭瑶. 人文素质教育和高校图书馆 [J]. 重庆工业管理学院学报, 1999 (6): 34-36.

[4] 汪晓莉. 浅谈高校图书馆在构建和谐校园文化中的作用 [J]. 北方经贸, 2008 (4): 137-138.

[5] 习万球. 论图书馆的人文教育功能 [J]. 图书馆论坛, 2003 (6): 74-75.

高校图书馆的数字化建设
对学习型人才培养的意义

李禾　周一萍

摘　要：信息时代，创新性学习型人才在各行各业都发挥了举足轻重作用。而培养高素质的创新性学习型人才是当前高校教育的重要任务，而高校图书馆随着数字化建设的发展，在营造优良的学习型人才培养环境方面，越来越凸显其重要作用。本文阐述了高校图书馆通过数字化建设来进行学习型人才培养的重要性，并提出了数字图书馆在进行学习型人才培养方面的一些思路，供高校研究学习型人才培养的工作者参考。

关键词：学习型人才；高校图书馆；数字化建设

21世纪是信息化、网络化和全球化的世纪，知识经济的比重进一步加强，以人才为中心的综合国力的竞争日益激化。"科学技术是第一生产力"的理论表明了无论是科教兴国的战略实现，还是中华民族再次腾飞的宏伟理想都无法离开人才，而知识经济时代所需要的人才是复合型、发展型的"学习型"人才，而不是思维僵化、因循守旧、不知变通的庸才。党的"十八大"更是提出了"立德树人"的根本任务，要凝聚力量、攻坚克难，努力培养和造就道德高尚、人文素养好、实践能力强的创新性应用型人才。显然，要成为创新性人才，必须具有自我学习、自我提高的能力。

学习型人才的培养过程更多地着重于基础素养的培养，个人的优良素养和合理的学习方法能保证一个人更快地掌握新知识。而个人的素养和合理的知识结构，来源于思维方式、学习态度、学习方法等方面的培养，这一过程是漫长的。

高校是培养创新性、学习型人才的主要场所，因而必须紧跟时代的步伐，以开放、多元化、创新性的理念来引导和培养学习型人才。而高校图书馆作为高校的信息资源中心和教学辅助中心在培养学习型人才方面，已经日益显示出其特别的优势和作用。四川大学图书馆近年来致力于数字图书馆方面的建设,其目的就是为了构建一个优化平台,为学习型人才的培养提供更有利的物质条件。

一、高校图书馆对学习型人才的培养

对于学习者而言,探索未知世界是其内在的驱动力,也是学习最原始的动力。以崇高的目标为导向进行的满足兴趣的主动学习态度,即深层方式的学习态度,是学习型人才所特有的学习模式,换句话说,学习型人才具有多元的价值观、对新鲜事物的好奇及面对挑战感到喜悦的态度。

(一)高校图书馆的信息汇聚功能

从上文可知,引导学习者采用深层学习的方式是以自我教育为主的方式,通过书籍等不同渠道获取到大量知识,通过不断思考研究,转化成更成熟的个人化知识。高校图书馆是资源中心,它提供了各种门类齐全的书籍和资料,并提供了阅读书籍的引导。它能吸引读者吸取大量的知识,从知识中获得乐趣,从知识中学会思考,逐渐培养读者的思辨能力。同时,这也是培养高校读者的"学习型态度",即对新鲜事物的持续好奇和不懈探索。这是引导高校读者走向学习型人才的第一步。

(二)高校图书馆培养学生的人文情怀

作为一个符合时代需要的学习型人才,不仅只是具有丰富知识、智商高人一等的学者,更需要具有较高的情商。因为无论是从事何种行业,都需要具有正确的人生观、世界观、价值观,都需要具有一定的社会责任感和时代使命感,即具有一定的人文情怀,只有这样才能真正成为一个有目标、有追求的学习型人才。而高校学习阶段是培养学生人文情怀的重要阶段,高校图书馆则是培养学生人文情怀的重要场所。学生能在图书馆浏览到学校的历史传统,感受到前辈学子曾经留下的足迹;学生能在图书馆博览群书,不局限于一门一科,培养自身的气质;学生能从图书馆的其他同学中受到感染和熏陶。

(三)高校图书馆提供广泛的交流

高校图书馆是一个开放的交流平台。通常高校图书馆有讨论室,不同学科的学生能在这里交流学习,各种思潮能在这里进行碰撞。这种交流与碰撞对于自身缺陷的完善和学习方法、思路的提高都有很重要的意义。

二、传统高校图书馆的优点和不足

传统的高校图书馆培养了许多成功人士,他们之所以能在之后的人生中取得一个个辉煌的成就,很大因素是在图书馆里养成了先进的学习方法,锻炼了独立思考的能力,培养了优良的个人品质和人文情怀,成为了一个学习型的人才。但传统图书馆存在书籍相对陈旧、更新较慢、信息量不足等问题。因而对学习型人才的培养方式无规律性,更多的是靠自我学习。由于方式单一,效果因人而异。同时因为无规律性,所以很难人为地干涉,这不利于大量的学习型人才的涌现。特别是信息时代的来临,一个学习型人才必然需要通过数字化的资源来进行学习提高,这样信息素养就显得特别重要,而传统图书馆在信息素养的培养上存在一定的不足。

三、高校数字化图书馆对学习型人才培养的意义

(一) 信息素养的培养是信息化时代的必然趋势

随着社会的发展,人类进入信息时代,日常生活离不开信息技术,从事各种工作以及科研更要依靠信息技术。可以说一个人的信息素养在这个时代就好像阅读和书写的能力,没有信息素养在现代生活中举步维艰,因而作为一个创新性学习型人才更要具有相当的信息素养。现代社会信息爆炸,网络上充斥了大量的知识和资讯,作为一个想成为学习型人才的学子不仅仅需要具有从网络上获取吸收大量知识的能力,还需要从庞大的网络信息中提取有用信息的能力,这些都需要相当高的信息素养。由此可见,信息素养不仅是社会的需要,也是实现深入学习的基础。

高校图书馆的数字化资源需求能引导学生主动地学习信息技术。为获得的数字化资源,学生不得不大量使用电脑,从而熟练地掌握基本的信息技术。而对于学习型人才来说,网络是一个无比广阔的资源仓库,同时也是很好的老师,只有掌握更多的信息化技术,才有利于提高获取知识的效率,有了这样的驱动力,就会越学越深入。因而,高校图书馆是培养非信息专业学生信息素养的天然课堂。学习型人才在这里不仅仅能获取到大量的知识,还培养了信息素养。

(二) 数字图书馆能提供更为广阔的信息渠道

当前,大量数字化资源涌入高校图书馆,并逐渐占据重要的地位。针对这种形势,高校图书馆基本都建立了数字化图书馆,提供读者阅读、检索等

操作的平台，普通读者可以通过 Web 方式访问数字图书馆资源。这种模式的出现，极大地方便了读者的学习，另外，数字图书馆能容纳更丰富的数据资源，其容量是传统方式的千万倍，而且更新速度相对较快，其资源的丰富和来源之广远不是传统高校图书馆可比的。

因此，对于学习型人才的培养，数字图书馆具有更多的优势，它具有大量的资源和素材，能随时提供读者最新的前沿知识。同时，由于数字图书馆的资源分类性、准确性等特点具有很强的专业性和针对性，这样的资源组织形式能更好地为学习型人才的培养服务。

（三）提供学习者按照兴趣实现自主学习的模式

不同的人对于不同媒体的敏感度不同，有些人通过视频内容容易学习到知识，有些则需要通过文字来获取。数字图书馆包括了多媒体的多种形式，能给读者提供更为适合的学习媒介，更容易激发读者的兴趣。对于学习型人才的培养来说，这种多方面多层次的形式显然更加丰富和有效，能长久保持学习者的兴奋度。同时，这种视频、图形多种形式的学习，在记忆层面也更容易持久。

（四）营造一个广泛交流的平台

数字图书馆还建立了博客、论坛等互动的空间，初步来说是打造了一个交流的平台，而随着学习交流的逐步加深，相关知识信息的积累，还可以建立一个专题学习园地。这种方式对于培养学习型人才的作用无疑是巨大的，当一个学习者闭门造车而无法解决的问题，在交流中被解决了，甚至由此延伸到更高的层次时，获益的绝不仅仅是当初提问的人，而是对这一专题关注的一片群体。

四、高校数字图书馆对学习型人才培养的相关事例

我们在前面的问题中对高校数字图书馆对学习型人才培养的意义作了阐述，也提出了一些思路，下面将以四川大学图书馆为例进一步说明如何通过数字化手段在图书馆中建设学习型人才培养环境。

（1）通过新的开放式图书馆的建设、无线网络的覆盖，努力在图书馆内部建设一个数字化、信息化的空间，在这个空间内，读者自由地获取纸质、电子的各种资源。这种方式为学习型人才培养开放了一个宽松的环境。

（2）四川大学图书馆建设了一些特色数据库，例如巴蜀数据库、藏学数据库等，以弥补现有的数据库的不足，努力从各方面为学习型人才培养提供

更为专业的资源服务。

（3）在数字图书馆建设中引入各种先进的软件硬件设备和技术，例如移动图书馆、虚拟技术、发现服务等，积极创建新的服务方式，为学习型人才培养提供更好的环境。

五、总结

本文从多方面阐述了数字图书馆对于学习型人才培养的重要意义以及思路。当然，高校图书馆因为资金、技术水平等方面的限制，在数字图书馆建设方面还有很多不足，但我们以培养学习型人才为目标，在努力中不断地摸索和实践，力争整合传统图书馆和数字图书馆的综合优势，联系学科、馆际校际合作，更好地为培养学习型人才服务。

参考文献：

[1] 李丹. 创新型人才培养中自我学习能力培育的思考 [J]. 内蒙古农业大学学报，2010（6）：106-107.

[2] 张桂芳. 创建学习型媒体培养高素质人才 [J]. 新闻传播，2010（11）：105.

[3] 朱红. 试论图书馆与学习型人才 [J]. 四川理工学院学报（社会科学版），2006（2）：110-112.

[4] 赵海莲. 浅谈高校图书馆在培养学习型人才中的作用 [J]. 攀登，2005（5）：157-158.

现代技术应用

网络环境下的全生命周期图书馆设备管理系统

赵 佳

摘 要：随着计算机技术和网络的发展，建立网络环境下的全生命周期设备管理系统能够使设备在从规划、购置、使用到最终报废的整个生命周期内发挥最大的效用。本文从系统功能模块划分、开发环境、关键技术等方面介绍了该系统的设计思想与实现技术，利用 B/S 架构的优势，结合严格规范的编码方法，在设备的生命周期内，通过严格的流程控制，对其进行唯一的追踪，力争实现买好、用好、管好图书馆设备，使之更好地服务于学校的教学和科研。

关键词：网络；全生命周期；图书馆；设备管理；B/S 架构

一、引言

目前国内图书馆的设备管理方式大多数是利用微软 Office 软件 Excel、Word 来进行管理或使用基于 C/S（Client/Server）架构的设备管理系统，少数图书馆的设备管理系统是基于 B/S（Browser/Web server）架构的，例如清华大学图书馆；基于方正 Apabi 系统的，例如天津师范大学图书馆；基于 Lotus Domino/Notes 的，例如武汉大学图书馆等。

随着近年来图书馆规模的扩大，图书馆设备日益增加，传统的利用 office 软件管理的方法明显已不再合适。由于图书馆工作人员多、工作地点分散不集中，因此 C/S 结构在软件的维护及客户端配置方面有很多问题，也不再适合使用。B/S 最大的优点是用户可以在任何有网络（LAN，WAN，Internet/Intranet 等）的地方使用能够上网的设备（PC，Pad，智能手机等）进行操作，只需利用各种 Web 浏览器就能方便地进行设备管理。B/S 模式适合目前具有多分馆、办公地点分散的图书馆工作人员使用，因此 B/S 架构基于网络的全生命周期图书馆设备管理系统应运而生。全生命周期设备管理的起点是计划购买设备，终点是设备报废。此系统以设备为核心，从设备的采购计划开始到设备报废的整个过程中对设备实施必要的管理和监控,通过设备唯一编码,实现设备的全生命周期的追踪管理。

将设备全生命周期引入图书馆设备管理系统中,从设备的计划、采购、使用到最终的报废四个方面构建系统,结合严格规范的编码方法和设备在生命周期内严格的流程控制对设备做到唯一的追踪,实现设备信息的一致性、全面性和可追溯性,可以很大程度上优化设备管理的业务流程,为设备采购、使用状况监测、资产的分析提供可靠的依据。

二、全生命周期设备管理系统模型

将设备按照设备的全生命周期来进行管理,可以分为设备前期管理、设备使用中期管理和设备后期管理三大流程部分(如图1所示)来进行系统设计。其中设备前期管理又可细分为设备规划管理、购置管理和报账管理三部分。设备使用中期管理中分为对设备的日常使用管理、故障维修管理和改造更新管理。设备后期管理中涉及设备的封存管理和报废管理两个部分。除设备的前期、中期、后期三大流程模块以外,本系统还包括设备资产管理模块和系统管理模块。

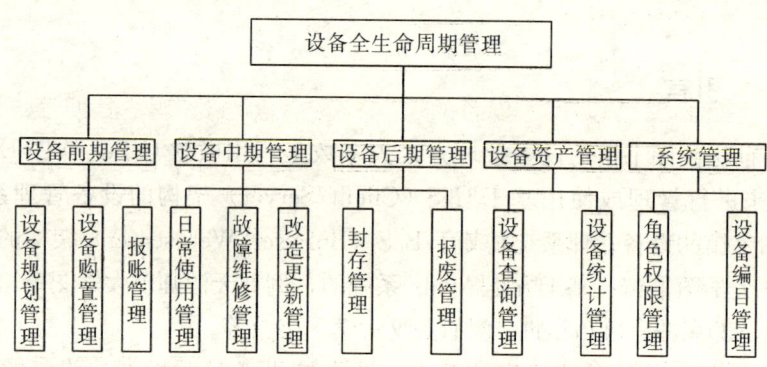

图1 设备全生命周期管理系统模型

(一)设备前期管理

设备前期管理指设备的采购规划、选型、购置、安装调试、验收及报账等的管理,其主要流程为:设备购置规划、可行性研究、设备选型决策、采购审批程序设计、合同管理、安装调试验收管理、试运行后的设备初期管理(设备分类编码、建立设备卡和设备台账、设备图纸技术文件管理)。

1. 设备规划管理

该模块分为三个部分。

(1) 设备规划登记：图书馆各部门根据实际工作需要提交设备购买规划，含设备名称、数量、用途等信息。

(2) 设备规划选型：购买设备之前通常首先做的是对市场上各种各样的设备进行选型、方案论证等前期工作，然后才能进行招投标、商务谈判、采购、直到最后安装调试。在这个过程中虽然设备还没有到达图书馆，从理论上说还不属于图书馆的设备，但是与设备相关的这部分选型、方案论证的工作数据的管理为图书馆之后的工作打下坚实的基础却非常重要。

(3) 规划处理：在选型和方案论证结束后，相关负责人可以浏览、查询各部门所做的购买规划和选型结果，根据情况做出购买与否的决定，填写反馈意见和建议，登记设备规划的部门将会看到这些意见与建议。

2. 设备购置管理

该模块业务流程主要包括采购、验收、报账三部分。

(1) 采购管理最初的数据来源于规划管理模块中最终决定购买的设备规划，根据选型结果进行购买。按照招投标（如果在规划阶段确定了购买方，则可以直接跳过此阶段）、签约、付款的流程进行。采购中的招投标、商务谈判、签约合同、付款证明等文件管理等都囊括在此模块中。

(2) 验收管理按照到货、安装调试、验收的流程进行管理。分为以下3部分。

①到货登记：填写所购设备的名称、型号、规格、到货日期等详细信息，打印输出到货清单。

②安装调试：对到货的设备进行安装调试。

③核对验收：安装调试完成后，设备可正常使用，再根据到货清单和签约合同进行核对，完成设备的验收。验收时将设备的说明书、安装调试过程中的记录等文件上传管理供日后查看。

(2) 报账管理主要是验收合格后，将设备分类、编码后填写设备使用者（或保管者）、使用地/部门（或保管者/部门）、设备用途等信息，办理建账手续，登记设备附件及资料保管信息，填写设备生产厂家名称、地址等详细信息以及大型、精密贵重设备的特殊信息。其中按照分类标准，为500元至800元之间的低值资产、800元以上的固定资产填写登记。设备唯一编码的编码方法则结合图书馆实际工作来进行确定。

(二) 设备使用中期管理

设备使用中期管理是指当设备经过试运行、达到验收标准正式投入使用后，对设备的日常使用、保养维护、更新改造等信息进行管理，监测控制设备使用过程中的状况并及时反馈设备故障，记录故障排除信息。因此可以分为设备的日常使用、故障维修和改造更新管理三个模块。

（1）日常使用管理：主要记录设备日常使用地点、用途和设备调拨及设备借用等信息。

（2）故障维修管理：主要记录完整的故障信息。在设备发生故障时，由使用者填写详细故障报告表，包括设备故障发生时间、设备编号、故障描述等信息。维修人员在看到故障申报后应根据需要派人修理，在设备维修完成后，维修人员应填写设备故障记录，详细记录维修过程、故障原因、修理时间、处理结论等。若需对设备进行改造更新则在设备改造更新模块中进行记录。

（3）改造更新管理：在不引进新设备的前提下，克服现有的陈旧设备存在的问题，通过更换或增加零部件的方法来提高设备使用性能。此模块主要管理更换或增加零部件的记录。

（三）设备后期管理

设备的后期管理主要包括设备闲置或停用时进行的封存管理或者设备使用价值已经消失并退出使用状态时对设备进行的报废管理。

（1）封存管理：主要是管理闲置或停用设备的详细记录。

（2）报废管理：主要对将要报废的设备进行技术鉴定、盘点及账务处理手续、对所报废的设备进行清理，并且对于设备的报废信息进行详细记录管理。由设备保管人填写设备报废处理申请，设备管理人员记录处理结果。

（四）设备资产管理

设备资产管理主要包括设备查询模块和设备统计模块。

（1）设备查询分为设备使用查询、设备维修查询、设备报废查询，分别可以按设备编号、设备分类、使用情况、购置日期、使用部门、使用日期、使用（保管）者、购置价格、来源经费、维修记录、报废记录等条件进行查询。

（2）设备统计模块能够提供设备的各种分类统计汇总报表。

（五）系统管理

系统管理包括角色权限管理模块、设备编码管理模块。

（1）角色权限管理模块中系统管理员可以进行新用户的注册、注销以及对用户口令、用户权限等进行设置。

（2）设备编码管理模块中，系统管理员可能根据图书馆实际情况设置设备的分类规范表并对其进行维护。设备分类规范表是组成设备唯一编码的重要部分。

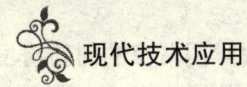

三、全生命周期设备管理系统开发环境

系统采用基于 B/S 的构架，用户直接使用 Web 浏览器通过网络访问该系统。服务器端系统运行环境采用 Windows2003 操作系统。数据库软件采用 SQL Server2005 作为数据库管理系统使用 Visual Studio 平台、ASP.NET、AJAX 为开发技术、Dreamweaver 为网页设计工具、C# 为开发语言来进行系统网页设计开发。

B/S 是 Browser/Web Server 架构模式，它是随着 Internet 技术的兴起，由 C/S 改进发展而来的。校园网的普及为开发基于 B/S 的系统提供了有利条件，并且 B/S 模式有能够很快地被用户接受、使用方便、开发成本较低、维护简单、后期升级容易等特点，其最大的优点是不同的人员可以从不同的地点，以不同的接入方式访问和操作来进行设备管理。适合目前遵循多分馆、办公地点分散的图书馆工作人员使用。

四、开发系统的关键

（一）设备唯一编码标准

在设备管理信息系统的实施过程中，编码是重要的基础工作之一，是系统开发的关键技术之一，但有关设备、备件和零件的编码问题，国际国内都没有统一的标准。在进行各种分类编码时，一个科学的编码系统应该遵循唯一性、简明性、稳定性、可扩充性和通用性的原则，为加强设备管理工作效率，结合图书馆实际工作，拟将设备唯一编码标准设定为如下格式：

```
XXXX   XXXXXX   XXXXX   XXXX   X
 A       B        C       D    E
```

编码说明：

（1）A 部分长度为四位，表示设备的使用（保管）部门，用四个英文字母表示，如采访中心为 CFZX、编目中心为 BMZX 等。

（2）B 部分长度为六位，表示设备采购的时间，用六个阿拉伯数字表示采购年月，如 201205、199812 等。

（3）C 部分长度为五位，表示设备分类类别的代码，采用层次码的形式来表示。例如设定基础软件编码为 10000，其中操作系统为 10100（微软操作系统为 10101，Linux 操作系统为 10102，Unix 操作系统为 10103，其他操作系统为 10109），10200 为数据库系统软件等。中间件为 20000，应用软件为30000,嵌入式应用软件为40000,服务器设备为50000,办公设备为60000,其他设备为90000。设备类别的代码可以在系统管理中进行维护。

(4) D部分长度为四位,表示同一类设备的不同序号,用阿拉伯数字表示。

(5) E部分长度为一位,表示此设备的重要程度,用阿拉伯数字表示,"9"代表最重要,"8"次之,依次减少,"0"为普通设备。

(二) 通过状态参数实现设备全生命周期管理中的流程控制

在设备管理的过程中从设备前期管理到设备后期管理有多个业务流程,必然要有流程控制机制,为此系统通过数据库中详细的状态参数来控制任务节点状态。在程序中每处理完一个业务过程,其对应的状态参数变量值将随之发生相应的改变,流程中的每一个业务过程在执行前必须对上一业务过程对应的状态变量进行判断,只有状态变量值与设定值相符时流程才能继续进行,这样就实现了设备全生命周期管理业务的流程控制。

五、结语

图书馆全生命周期设备管理系统的应用和开发给图书馆工作人员——无论是设备使用者还是设备维护人员都提供了便利,使设备的管理、使用、维护和保养工作更科学化、标准化、规范化,让设备管理部门能够随时掌握设备资产的动向、避免设备资产的流失、提高设备管理效率,最终保证图书馆各项工作的需要。

参考文献:

[1] 段婷婷,何卫平,张维,等. 基于Web的全生命周期设备管理系统[J]. 计算机应用研究, 2008 (2): 625-627.

[2] 郝俊斌. 浅谈设备的全生命周期管理[J]. 煤炭工程, 2008 (12): 109-110.

[3] 刘菁. 利用方正Apabi建立图书馆设备管理系统[J]. 科技信息, 2006, S2: 183.

[4] 王平,曾婷. 清华大学图书馆设备管理系统分析、设计与实现[J]. 现代图书情报技术, 2002 (3): 91-93.

[5] 周海涛. 基于Web的设备的设备管理信息系统的研究与实现[D]. 西安: 西北工业大学, 2006.

[6] 朱晓燕,黄勇凯. 基于Lotus Domino/Notes的图书馆设备管理系统的设计与实现[J]. 现代图书情报技术, 2007 (4): 83-86.

WLAN 在图书馆的应用管理及安全策略
——以四川大学图书馆为例①

向 忠　雷若寒

摘　要：探讨 WLAN 在图书馆的应用管理，包括用户管理和无线网络的管理问题，进行了 WLAN 安全策略分析，并以四川大学图书馆为例，阐述了在高校图书馆进行无线网络接入时，采用神州数码无线 AC 控制器、NAT 服务器、认证服务器和 DCSM 内网安全管理系统解决无线局域网安全和管理问题。

关键词：WLAN；无线局域网；应用管理；安全策略

无线局域网 WLAN（Wireless Local Area Net）属于一种短距离的无线通信技术，它是以无线信道为传输媒介构成的计算机局域网络，通过无线射频技术（RF）在空中传输数据、语音和视频信号。随着现代图书馆网络化、自动化、数字化建设的发展，许多高校图书馆出于内网安全和稳定运行的考虑，都有意减少了有线网络信息点的接入，从而建立了自己的无线局域网 WLAN，它弥补了有线网接入点数量少、覆盖面窄和连线繁琐的不足。读者使用带有无线网卡的笔记本电脑等移动设备接入图书馆 WLAN，就可在馆内任何无线信号覆盖的位置方便地查阅或下载图书馆的各种网络信息及数据库资源，图书馆员也可以方便地利用 WLAN 进行各种管理工作。

但是，在享受无线网络灵活、方便的同时，由于无线网络介质的特殊性，不可避免地出现了一些新问题，如无线网络的安全和管理问题等。高校图书馆无线局域网具有覆盖范围广、用户数较多且不固定、不易管理等特点，对网络性能、网络安全、用户和设备管理等都有较高要求。所以，图书

---

① 本文系"四川大学 2011 年度图书馆、情报与文献学科研项目"研究成果。

馆必须要构建有效的无线网络应用管理系统,以保障图书馆无线局域网的安全高效运行。

一、WLAN 应用管理分析

WLAN 应用管理包括用户管理和无线网络管理两方面,如果没有完善的用户管理就会出现以下几个问题。

(1) 非授权用户通过接入 WLAN 使用网络资源,损害了合法用户的利益。

(2) 用户没有合理分级,网络带宽等资源得不到合理使用,网络服务稳定性和质量都无法保证。

(3) 管理方无法监控用户上网行为,一旦发生网络滥用、网络泄密等问题,将承担相应管理责任。

针对这些问题,WLAN 用户管理功能应该包括对接入用户数限制、用户带宽控制、用户访问控制、用户访问日志和安全管理等。

而 WLAN 的管理主要内容包括:对 WLAN 设备集中修改和配置参数,如无线 AP 的 SSID、信道、接入点等;基于 WLAN 拓扑图进行网络监视,在性能、报警、配置等方面动态反映网络的变化;提供 WLAN 拓扑发现和管理,直观地反映出无线 AP、交换机和其他相关设备之间的对应关系;采用标准网管协议(SNMP),对无线设备进行配置管理、性能和故障数据的采集与分析。

二、WLAN 安全策略分析

(一) WLAN 安全问题

WLAN 安全问题,主要表现在 4 个方面。
(1) 所有常规的有线网络存在的安全威胁和隐患 WALN 同样存在。
(2) WLAN 易被拒绝服务 DOS 攻击和干扰。
(3) 非法的无线 AP 接入导致网络安全出现漏洞。
(4) 外部人员可以通过 WLAN 绕过网络防火墙,对网络资源进行非授权存取。

(二) WLAN 常见的安全对策

无线网络安全主要包括系统安全、网络安全和应用安全等内容,按照安全风险分析、安全结构设计和安全策略确定的规划方案实施。无线网络的开放性特点增加了确定 WLAN 安全机制的难度，形成了与有线网络系统完全不同的实现安全目标的方式。

WLAN 常见的安全对策有以下几种。

（1）隐藏 WALN 设备的服务集合标识符（ESSID）。

（2）建立介质访问控制地址（MAC）控制表。

（3）采用有线对等保密（WEP）加密技术。

目前很多 WLAN 都采用灵活、方便的安全机制，如用 IEEE 802.1x 身份验证技术、无线安全网关和 WIFI 保护接入 WPA 技术来实现用户接入控制和身份认证。

三、四川大学图书馆 WLAN 建设策略分析

四川大学图书馆在工学分馆和医学分馆正式实施有安全策略认证的 WLAN 无线网络部署，通过神州数码公司产品 DCWL-ZD-1025 无线 AC 控制器，以及 DCWL-ZF-2942 无线 AP，采用神州数码 DCSM 内网安全管理系统，同时配置 1 台认证服务器和 1 台 NAT 网络地址转换服务器，搭建 WLAN 安全服务管理平台（如图 1 所示）。

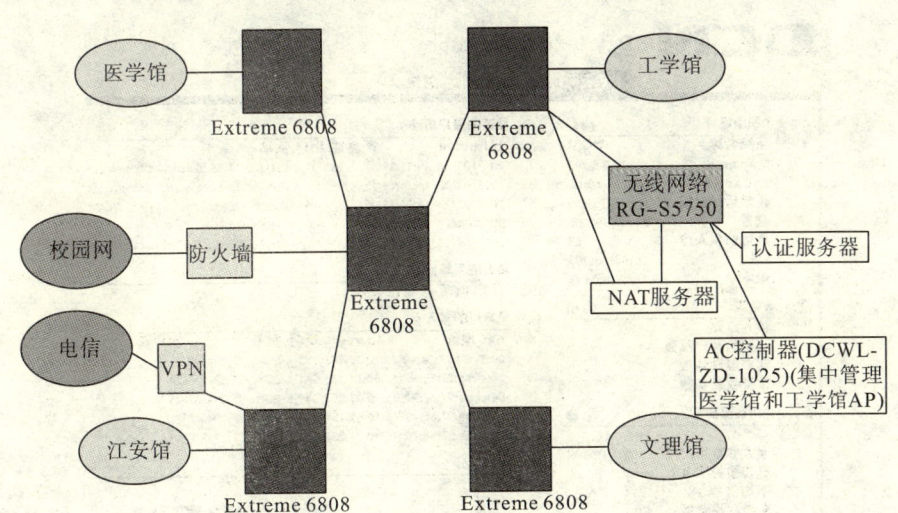

图 1　四川大学图书馆网络及 WLAN 结构

无线 AC 控制器 DCWL-ZD-1025 系列一般作为神州数码网络企业级智能无线接入点 AP（DCWL-ZF 系列产品）的中央控制系统来进行使用。无线控制器提供了简化的配置以及更新，包括无线局域网安全控制、射频管理以及对所连接以太网 AP 的自动调节（如图 2 所示）。

无线控制器在一个单一系统之中,同时整合了网络、射频管理以及定位管理。而用户认证既可以通过内部数据库以及集成中央门户来完成,也可以转发到现有的 AAA 服务器上,例如 RADIUS 服务器或者 Active Directory 服务器,同时也可以与神州数码的认证管理系统配合使用。一旦用户认证完毕,客户端的通信就无需再通过无线控制器,这样也就消除了更高速度无线技术(例如 802.11n)的潜在瓶颈。

此外,该无线控制器还支持对盗用 AP 的检测,并拥有黑名单的能力,可以在网络中屏蔽相关设备,而这所有的一切都很易用,配置起来也极其简单。当多台 AP 彼此位置很接近时,无线控制器会自动地控制电源以及每台 AP 上的信道设置,以提供最佳的总体覆盖范围和最佳的系统弹性(如图 3 所示)。

DCSM 是神州数码网络公司针对内网安全管理现状、自主研发的一款软件产品。DCSM 提供多种手段,完整地实现了对用户内部网络的终端、用户的管理功能,使得只有终端健康、身份合法的用户才可以接入网络中。而对于不满足条件的用户则允许修复后接入。DCSM 支持复杂的使用方式,在有无交换机支持的情况下都能得到很好的应用。

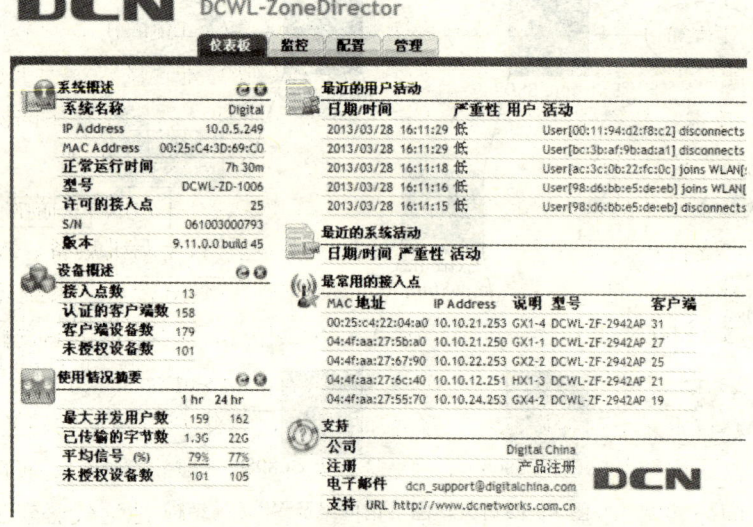

图 2　无线控制器 AC 概况显示

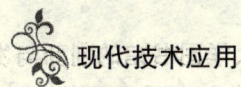

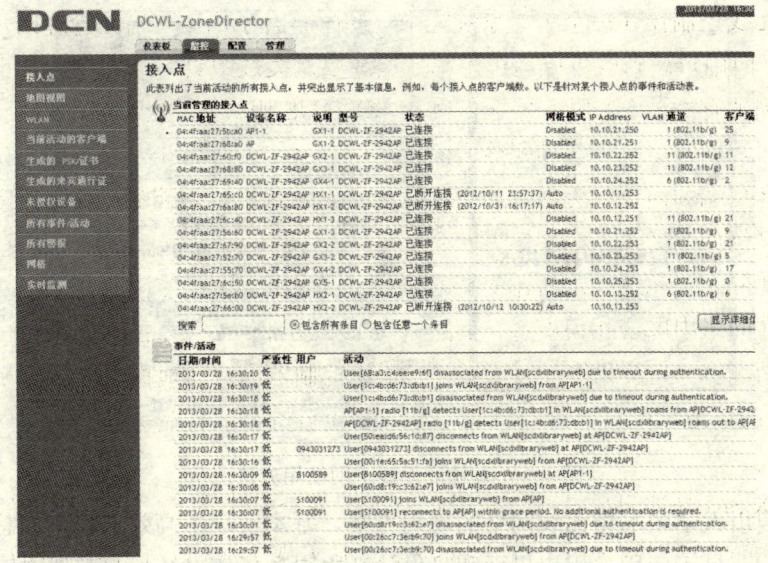

图3 无线控制器 AC 监控状况

DCSM 后台运行在 Linux 服务器上，其管理模块在 Windows 下运行，以灵活的方式实现对服务器数据的管理。DCSM 系统支持安全策略定制，灵活方便；采用模板开户技术，高效快捷；支持 802.1x 接入方式，与交换机联动，安全可靠；支持灵活绑定规则，有效防止 IP 盗用；基于 Linux 平台，性能卓著；认证参数全内存方式，以获得最快认证速度；管理子系统基于 Java 技术，系统稳定并且具有良好的跨平台特性。DCSM 采用的协议与标准包括：RADIUS、802.1x、PPPoE、EAP-TNC、XACML 等。

DCSM 服务端系统是整个网络运营的核心模块，运行在服务器端 Linux 环境下，支持用户认证上网、管理端的配置管理、HA 双机热备、Web 自服务网站运营，具有高稳定性、高安全可靠性等突出特点。系统还支持 Oracle 及 MySQL 两种版本的数据库，为用户提供了更丰富的方案选择。

NAT 网络地址转换（Network Address Translation）属接入广域网（WAN）技术，是一种将私有（保留）地址转化为合法 IP 地址的转换技术，它被广泛应用于各种类型 Internet 接入方式和各种类型的网络中，实现私有网络访问公共网络的功能。这种通过使用少量的公有 IP 地址代表较多的私有 IP 地址的方式，不仅完美地解决了 IP 地址不足的问题，而且还能够有效地避免来自网络外部的攻击，隐藏并保护网络内部的计算机（如图4所示）。

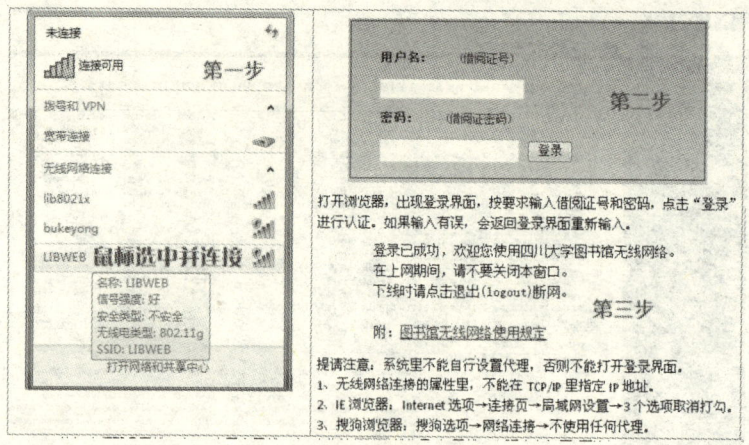

图4 Web 认证无线上网使用方法图示

四川大学图书馆无线网络的规划方案，基本实现了高效、安全的总体设计目标，易于使用，用户界面和身份认证也得到了有效统一。整体方案具有较好开放性，通过进一步的应用管理和安全策略研究，以后可以在江安分馆和文理分馆移植、扩展和推广，为读者提供更加安全稳定的公共上网平台，从而多渠道得到图书馆的数据库网络资源服务。

参考文献：

[1] 关鑫. 高校图书馆无线局域网的安全研究 [J]. 农业图书情报学刊，2010 (12).

[2] 李合飞. 无线局域网技术在高校图书馆的应用 [J]. 高校图书情报论坛，2006 (2).

[3] 向忠. WLAN 技术在高校图书馆网络建设中的应用 [M] // 姚乐野. 面向创新的图书馆资源建设与知识服务. 成都：四川大学出版社，2007.

[4] 耶健，邵晶等. WLAN 安全与网管技术在大学图书馆无线局域网的应用 [J]. 现代图书情报技术，2006 (7).

基于 LibGuides 软件的嵌入式学科服务平台

杨莹 罗宏

摘 要：LibGuides 是一个专为图书馆设计的内容管理与知识共享系统，主要应用于构建学科服务平台。论文介绍了一种基于 LibGuides 软件的嵌入式学科服务平台的构建方法，分析了我国大学图书馆利用 LibGuides 进行学科服务时应关注的问题，同时指出提高基于 LibGuides 软件的学科服务平台效率的途径。

关键词：嵌入式学科服务；学科服务平台；LibGuides；Web 2.0

一、嵌入式学科服务

面对潜在知识环境和虚拟研究环境，伴随学科服务的深入，嵌入式学科服务应运而生。嵌入式学科服务以学院、学科专业或科研团队为单位，强调学科馆员与用户互动，它要求学科馆员深入到用户的科研或教学活动中，帮助他们发现和提供更多的专业资源和信息导航，为用户的科研和学习提供针对性的信息服务。嵌入式学科服务是图书馆提供主动和个性化服务的具体体现，是图书馆在信息环境下适应用户需求的变化所采取的一种全新服务模式。

学科馆员提供高效的嵌入式学科服务离不开科学有效的学科服务平台。随着 Web 2.0 技术在图书馆服务领域的不断深入应用，学科馆员通过学科平台提供学科资源、工具和服务，用户通过此平台获取所需信息以支持科研教学。目前利用网络平台实现学科化服务的方式有静态网页、博客和 LibGuides。而利用 LibGuides 软件制作学科服务平台，由于它可以充分利用 Web 2.0 元素，创建动态学科指引，具有极大的开放性和共享性，日渐成为大学图书馆提供嵌入式学科服务新的手段。

二、LibGuides 学科服务平台

LibGuides 是美国 Springshare 公司在 2007 年推出的学科互动网络交流平台，是一个专为图书馆设计的内容管理与知识共享系统。LibGuides 是一款开源软件，使用 Web 2.0 技术开发，以"云端"的管理方式，为用户提供"一站式"学科服务。

LibGuides 是一个 Lib 2.0 知识共享系统，它融合了社交网络、维基、书签及博客等众多 Web 2.0 工具，具有鲜明的 Lib 2.0 特征。具体来说，LibGuides 在技术上实现了浏览、E-mail 提醒、学科标签和分类（Tag）、RSS 定制、播客、视频嵌入、服务咨询、信息评价、用户评论、社区聊天等功能在一个系统中的融合。借助这一工具，学科馆员可以方便灵活地分类发布信息，集成揭示学科资源与服务；并可嵌入各种信息模块，用来编制各种指南，支持用户进行研究和教学；同时便于学科馆员与用户的协作与交流。

三、基于 LibGuides 软件的嵌入式学科服务平台

图书馆利用 LibGuides 软件将图书馆的各种资源组织成一个个指南，在该系统中发布并呈现给用户。指南可以是任何内容、任何主题，包括学科指南、课程指南、信息门户、研究技巧等。具体来说，包括以下几个方面：利用 LibGuides 制作学科指南，协助用户进行课题研究；利用 LibGuides 制作课程指南，协助用户进行课程的教与学；利用 LibGuides 制作数据库使用和信息检索指南，协助开展图书馆教育和信息素养教育；以 LibGuides 为平台亦可开发图书馆网站。总之，利用 LibGuides 可以创建与各种图书馆服务相关的指南，吸引用户访问图书馆网站，达到图书馆实现学科服务的目的。

（一）学科馆员与 LibGuides

LibGuides 操作简便，不要求使用者具有编程能力。具备一定计算机应用能力，并且具有相关学科背景的学科馆员经过简单培训，就能够利用该软件建设学科服务平台。

所有的 LibGuides 具有相似的页面外观和页面布局：即首页、标签与标签页、内容框。该软件实现了实时编辑、实时更新，并且允许多馆员协作。馆员可以利用已有 Guides 共享内容，也可以根据学科特色创建个性化界面，不同的 Guides 中各个 Page 的设计同样既可以参考已有模板也可创建个性化界面。LibGuides 平台的这一独特功能，即节省时间又提高了效率。

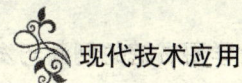

学科馆员登录账号后，制作一个完整的 Guides 流程有 5 个步骤：一是创建 Guide，填写馆员个人信息，新建、复制、编辑、删除 Guide；二是新建 Page，包括新建、复制、编辑、删除 Page；三是新建 Box，包括添加新的 Box、复制已有 Box，设置或修改类型包括文本、RSS、嵌入视频等；四是编辑 Box，添加文本或链接等，修改 Box 标题、类型、颜色等，删除 Box；五是制作完成 Guides 并发布。

LibGuides 首页设置有创建者信息，主要公布学科馆员或学科团队的联系信息（包括电话、地址和 E-mail）和照片等。系统还融合了知名社交网络工具，如博客、微博、MSN、AIM、Google Talk、Yahoo Talk、LinkedIn、Skype、Facebook、Twitter、腾讯 QQ 等。用户、学科馆员、技术人员以及他们彼此间都可以通过这个平台实现信息的在线沟通、交流与共建共享。

LibGuides 是基于 CMS（Content Management System）和 SaaS（Software as a Service）的软件服务托管模式，系统为图书馆搭建信息化所需要的所有网络基础设施及软件、硬件运作平台，并负责所有前期的实施、后期的维护等一系列服务，图书馆无需购买软硬件、建设机房、聘用技术人员即可通过互联网使用该系统。另外，系统服务器设置有安全门户网站与防火墙，确保创建馆上传数据安全和用户的网络安全。

LibGuides 平台具有链接有效性自动检测功能，系统自动更新新的链接地址，避免其他学科导航系统中大量死链存在的情况发生。LibGuides 还具有自动统计使用情况的功能，方便馆员和用户实时了解该指南的点击率等使用情况。

（二）用户与 LibGuides

学者、教师、学生、科研团队以及一般读者在 LibGuides 中均可以"一站式"获得针对性的资源和服务。学术资源、图书馆网站、学院主页、相关机构、社交网络、个人主页等都可以在 LibGuides 学科服务平台上实现学科网络信息资源的集成。

用户可以通过 RSS 定制，及时了解所关注的学科动态，并获得邮件提醒服务；系统使用方便，提供多种指南的分类方式，用户可按标签、学科、课程、点击量、更新日期、学科馆员等多种分类方式浏览或查找所需指南；系统设置调查表和评价链接，用户可进行内容投票、排序和提交关于指南的评价；LibGuides 的首页设置学科馆员联系方式及嵌入各种 Web 2.0 工具，方便用户与学科馆员的交流联系。

（三）LibGuides 软件的应用

正是由于 LibGuides 具有服务平台的社会性、后台管理的灵活性、界面外观的统一性、界面功能的交互性等诸多优点，一经推出即受到图书馆界的广泛欢迎。利用 LibGuides 制作学科服务平台在世界各国大学图书馆已形成一种趋势。目前全世界有 3886 个图书馆的超过 54000 名馆员制作了 325130 个 LibGuides，这个数字每天还在增加。

四、我国大学图书馆推广 LibGuides 嵌入式学科服务平台应注意的问题

（一）把握 LibGuides 学科指南制作思路

我国大学图书馆在利用 LibGuides 建设学科服务平台时，首先要充分分析本校的学术资源的特点，因地制宜，明确本馆学科服务平台的制作思路，设计符合本校学术资源特色的 LibGuides 的架构和 Guides、Page 以及 Box 的结构。一旦明确了本校的 LibGuides 架构，学科馆员既可以利用点击率高的 Guides 共享内容，也可以根据学科特色创建个性化界面，不同的 Guides 中各个 Page 的设计同样既可以参考已有模板也可创建个性化界面。在 LibGuides 的内容安排上要注重内容的学术性、专业性，注重页面布局与内容揭示的清晰度和直观性。

（二）重视系统维护更新

以往的一些利用网络平台实现学科化服务的方式存在内容陈旧、更新速度慢、网络内容死链较多的情况。为避免类似情况的大量出现，LibGuides 中 Box 的内容要及时更新和剔旧，更新频率因栏目而异，新闻、通知等具有时效性的信息标题要标注时间，陈旧内容要及时剔除。

（三）扩展 Web 2.0 技术应用程度

LibGuides 系统设计许多知名社交网络工具，如博客、微博、MSN、AIM、Google Talk、Yahoo Talk、LinkedIn、Skype、Facebook、Twitter、腾讯 QQ 等都可以嵌入到系统中。我国大学图书馆应重视新兴 Web 2.0 技术在嵌入式学科服务平台上的应用。

（四）加强学科馆员之间以及与用户的合作

所有的 LibGuides 具有相似的页面外观和页面布局：即首页、标签与标签页、内容框。该软件实现了实时编辑、实时更新，并且允许多馆员协作。

国外能够发布几百个 Guides 的大学图书馆，很多 Guides 是由学科馆员、学院教师、学生共同协作完成的，图书馆单纯靠某一个学科馆员来完成对口学科的服务是不太现实的。因此学科服务由学科团队来完成，是符合我国当前图书馆馆情的。

学科服务平台强调用户与学科馆员的互动合作，系统提供多种双方沟通交流的途径（面对面、电话、E-mail、Facebook、MSN、Skype、QQ 等），不仅是学科馆员通过用户了解学科内容，了解用户关注的学科热点，还给予用户一定的权限，允许用户直接或间接参与 LibGuides 平台的内容建设。

（五）加大宣传推广

利用 LibGuides 建设学科服务平台，为用户提供嵌入式学科服务在我国，特别是大陆地区还处在起步阶段，大量的潜在用户对这一新兴学科服务平台还不知晓。因此，学科馆员在全力建设 LibGuides 内容的同时，加强宣传推广工作也是必不可少的。目前这个阶段，可在以下几个方面开展工作：加大在图书馆主页的宣传力度，将学科服务平台置于显著位置；在相关院校主页嵌入图书馆的 LibGuides 学科服务平台；在与院系的交流推广活动中加大宣传，让用户了解 LibGuides；在学校 BBS 中发帖介绍 LibGuides 等。

总之，LibGuides 是一个功能强大且操作简单的一站式资源导航平台，较好地满足了学科馆员和用户的需要。随着 LibGuides 自身功能的不断完善以及对其使用的日渐娴熟，我们有理由相信，LibGuides 势必对学科服务起到重要的推动作用。

参考文献：

[1] LibGuides 社区 [EB/OL]．[2013-02-25]．http：//LibGuides.com/community.php?m=i&ref=www.LibGuides.com.

[2] 宋海艳，郭晶，潘卫．面向科研团队的嵌入式学科服务实践探索 [J]．图书情报工作，2012，56 (1)：23-30，148.

[3] 熊欣欣，李艳芬，周晓丽．高校图书馆学科服务解决方案——LibGuides 综述 [J]．图书馆学研究，2011 (11)：32-36.

[4] 张洁．高校图书馆学科服务平台的调查和研究 [D]．上海交通大学，2011.

基于 ASP.NET 的讲座预约系统的设计与实现
——以四川大学图书馆为例

王丽华

摘　要：高校图书馆讲座服务是高校图书馆重要服务，与高校教学活动密切相关，是高校教学和科研工作的有力保障，参与对象主要是全校师生。本文针对四川大学图书馆的图书馆资源与服务专题讲座工作，设计并实现一个在线图书馆讲座预约系统。该系统包括专题信息的录入与管理、分场讲座信息的录入与管理、讲座的预约及取消预约、讲座评分与管理、开讲与否邮件的发送以及预约数据统计、读者讲座需求的提交与管理等多项功能。其中主页面的动态数据采用了 DataList 控件的嵌套和绑定数据技术，使得数据的展现形式更加灵活。

关键词：数字图书馆；讲座预约；ASP.NET

一、引言

随着计算机技术的迅猛发展，高校图书馆也紧跟步伐，逐步进入数字图书馆时代。四川大学图书馆实现了对三个校区四个分馆统一的自动化集成管理，实行以读者为中心的"藏、借、阅、咨一体化"的服务模式，并通过 Internet 开展了各种网上服务，如网上书目检索、实时馆藏查询、新书通报、预约、续借、个性化服务、联合目录、馆际互借等。

为了帮助不同层次的读者快速了解图书馆的信息资源及服务，熟练掌握各类数据库和网络信息的检索方法，提高数字资源的利用率，四川大学图书馆特别开设了图书馆资源与服务专题讲座，讲座围绕图书馆的各项服务、各类数据库资源、网络学术资源的检索方法等内容，设立不同的专题，提供有针对性的培训讲座。以 2012 年下学期为例，图书馆针对各类资源与服务的使用，为读者提供了 38 场培训讲座。

为了提高图书馆讲座服务，四川大学图书馆设计开发了讲座预约系统，实现了讲座发布、讲座预览、讲座预约、自动发邮件、讲座需求信息的收集等功能，不但为读者了解图书馆的培训教育提供了便利条件，同时也有助于图书馆员进一步了解读者的需求，及时调整、规划讲座内容，确定讲座时间与地点等，为今后图书馆培训讲座的开展工作做好统筹，大大提高了图书馆馆员的工作效率，提升了图书馆的服务水平。

二、系统开发工具概述

系统开发工具采用 ASP.NET，后台数据库为 SQL Server。ASP.NET 是统一的 Web 开发模型，ASP.NET 3.5 具有强的分页处理能力，支持 LINQ 集成查询技术，利用它可以在服务器端构建一个强大的 Web 应用程序编程框架。SQL Sever 是由 Microsoft 开发和推广的关系数据库管理系统 (DBMS)，简单易用，与 Windows 操作系统的整体结合程度更强。

三、系统需求分析与设计

（一）系统需求分析

图书馆讲座预约系统的用户包括读者与图书馆馆员，图书馆馆员需要利用系统发布和管理讲座信息，读者则通过系统对自己感兴趣的讲座进行预约。为了增强读者与图书馆员之间的交互能力、提高系统的智能性与方便性，融入"用户参与"的理念，经过深入的了解和分析需求，系统的功能如图1所示。

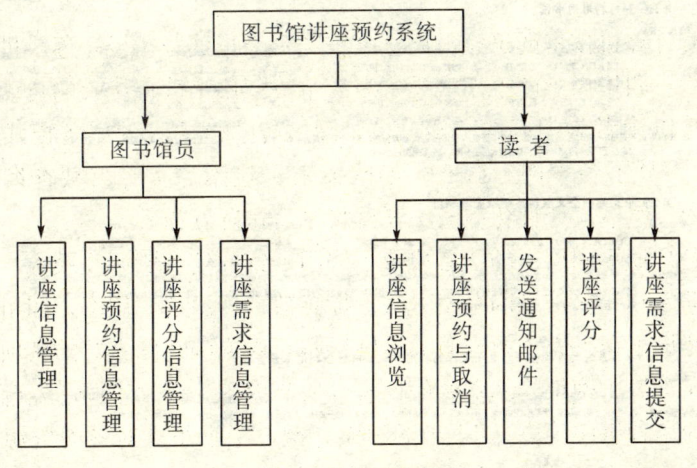

图1 系统功能图

各功能的需求如下。

（1）讲座信息的管理：专题标题、专题主要内容和各分场讲座的时间、地点、适用对象、主讲人等信息的录入、修改、删除和查询；预约人数的统计。

（2）讲座预约信息的管理：查询、统计读者预约的读者 ID、姓名、学院、类型。

（3）讲座评分信息的管理：查询、统计每场讲座的评分详情。

（4）讲座需求信息的管理：读者在线提交讲座需求，每个学期末图书馆员将收集到的读者需求信息进行整理、统计分析。读者需求信息是图书馆员安排讲座的依据。

（5）讲座信息浏览：可以查看每个学期讲座的具体安排。

（6）讲座预约与取消：报名截止时间为计划时间的前 24 小时。报名满 10 人即按时开讲；报名未满 10 人，公开讲授将取消。

（7）发送通知邮件：讲座计划的前 24 小时系统自动确定讲座是否开讲，开讲与否都会给预约的读者发送邮件。

（8）讲座评分：讲座结束后，听过讲座的读者可以对讲座进行评分；读者可查看每个讲座的评分情况。

（9）讲座需求信息的提交：读者可以把对系统的一些建议以及讲座方面的需求信息反馈给图书馆，便于优化系统，对图书馆员改善讲座服务有着重要的意义。

系统主要界面系统主页、讲座预约页面的设计如图 2、图 3 所示。

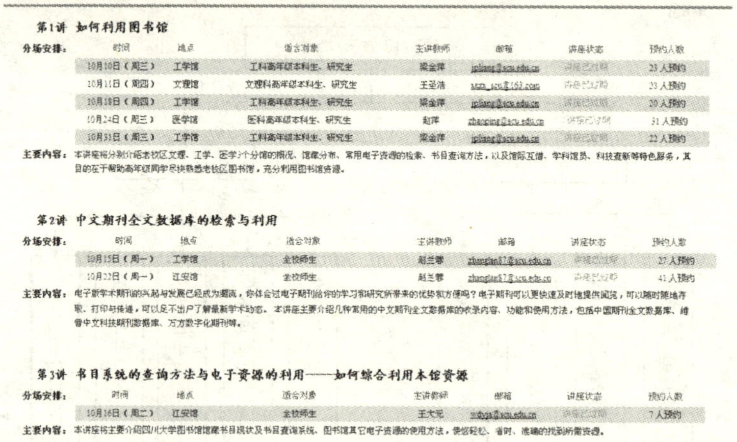

图 2　系统主页

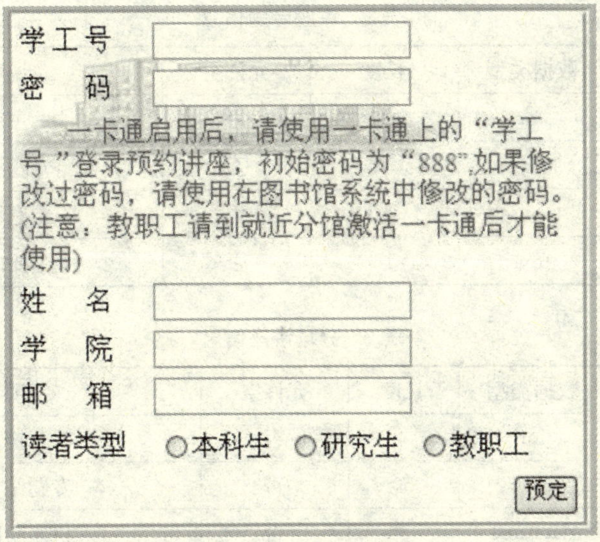

图3 讲座预约页面

(二) 系统设计

1. 系统结构设计及接口设计

本系统根据用户类型划分为两个子系统,图书馆员管理子系统和读者讲座服务子系统。图书馆员管理子系统包括登录验证、讲座信息管理、预约信息统计、评分统计、读者需求管理等子功能;读者讲座服务子系统包括浏览讲座信息、预约与取消预约讲座、读者身份验证、讲座评分、讲座需求提交等子功能。

其中读者身份验证子功能调用了 ALEPH 系统(图书馆自动化管理系统)的身份验证接口,避免了重复录入信息,提高系统的使用效率和安全性。

2. 数据库设计

通过系统需求分析及系统设计要求,后台数据库建立了专题信息表(Subject)、分场讲座信息表(Lecture)和预约信息表(Booking)。

专题信息表用于保存专题信息,包括专题编号、专题标题以及专题主要内容(见表1);分场讲座信息表用于保存讲座的信息,包括专题编号、讲座时间、讲座地点、讲座适用对象、主讲人、主讲人邮箱、预约人数以及发送通知邮件的状态(见表2);预约信息表用于保存读者预约讲座的信息,包括预约讲座编号、预约时间、读者ID、密码、姓名、学院、邮箱以及读者类型(见表3)。

表1 讲座专题信息

列名	数据类型	长度	允许空	说明
Sid	int	4	否	主键
Subjid	char	50	否	专题编号
Subjtitle	char	100	否	专题标题
Subjdetail	text	16	否	主要内容

表2 分场讲座信息

列名	数据类型	长度	允许空	说明
Lid	int	4	否	主键
Subjid	char	50	否	专题编号
Ltime	datetime	8	否	讲座时间
Llocation	char	100	否	讲座地点
Lpeople	char	100	否	适用对象
Lteacher	char	200	否	主讲人
Bnumber	int	4	否	预约人数
State	int	4	否	取消讲座邮件状态
Wstate	int	4	否	开讲邮件状态
Temail	char	100	否	主讲人邮箱

表3 讲座预约信息

列名	数据类型	长度	允许空	说明
Bid	int	4	否	主键
Lid	int	4	否	讲座编号
Btime	datetime	8	否	预约时间
Readerid	char	100	否	读者 ID
Readerpw	char	100	否	密码
Username	char	200	否	姓名
Department	char	250	否	学院
Email	char	200	否	邮箱
Readerkind	char	50	否	读者类型

3. 主要业务流程

本系统的主要业务包括讲座预约、发送通知邮件、讲座评分、提交需求（如图4所示）。

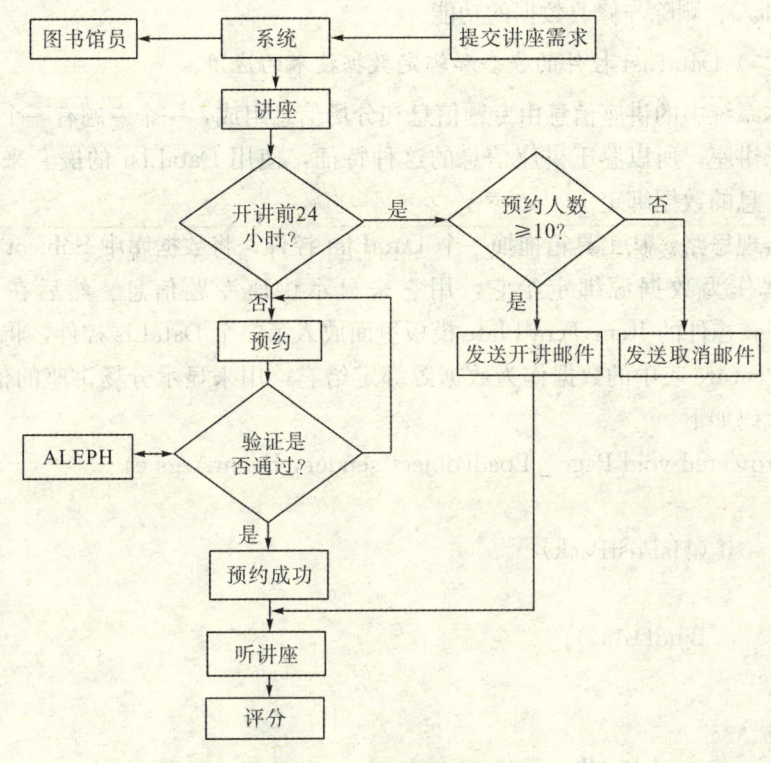

图4　系统业务流程图

四、系统编码实现

（一）系统架构

系统架构是系统实现的关键，好的系统架构会使系统更加安全、稳定、可扩展性更强。本系统采用基于.NET开发平台的三层体系结构来实现，即表示层、业务层和数据层。

表示层是系统的界面部分，负责使用者与系统的交互，用户直接通过该层使用系统。表示层采用Web Form编程模型，能在不同页面请求之间自动维护页面数据页面显示部分和控制逻辑可以分别存储在.aspx文件和.cs文件，实现页面显示部分和控制逻辑的分离，从而提高了Web应用程序的可维护性。

业务层为表示层提供功能调用，同时又调用数据访问层所提供的功能来访问数据库。

数据层是整个分层体系的最底层，该层实现与数据库的交互，即完成查询、插入、删除与修改数据的功能。

（二）DataList 控件的嵌套和绑定数据技术的应用

本系统中的讲座信息由专题信息和分场信息组成，一个专题有一个或几个分场讲座，所以鉴于讲座信息的这种特征，使用 DataList 的嵌套来实现讲座信息的数据绑定。

实现思路：从工具箱拖拽一个 DataList 控件，将数据库中 Subject 表中的数据作为数据源绑定给它，用它来显示讲座专题信息。然后在这个 DataList 控件的 Item Tem Plate 模板里面放入第二个 DataLis 控件，将数据库中 Lecture 表中的数据作为数据源绑定给它，用来显示分场讲座的信息。主要代码如下。

```
protected void Page _ Load(object sender, EventArgs e)
{
    if (!IsPostBack)
    {
        BindData();
    }
}
private void BindData()
{
    //DataList1的数据绑定
    ……
    DataList1.DataSource = rdt;//数据绑定
    DataList1.DataBind();
    sqlcon.Close();
}
protected void DataList1 _ ItemDataBound(object sender, DataListItemEventArgs e)
{
    ……
    if (e.Item.ItemType == ListItemType.Item || e.Item.ItemType == ListItemType.AlternatingItem)
```

```
{
    //DataList2的数据绑定
    ……
    DataList DataList2;
    DataList2 = (DataList)e.Item.FindControl("DataList2");
    DataList2.DataSource = rdt2;//数据绑定
    DataList2.DataBind();
    ……
    }
}
```

(二)讲座预约功能实现

1. 讲座预约状态的判断

建立类 MyUserRight.cs 来判断讲座的状态，状态的属性值包括：可预约状态、即将开始、取消和已过期。具体代码如下。

```
public int IsContains(string time)
{
    int result = 0;
    DateTime nowtime = DateTime.Now;
    DateTime Ltime = Convert.ToDateTime(time);
    if ((Ltime-nowtime).Days <= 0.99)
    {
        if (Ltime>nowtime )
        {
            result = 2;
        }
        else
        {
            result = 3;
        }
    }
    else
    {
        result = 1;
```

}

　　return result；

}

result 返回 1 表示讲座可以预约；返回 2 表示讲座为开始前 24 小时，此时如果预约人数大于等于 10 人，则讲座状态为即将开始，否则讲座状态为取消；返回 3 表示讲座已过期。

2. 讲座预约功能的实现

讲座预约的功能主要分为以下几个步骤：权限认证、重复预约判断、增加预约人数以及预约信息的添加。主要代码如下。

```
protected void bookB _ Click(object sender，EventArgs e)
{
    ……
    XmlDocument xmldoc = new XmlDocument();
    //ALEPH 权限认证
    xmldoc.Load("……");
    if (xmldoc.SelectSingleNode("……")!=null )
    {
        Exist exist = new Exist();
        //判断是否重复预约
        if (exist.IsExist(this.readerid.Text.ToString(),id) == 1)
        {
            //预约人数增加功能
            ……
            string sqlstr = "update Lecture set Bnumber=Bnumber+1 where Lid='" + id + "'";
            ……
            //将数据库表中对应的字段分别赋值
            string sqlstr2 = "insert into Booking (……) values('" + ……"')";
            ……
        }
```

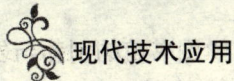

（三）邮件发送功能的实现

讲座开讲前 24 小时，系统自动判断预约人数是否到达 10 人，满 10 人系统会自动给预约的读者和主讲人发送讲座即将开始通知的邮件，否则就发送讲座取消的邮件。核心代码如下：

```
……
if (count > 9)
{
    ibtCancel.Visible = true;
    ibtCancel.Text = "讲座即将开始";
    ibtCancel.ForeColor = System.Drawing.Color.Red;
    if (wstate == 0)
    {
        SmtpClient smtp = new SmtpClient();
        MailMessage mm = new MailMessage();
        ……
            smtp.Credentials = new System.Net.NetworkCredential("……","……");//设置发件箱地址
        mm.Body = "……";//内容
        mm.Subject = "讲座即将开始通知";//标题
        string sql3 = "select Email from Booking where Lid='" + id + "'";
        //获取预约该讲座的邮箱
        ……
        MailAddress ma=new MailAddress(tomail.Trim());//接收邮箱
        mm.To.Add(ma);
        mm.From=new MailAddress("……");//发送邮箱
        smtp.Send(mm);
    }
……
```

五、结语

图书馆讲座业务是图书馆的核心业务活动之一，本文针对该项业务，设

计并实现了一个讲座预约系统。该系统采用 B/S 模式,这种模式统一了客户端,将系统功能实现的核心部分集中到服务器上,简化了系统的开发、维护和使用;实现了与 ALEPH 系统认证模块的对接,增加了系统的安全性能;功能上实现了自动更改讲座状态、自动发送邮件,提高了系统的适用性;采用 DataList 控件的嵌套和绑定数据技术,为读者提供了较为友好的系统界面。

该讲座预定系统基于 .NET 框架,采用了表现层、业务层和数据层的三层设计架构,极大提高了系统的可移植性、可扩充性和可维护性。目前系统处于试用阶段,经过半个学期的测试,得到了很好的试用效果,具有简单易用、稳定、高效的特性,提高了管理人员的工作效率,能够满足本馆读者预定讲座的需要。但随着新技术的发展和读者需求的不断变化,还需要对该系统进行不断地完善,进一步拓展图书馆讲座业务的服务范围和内容,为教学和科研提供有力保障。

参考文献:

[1] 郭文丽, 赵晓晔, 周婕. 基于 Ajax 的图书馆讲座预约系统构建 [J]. 现代图书情报技术, 2010 (5): 84-88.

[2] 莫学值. 谈在 .NET 平台中 DataList 控件嵌套的应用 [J], 办公自动化: 综合月刊, 2011 (12): 53-54.

[3] 沈少珠, 陈锐雄. 基于 ASP.NET 的讲座预定系统的设计与实现 [J]. 中华医学图书情报杂志, 2011 (5): 54-56.

[4] 宣磊. 关于合肥学院图书馆讲座预约系统的构建 [J]. 魅力中国, 2011 (14): 253-261.

[5] 王岩. ASP.NET 网络开发指南 [M]. 北京: 清华大学出版社, 2010: 3.

文献资源建设

基于使用分析的中文图书采访评价研究[①]

——以四川大学图书馆为例

李咏梅　陈隽枢　范晓燕　彭蕾蕾

摘　要：本文从中文图书采访工作的现状入手，对四川大学图书馆2007—2011年入藏量及流通使用情况进行实证分析研究，并以此对采访工作进行评价，以进一步调整和完善中文图书采访政策，优化采访工作，提高采访质量。

关键词：中文图书采访；采访评价；使用分析

一、中文图书采访工作现状

四川大学图书馆（以下简称我馆）由一个总馆和四个分馆组成，实行总馆-分馆制下的多校区多分馆统一和分工协作的管理模式，纸本馆藏达600多万册，对四川大学（以下简称我校）的科研、教学和人才培养起到了文献保障作用。而中文图书是纸本馆藏的重要组成部分，所占比重最大，也是读者使用最多的文献资源。我馆在2011年11月开展的"读者服务宣传周"活动中进行了读者问卷调查，其中关于"中文图书应优先购买的载体形式"的问题选择"纸本"的比例高达92%，而选择"电子"的只有8%，因此中文图书采访将仍然是我馆文献资源建设的重点工作之一。

虽然取得了较大成绩，我馆中文图书采访工作目前仍面临以下一些问题。

（一）经费紧缺

我馆于2005年7月由原来三校图书馆实质性合并以来，学校划拨的年度

[①] 本文系"2010年四川大学中央高校基本科研业务费哲学社会科学研究一般项目"（2010SKY03）和四川大学2011年度"图书馆、情报与文献学科研项目"研究成果。

文献经费并没有增加，同时为了满足读者对电子资源的需求陆续引进了很多电子资源数据库，为保持总体预算平衡，我馆削减了大量的外文纸本期刊，由于读者对中文图书的需求仍然很大，中文图书的预算基本保持稳定，但由于通货膨胀因素，中文图书的价格每年都有一定的涨幅，使得中文图书的实际购置经费相对下降。经费紧缺是我馆中文图书采访面临的最大问题之一。

（二）我校综合性强，图书的学科化建设难度大

我校是拥有文、理、工、医等12个学科门类的综合性大学，有136个专业，国家重点学科达到46个，学科和专业涉及面广。同时服务的师生数量大，我校有在职教职工约8300人，本科生和研究生约6万余人，这就大大增加了我馆实行"重点保障，全面皆顾"这一采访政策的难度。

经费紧缺，服务的学科和读者众多，加之图书出版量剧增，图书价格不断上涨，使得我馆中文图书的年订购量不足，读者需求和全面保障之间存在着一定的差距。

（三）馆藏评价不足

馆藏评价是我馆文献资源建设的重要内容之一，但由于种种原因我馆对中文图书的馆藏评价还做得不够。而以用户的需求为导向，满足用户不同内容和层次的文献需求是我馆文献资源建设遵行的重要原则之一，也是采访政策的重要指导思想。因此，在努力争取学校增加经费的同时，我馆还需要对读者的需求做深入而充分的了解，在现有经费条件下为进一步优化中文图书采访工作提供可行和现实的依据，拟以使用数据的定量分析为突破口，在此基础上进行定性分析和评价，从而推进我馆中文图书采访工作的进一步发展。

二、数据分析及评价

本研究以中文图书流通使用情况作为读者需求的一个重要反映，对近五年来（2007—2011年）入藏的中文图书学科分布和流通使用情况进行全面的统计分析，以此作为中文图书采访评价的重要依据，从而进一步调整和完善中文图书采访政策（见表1）。

以下几项需要说明：一是数据分析均以中图法（第五版）大类及T类二级类目为学科分类依据；二是流通率以平均流通次数来表示，即流通次数除以册数，单位：次/册；三是入藏品种各类均不包括复本量为一册或一套藏于阅览室的品种，这类图书不外借流通，无法统计其流通量，而其对各类品种入藏总量的影响均忽略不计；四是对于多复本图书，既有藏于阅览室不

外借，又有藏于书库可外借流通的，对藏于阅览室不外借的复本无流通率均忽略不计；五是分析方法采用从宏观的总体分析到微观的样本分析。

（一）入藏及使用情况总体分析

2007—2011年我馆中文图书的总入藏量为100686种（不含复本量为1册的品种，下同），329052册，平均复本量为3.3册，流通总次数1382146次，平均流通率为4.2。

表1是学科分布情况，按入藏种数排序。从表1中可以看出，F类入藏种数最多，占总入藏量的12.62%，其次是R类，占11.89%，第三是TP类，占9.59%，而后依次是D、H、O、TU、I、B、G类位居前十，这10个学科的入藏种数占全部入藏量的71.3%。

从重点学科分布看，我校目前共有国家重点学科46个，归属于上表中的B、D、F、H、I、K、N、O、Q、R、T、TB、TL、TM、TN、TP、TS、TV、Z等19个学科大类中，这19个大类的入藏种数占总入藏种数的77.1%，入藏册数占总入藏册数的78.5%。在入藏排名前10位中，除TU和G外，其他8类都含有重点学科，说明我馆对重点学科的保障情况是比较好的。

流通率排名前十位的学科分别是I、H、TP、B、J、O、K、C、F、A，毋庸置疑I类（文学作品）总是最受欢迎的，流通率高达8.81，其次是H类，流通率为7.04，第三是TP类，流通率为5.23。而I类的入藏量仅占4.68%，排名第八，H类仅占6.83%，排名第五，只有TP类的入藏量与流通率是相对应的，排名均为第三。图1是各学科入藏种数比例与流通率的比对统计，从图中可以明显看出，绝大部分学科入藏量所占比例与流通率的走势是不相同的，入藏量比例的高低并不与流通率成正比。I类和H类（中国语言文学）是我校国家一级重点学科，今后需要加大订购比例。而入藏量最多的F类，其流通率为4.1，排名第九，入藏量与流通率差距较大，究其原因是由于F类的年出版量很大；政治经济学是我校的国家重点学科，所以今后对理论研究特别是政治经济学方面的图书要重点订购，而应用类的图书可适当控制订购量。

对于流通率高且订购量比重偏低的学科要增加订购品种，在经费充足的情况下还可适当增加复本量。而专业性很强且流通率较低的学科特别是国家重点学科，在保证品种比重的前提下可适当减少复本量，如R类，入藏量居第二，但流通率排名第十七，均复本量为3.2，而医学类是我校拥有国家重点学科最多的学科，达12个，占重点学科的26.1%，因此保证订购品种稳中有升是首选，而复本量可考虑调整为2册。

表1 2007—2011年中文图书各学科入藏量及流通率统计

类别	种数(种)	所占比例	册数(册)	均复本量	流通次数(次)	流通率	流通率排名(名)	类别	种数(种)	所占比例	册数(册)	均复本量	流通次数(次)	流通率	流通率排名(名)
F	12706	12.62%	38323	3.0	157367	4.11	9	TQ	1496	1.49%	4799	3.2	14051	2.93	16
R	11968	11.89%	37804	3.2	102755	2.72	17	TG	1402	1.39%	4045	2.9	5851	1.45	30
TP	9672	9.61%	33135	3.4	173332	5.23	3	TS	1296	1.29%	3647	2.8	7786	2.13	22
D	8383	8.33%	25236	3.0	93731	3.71	11	P	784	0.78%	2089	2.7	2878	1.38	31
H	6880	6.83%	29853	4.3	210414	7.05	2	TV	700	0.70%	1875	2.7	2856	1.52	27
O	5415	5.38%	21025	3.9	95455	4.54	6	U	594	0.59%	1595	2.7	2382	1.49	28
TU	4969	4.94%	15428	3.1	48382	3.14	14	S	364	0.36%	916	2.5	978	1.07	35
I	4710	4.68%	15433	3.3	135975	8.81	1	N	359	0.36%	1138	3.2	2028	1.78	25
B	3559	3.53%	11229	3.2	57241	5.10	4	TK	293	0.29%	871	3.0	1549	1.78	26
G	3526	3.50%	11299	3.2	38113	3.37	13	V	177	0.18%	414	2.3	352	0.85	36
J	3337	3.31%	10571	3.2	51873	4.91	5	TF	176	0.17%	466	2.6	522	1.12	34
TN	3258	3.24%	10146	3.1	26135	2.58	19	A	173	0.17%	537	3.1	2068	3.85	10
K	3042	3.02%	9458	3.1	42349	4.48	7	Z	143	0.14%	636	4.4	1968	3.09	15
C	2389	2.37%	7640	3.2	33911	4.44	8	TE	134	0.13%	326	2.4	397	1.22	32
TM	2067	2.05%	6209	3.0	12772	2.06	23	E	96	0.10%	277	2.9	745	2.69	18
TB	1837	1.82%	6733	3.7	13250	1.97	24	TL	64	0.06%	159	2.5	374	2.35	21

续表1

类别	种数(种)	所占比例	册数(册)	均复本量	流通次数(次)	流通率	流通率排名(名)	类别	种数(种)	所占比例	册数(册)	均复本量	流通次数(次)	流通率	流通率排名(名)
TH	1565	1.55%	4693	3.0	11965	2.55	20	TD	43	0.04%	103	2.4	56	0.54	37
Q	1564	1.55%	6346	4.1	23546	3.71	12	TJ	32	0.03%	73	2.3	27	0.37	38
X	1511	1.50%	4520	3.0	6706	1.48	29	T	2	0.00%	5	2.5	6	1.20	33

总计：100686 种，329052 册，流通 1382146 次。平均复本量为 3.3 册，平均流通率 4.2 次。

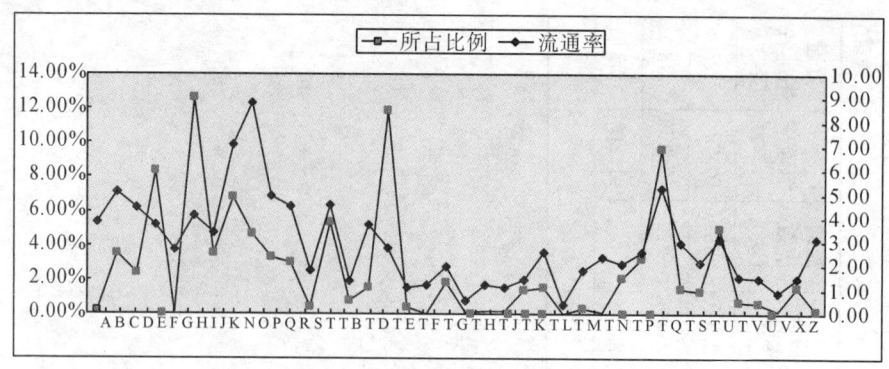

图1 各学科入藏种数比例与流通率比对图

由于各学科门类的特点有很大差异，流通率排名前十位的学科中人文社科类就占据了80%，这是由于很多文史哲图书具有通识性，自然借阅的人多，为了更准确地了解不同学科门类的具体情况，有必要按学科进行微观的样本分析。

（二）流通率和入藏量样本分析

我们按文、理、工、医四个大的学科门类分别进行样本分析，以流通率排名前200位的品种作为样本。

1. 人文社会科学

A~K类是人文社会科学，流通率最高的排名前200位的主要是I类图书，为了更具有统计学意义，对排除文学作品后的前200位品种再进行分析，如图2所示。

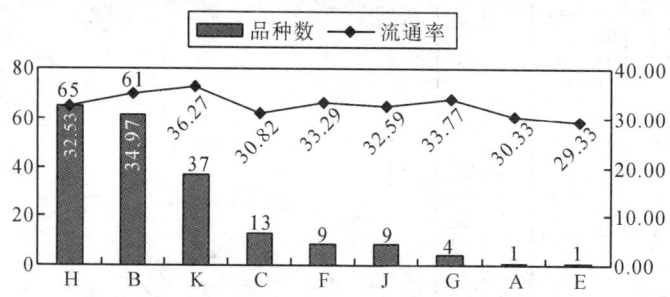

图2 人文社科类流通率排名前200位学科统计（不含I类）

进入前200位的学科包括H、B、K、C、F、J、G、A、E，其中H、B、K位居前三，种数分别为65、61、37，占据前200位的81.5%，三类图书的流通率K类最高，其次是B类和H类。进一步深入分析发现，H类中H3关于英汉对照和英文原版经典小说的品种最多，其次是H1对外汉语教学方面的。B 类中 B8 居多，其中关于个人心理学方面的书占绝对优势，如信念、意志、行为以及成功与失败等类的书很受学生欢迎，这些书有助于培养学生的健康心理，今后仍然要加大订购比例，并适当增加复本。K 类中 K8 传记类图书最多，流通率也是最高的，其次是 K2 关于中国史的，这两类图书有助于学生文化素质的培养，也是要重点订购的类别。

2. 理学

图 3 是关于理学的统计，从图 3 中可以看出，O1、O6 和 O4 位居前三，种数分别为 56、48、32，占据前 200 位的 68%。数理化都是基础学科，特别是数学是基础中的基础，理工类学生都要使用，所以使用率很高。这三类中关于学习指导和题解方面的书居多，我们曾经讨论过要控制甚至削减这类书的订购，但学生仍然大量使用，说明学生对这些书的需求仍然很大，因此还是要保持一定的订购量，并尽量订购高质量的品种，以满足学生学习的需要。

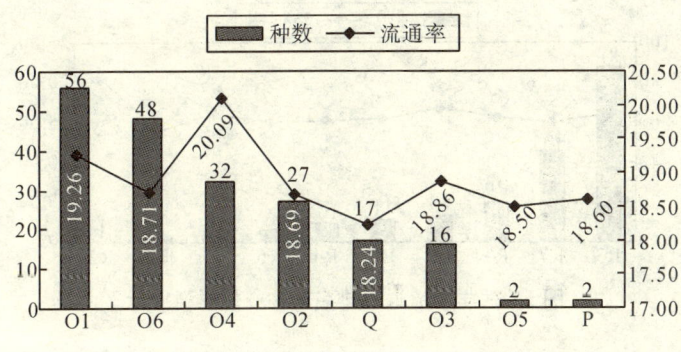

图 3　理学类流通率排名前 200 位学科统计

3. 工学

众所周知，工学类中 TP 计算机类的使用量最大，计算机应用技术是我校的国家重点学科，今后仍然要保持订购比例，由于其时效性强，在制定订购方案时要考虑时效性因素。为了更具有统计学意义，对排除 TP 后的前 200 位品种进行分析，包括 TU、TQ、TN、TB、TS、TM、TH（如图 4 所示）。TU 是关于建筑科学的，品种达 133 种，占前 200 位的 66.5%，虽然建筑科学目前还不是我校的国家重点学科，但学科发展势头很好，加上读者使用量较大，因此仍要保持订购的水平。今后需要加强 TB 类图书订购的关注度，它既包含了工程基础科学，又包括了材料科学，这是我校的国家一级重点学科，涉及的学科范围很广，有必要加强订购。

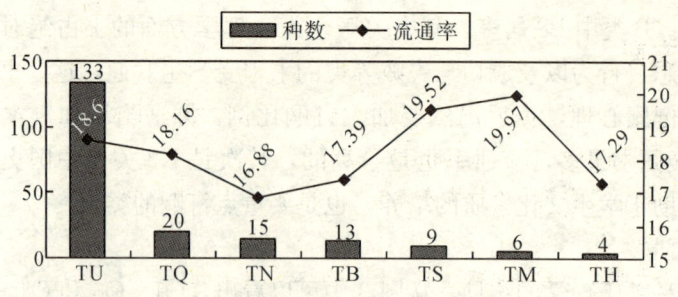

图 4　工学类流通率排名前 200 位学科统计

4. 医学

图 5 是医学类图书的统计，前 200 位中几乎包括了医学类的所有学科，其中排名前三位的是 R3、R7 和 R1。R3 是基础医学，使用量自然最大，由于四川大学医学类国家重点学科众多，因此医学图书仍然是我馆中文图书订购要保障的重点。

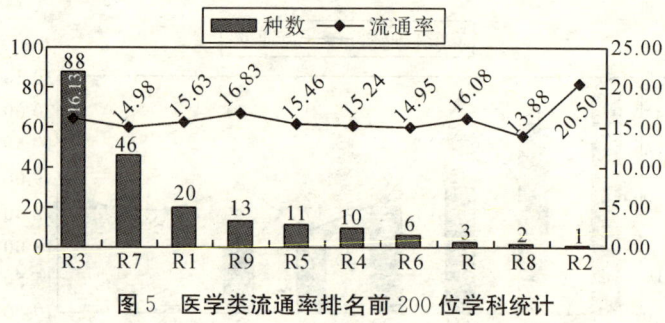

图 5　医学类流通率排名前 200 位学科统计

三、结语

采用馆藏使用数据的定量分析来对中文图书采访工作进行评价，从而及时调整采访策略、不断完善采访政策，有助于不断提高中文图书采访质量，更好地满足我校教学、科研以及人才培养的需要。特别是在经费紧缺、学科众多、图书价格不断上涨、图书出版量不断大幅增长的环境下，这种定量分析的实证研究具有很重要的现实意义。同时，在定量分析的基础上，还需要与定性分析相结合，从而使评价结果不失偏颇，真正具有科学性和客观性。

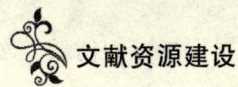

参考文献：

[1] 馆情介绍 [EB/OL]. [2013-02-19]. http：//202. 115. 54. 22/sculib/（S(q0qzfp55taesnjzihj0rnxzs)) /intro/intro. aspx.

[2] 李咏梅, 袁学良. 论纸本资源与电子资源协调发展的基本原则 [J]. 图书馆, 2010 (2)：57-58, 64.

[3] 四川大学现有国家重点学科 [EB/OL]. [2013-02-25]. http：//gs. scu. edu. cn/newDetail. aspx? ID=377.

[4] 学校概况 [EB/OL]. [2013-02-19]. http：//www. scu. edu. cn/portal/xxkk/kk/H601401index_1. htm.

浅谈高校图书馆外文图书采访工作
——以四川大学图书馆为例

彭蕾蕾 黄晓渝

摘　要：以四川大学为研究对象，通过对外文图书馆藏资源的调查，剖析了网络环境下外文图书资源与用户之间产生矛盾的原因，提出了提高外文图书采访质量的对策和建议。

关键词：外文图书；采访工作；高校图书馆

一、引言

外文图书一直是高校图书馆馆藏的重要组成部分，其专业性强、学术价值高，能够全方位地反映当前各学科专业的最新发展趋势与研究成果，是高校师生在第一时间内了解和掌握各学科在国际领域中的最新动态的重要途径，为推动高校的教学、科研向纵深领域发展提供了有力的学术保障。因此，高校图书馆馆藏外文文献质量的高低与数量的多少会直接影响到高校教学科研水平的高低。随着信息技术的迅猛发展，用户的信息行为、学术文献资源、信息服务方式等都发生了深刻的变化，如何做好外文图书的采访工作，更好地为教学科研服务，已成为图书馆急需解决的问题之一。本文以四川大学图书馆为例，对高校图书馆做好外文图书采访工作进行了分析和探索。

二、外文图书采访工作的瓶颈

近十年来，国内各高校办学规模不断扩大，办学层次随之提高，教学科研水平大幅度提升，如与国际知名大学进行全方位、多层次、多形式的学生联合培养体系的构建；国际交流与合作项目的增多；科研水平在国际影响力和竞争力的显著提升等，师生们对外文文献资源的需求与依赖性日益增长。

高校外文文献资源是加强高校博、硕士点的建设，增强高层次人才培养，建立完善的文献信息保障体系的基础，但现有的外文文献资源存在馆藏不足、购书经费紧缺、订购重复、书目来源有限等问题，难以全面满足高校教学科研飞速发展的需求，外文图书采访工作面临着巨大的挑战。

(一) 高校教学科研的高速发展与外文文献资源不足之间的矛盾

各类到校科研经费与每年收录的学术论文数量是评判高校的科研综合实力指标之一。四川大学 2003—2011 年全校各类到校科研经费与 SCI 收录论文数如图 1、图 2 所示。

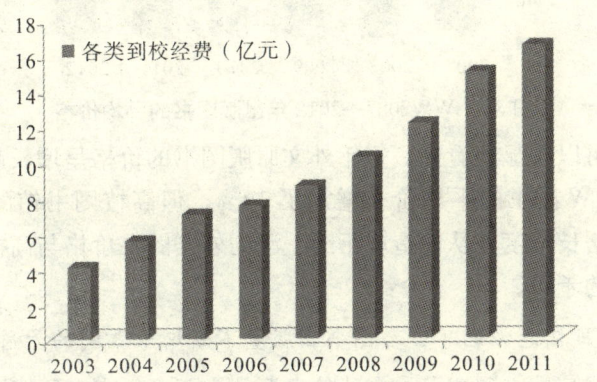

图 1　四川大学历年各类到校科研经费

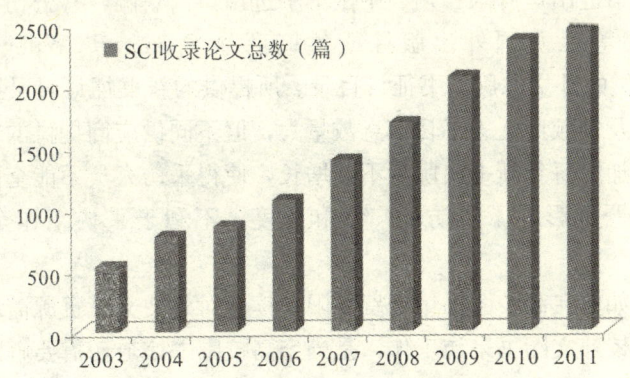

图 2　四川大学历年 SCI 收录论文数

从上图可以看出，四川大学在近几年来科研综合实力有了大幅度增强，2011 年与 2003 年相比，到校科研经费与 SCI 收录论文数的增幅分别达到了 307.7％ 与 363.6％。由此可见，高校教学科研人员对外文文献的需求也随之与日俱增，同时对外文图书的学术价值也提出了更高的要求。

(二)不断上涨的外文图书价格与高校图书馆的有限经费之间的矛盾

近年来,外文原版图书价格不断上涨,以 LWW 公司出版的外文图书为例。LWW 是美国一家已有 200 多年历史的医学专业出版社,其 2005—2012 年出版图书的平均价格(如图 3 所示)。

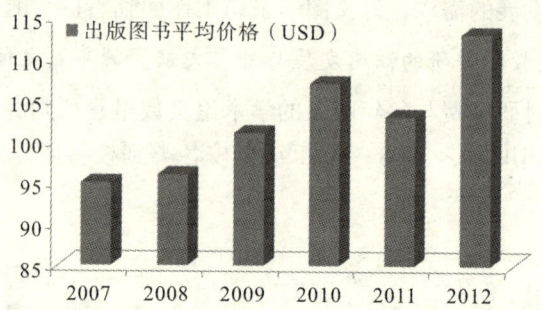

图 3　LWW2005—2012 年出版图书的平均价格

从图中可以明显地看到,每年外文原版图书的价格呈增长趋势,在 7 年时间内,LWW 图书的平均价格增加了 19%,但高校图书馆的经费增长却低于图书的增长幅度,从而造成不断上涨的外文图书价格与高校图书馆的有限经费之间的矛盾。

(三)书目信息源的单一与图书出版量不断增长之间的矛盾

高校图书馆外文图书采访书目信息源的主要途径来自国内图书供应商如中国教育图书进出口有限公司、中国图书进出口(集团)总公司、北京中科进出口公司等以及国外出版社或供应商如 Springer、Wiley-Blackwell、LWW 等提供的外文原版新书征订目录。所提供的新书征订目录虽然学科类别众多、涉及领域广泛、书目信息数量大,但不同供应商提供的书目重复现象较严重,加之每年新书出版量不断增长,使得采访人员不能全面获得图书出版信息,严重影响了采访的广度和深度,不利于采访工作全面深入地开展。

因此,如何在高校图书馆经费有限、读者对外文文献资源需求激增的情况下做好高校外文图书采访工作,是当今高校图书馆迫切需要解决的问题。

三、提高外文图书采访质量的措施

(一)了解学校重点学科建设现状,分析馆藏外文图书学科资源

四川大学是一所研究型综合大学,学科门类齐全,覆盖了文、理、工、医、经、管、法、史、哲、农、教、艺 12 个门类,国家重点学科 46 个及国

家重点培育学科4个,"优化结构、鼓励交叉、促进融合、重点建设、提高水平、形成特色"是四川大学的建设方针。

图书馆作为实现高校目标的文献资源保障体系,在服务科研教学方面,必须做好外文图书的保障。四川大学图书馆馆藏外文图书共有112310种(统计日期截止2012年12月15日),其中按科图法、刘国钧法、人大法等分类的外文图书共计60109种,按中图法进行分类的共计52201种。图4是对按中图法分类的52199种图书进行的馆藏量分类统计,从中可以大致了解各类外文图书的分布状况。

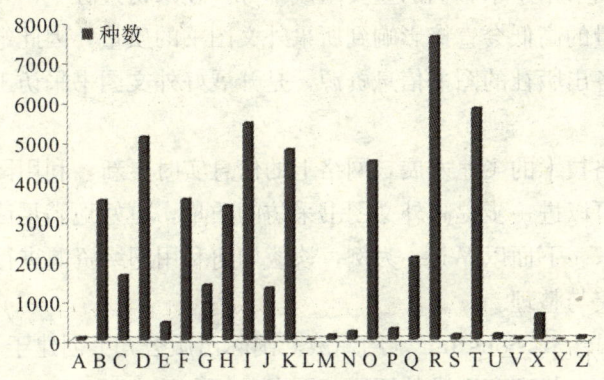

图4 外文图书各类馆藏量统计

从图4可以看出,各学科间外文图书馆藏量的分布是不均衡的,其中B、D、F、H、I、K、O、R、T这9类藏书达到了3000种以上,C、G、J、Q、X这5类藏书在1000~3000种之间,余下的11类则在1000种以下。从四川大学的学科分布情况看,重点学科现有的藏书量均达到了千种以上,符合四川大学图书馆"重点保障"的采访原则,但由于经费的局限,"全面兼顾"的采访政策难以真正实施,因此要不断努力向学校争取增加经费投入。

(二)采访人员应具备复合型人才的素养

当今飞速变化的信息技术和不断发展的学术环境对采访人员的水平提出了更高的要求,只有成为复合型人才才能适应时代发展的需要,才能真正做好外文图书的采访工作。

早在20世纪初,国外图书馆同仁就提出了未来学术图书馆员需要掌握的个人能力的四个方面:一是交流及培训技能,包括服务需求意识、与读者的交流与沟通能力;二是IT技能即掌握信息技术,包含掌握一定的现代计算机、网络、通讯等信息领域的高级知识和应用技术;三是管理能力,服务承诺,对读者的责任与义务;四是具有一定的学科背景与分析技能。

从传统的被动服务到主动的、有针对性的、有深度的服务,图书馆员必须紧跟学科的发展,不断地开拓不同于以往建立在印刷型藏书的基础上的工作知识和技能,这样才能为用户提供更加准确、有效的服务,并促进图书馆在今后的教学、研究实践中,能够发挥越来越重要的作用。

(三)充分利用网络资源,拓宽书目信息源

外文图书的质量被视为图书馆使用价值的决定因子,是作为向用户提供服务以增加图书馆学术影响的重要组成部分。在采访过程中,外文图书书目信息数据质量的高低会直接影响到所采外文图书的质量,因此笔者认为收集和整理国外各出版社的图书信息资源,是开展好外文图书采访工作的重要前提之一。

随着网络技术的飞速发展,网络上的信息实时更新。利用网络条件搜集所需信息,可以进一步提高外文图书采访的质量,更好地满足读者对外文文献资源的需求。下面以 Wiley 为例,谈谈如何利用网络资源进行外文图书采访信息的搜集与整理。

John Wiley & Sons Inc.(约翰威立国际出版公司)创建于 1807 年,是国内图书进出口代理商引进外国原版图书量较大的出版社之一。

为了提高采访工作人员的选书效率,Wiley 对旗下出版的图书特别定制了各类专题的书目:诺贝尔奖系列,其他奖项(Choice & Prose)系列,知名作者系列,专家书评系列,全球、全亚洲、全中国的销售排行,全球知名院校、亚洲知名院校、中国同类知名院校的馆藏排行,畅销书排行榜(适合图书馆的畅销书籍)等。根据不同专题的书目,结合本校的学科建设特点,采访人员可以进行有针对性地选书,这样可以较好地保障所购外文图书的质量。

如诺贝尔奖系列书目(如图 5 所示)罗列了历年来部分 Nobel 奖获得者的著作。诺贝尔奖是授予对在物理、化学、生理或医学领域最重大的发现或发明,或在文学、和平领域内对人类作出重大贡献的学者的一种奖项,获得此荣誉的学者所著图书一般是其研究成果的展现或该领域学术热点、前沿问题及发展趋势,具有很强的代表性。

	A	B	C	D	E	F
1	中文学科大类	学科细分	中文学科细分	获奖年份/奖项名称	获奖者	书名
2	化学工程	Chemical Engineering, Gen	化学工程	1994 Nobel Laureate in Chemistry	George Andrew Olah	Kirk-Othmer Encyclopedia of Chemical
3	化学化工	General & Introductory Cher	综合和入门化学	1994 Nobel Laureate in Chemistry	George Andrew Olah	A Life of Magic Chemistry: Autobiograp
4	化学化工	General & Introductory Cher	综合和入门化学	2009 Nobel Laureate in Chemistry	Ada E. Yonath	Life Sciences for the 21st Century
5	化学化工	General & Introductory Cher	综合和入门化学	1951 Nobel Laureate in Chemistry	Glenn T. Seaborg	Van Nostrand's Encyclopedia of Chemi
6	化学化工	History of Chemistry	化学史	1981 Nobel Laureate in Chemistry	Roald Hoffmann	Chemical Sciences in the 20th Century
7	化学化工	Analytical Chemistry	分析化学	2008 Nobel Laureate in Chemistry	Osamu Shimomura	Photoproteins in Bioanalysis
8	化学化工	Spectroscopy	光谱学	1991 Nobel Laureate in Chemistry	Richard R. Ernst	Structural Identification of Organic Com
9	化学化工	NMR Spectroscopy / MRI /	核磁共振光谱/磁共振/影像	1991 Nobel Laureate in Chemistry	Richard R. Ernst	Encyclopedia of Nuclear Magnetic Res
10	化学化工	Catalysis	催化	2007 Nobel Laureate in Chemistry	Gerhard Ertl	Handbook of Heterogeneous Catalysis,
11	化学化工	Pharmaceutical & Medicinal	制药与药物化学	1991 Nobel Laureate in Chemistry	Elias James Corey	Molecules and Medicine
12	化学化工	Inorganic Chemistry	无机化学	1973 Nobel Laureate in Chemistry	Geoffrey Wilkinson	Advanced Inorganic Chemistry, 6th Edit
13	化学化工	Inorganic Chemistry	无机化学	1994 Nobel Laureate in Chemistry	George Andrew Olah	Spectacular Chemical Experiments
14	化学化工	Inorganic Chemistry	无机化学	1951 Nobel Laureate in Chemistry	Glenn T. Seaborg	The Elements Beyond Uranium
15	化学化工	Organic Chemistry	有机化学	1994 Nobel Laureate in Chemistry	George Andrew Olah	Cage Hydrocarbons
16	化学化工	Organic Chemistry	有机化学	1994 Nobel Laureate in Chemistry	George Andrew Olah	Carbocation Chemistry
17	化学化工	Organic Chemistry	有机化学	2001 Nobel Laureate in Chemistry	K. Barry Sharpless	Click Chemistry: in Chemistry, Biology
18	化学化工	Organic Chemistry	有机化学	1994 Nobel Laureate in Chemistry	George Andrew Olah	Electron Deficient Boron and Carbon Cl
19	化学化工	Organic Chemistry	有机化学	2005 Nobel Laureate in Chemistry	Robert H. Grubbs	Handbook of Metathesis, Three Volume
20	化学化工	Organic Chemistry	有机化学	1994 Nobel Laureate in Chemistry	George Andrew Olah	Hydrocarbon Chemistry, 2nd Edition
21	化学化工	Organic Chemistry	有机化学	1994 Nobel Laureate in Chemistry	George Andrew Olah	Nitration: Methods and Mechanisms
22	化学化工	Organic Chemistry	有机化学	1990 Nobel Laureate in Chemistry	Elias James Corey	Organic Synthesis: Concepts and Meth
23	化学化工	Organic Chemistry	有机化学	1981 Nobel Laureate in Chemistry	Roald Hoffmann	Pericyclic Reactions - A Textbook: Rea
24	化学化工	Organic Chemistry	有机化学	2002 Nobel Laureate in Chemistry	Koichi Tanaka	Solvent-free Organic Synthesis
25	化学化工	Organic Chemistry	有机化学	1994 Nobel Laureate in Chemistry	George Andrew Olah	Superelectrophiles and Their Chemistry
26	化学化工	Organic Chemistry	有机化学	1987 Nobel Laureate in Chemistry	Jean-Marie Lehn	Supramolecular Chemistry: Concepts a
27	化学化工	Methods - Synthesis & Tecl	方法-合成与技术	2001 Nobel Laureate in Chemistry	Ryoji Noyori	Asymmetric Catalysis In Organic Synth
28	化学化工	Methods - Synthesis & Tecl	方法-合成与技术	1990 Nobel Laureate in Chemistry	Elias James Corey	Name Reactions of Functional Group Tr
29	化学化工	Methods - Synthesis & Tecl	方法-合成与技术	1994 Nobel Laureate in Chemistry	George Andrew Olah	Synthetic Fluorine Chemistry

图 5　诺贝尔奖系列图书书目

在定制书目中，采访人员不仅够获取以往传统印刷版书目所提供的题名、责任者、出版社等全部书目信息，还可以得到其他方面的图书信息，如在专家书评系列中看到由不同学科领域内的知名专家对出版物的评论，或浏览全球知名院校的馆藏排行，了解其他院校的外文馆藏信息。以这些信息为参考，采访人员能够对外文图书的主要内容、学术价值等有更加详细的了解。结合本校的发展情况，所挑选的外文图书从质量及对本校科研教学工作的支撑上都有了进一步的保障。

（四）定期举办外文学术图书展

举办外文学术图书展，可以让师生直接接触最新的外文学术图书，直接满足他们在教学科研上的需要，为其提供更有力的学术保障。四川大学图书馆每年与有关外文图书书商合作，定期举办最新外文图书展览。在书展期间，采访人员、读者和外文图书直接面对面，读者主动参与选书，采访人员获取了直接与读者交流的机会，加强与选书读者的沟通，了解读者的需求。结果证明，举办外文书展不仅调动了读者选书的积极性，将采购工作由以往的被动转为主动，克服了外文图书学科面狭窄的缺点，而且满足了读者对外文文献的需求，最大可能地保证了外文图书的专业学术水平和采访的质量，进一步加强了图书馆外文文献资源建设。

四、结语

随着高校学科建设的发展，与国际名校及研究单位合作的增多，新的学科不断兴起、学科交叉的现象不断涌现，用户对外文文献资源的信息需求日益猛增。作为提供文献资源动态交流平台的高校图书馆，如何在当前的环境下，缓和有限的馆藏资源与用户需求之间的矛盾，是高校外文图书采访人员面临的巨大挑战，也是要急需解决的问题。在今后的工作中，采访人员必须不断提高自身的研究分析能力，加强与院系资料室工作人员及教学科研究人员的联系，及时收集并分析读者的需求，只有这样才能订购到最能满足读者需要的外文图书，从而最大限度地为科研和教学提供文献保障。

参考文献：

[1] 关于 Wiley 在中国 [EB/OL]．[2012-12-29]．http：//www．wiley．com/WileyCDA/Section/id-403883．html．

[2] 韩夏．浅析学术图书馆员的角色现状与发展趋势 [J]．现代情报，2009（7）：111-113．

[3] 李珊珊，大学图书馆外文图书采访工作面临的问题及对策 [J]．武汉科技大学学报（社会科学版），2005（3）：106-108．

[4] 王海华．新时期地学专业图书馆外文图书采访工作 [J]．图书馆界，2007（4）：18-26．

[5] 王芹．图书馆外文图书采访实证调查研究及对策——以西北农林科技大学图书馆为例 [J]．图书情报工作，2010（2）：117-203．

[6] 祝玲娟．我国高校学科馆员现状及发展方向 [J]．图书馆理论与实践，2005（4）：87-88．

[7] 章红．试谈外文图书采访要求 [J]．图书情报论坛，2005（4）：21-23．

浅议基于文科专科项目的高校外文图书资源建设现状与发展

刘 柳 韩 夏

摘 要：本文以高校文科图书引进专款项目受益者四川大学为例，就国内高校人文社科外文图书资源建设与共建共享的现状及其发展进行了粗略的分析和探讨。

关键词：人文社科；文献保障；资源共享

一、发展历史

人文社会科学研究水平同社会发展和文化繁荣息息相关，它体现着国家精神和民族素质，其突出的传承性和累积性使人文社会科学对文献具有很强的依赖性，文献信息资源是人文社科高层次人才培养与科学研究的基本条件，而高等院校又责无旁贷成为人文社科研究人员和研究成果最重要的集散地。

1982年在季羡林等100多位全国著名学者的联名倡议下，"高校文科图书引进专款项目"（以下简称文科专款项目）正式启动。从2002年起，年度总经费由200万美元增至300万美元，按额度分配给全国70所综合性或文科院校共同使用。文科专款项目本着"整体规划、统筹安排、保证重点、兼顾一般"的原则，旨在逐步建立完整的文科外文图书文献信息保障体系，为高校哲学社会科学的教学与科研服务。一方面，文科专款项目的设立与实施扭转了以往我国大多数高校外文图书资源主要依靠国际交换和赠送的被动局面；另一方面，由于缺乏全国性的学科统筹和有力协调，导致重复采购、年代缺藏和各学科文献的不平衡发展。

为了进一步促进高校的学术繁荣和整合全国高校人文社会科学文献资源，2006年全国文科专款受益院校图书馆、CASHL（中国高校人文社会科学文献中心)中心馆和用户馆等信息服务机构和人文社科专家学者共同签署了《人文社科文献资源共建、共知、共享北京宣言》,强调国家级人文社科文献资源保障与服务体系建设与可持续发展的重要意义。为了加强整体统筹与宏观调控,2008年CASHL提出了文科专款项目发展新方案,确立了"联合机制、协调学科、全面收藏、最终保障"的基本策略,建立纵向和横向的人文社会科学学科协调机制,以及国家层面上的多馆联合保障和学科协调机制,以1950—1990年间外文图书的回溯补藏为重点,同时分学科进行当前文献的全面收藏。文科专款年度总经费上调至400万美元,年进书量约3万种。

2009年,CASHL图书订购信息平台正式上线使用,首次实现了全国高校的图书协调订购、查询和管理的自动化,从而初步实现了我国高校人文社科外文图书采、编、流一条龙的虚拟图书馆模式。2012年,CASHL高校成员馆突破700家,文献传递服务突破70万篇,服务满足率达到95%。借助国内首个多馆联合采购系统平台,CASHL成功组织实施了全国高校按学科分工的人文社科外文图书协调采购。

截至2011年12月31日,70所高校通过文专平台共发送订单111655种,其中学科协调订单46566种,自主订单65089种。30年来文科专款项目共引进120多万种外文图书,1.3万多种期刊和大量的文献数据库,基本囊括了人文社科核心学术文献,初步建成了覆盖全国高校的人文社科文献收藏和服务体系。

二、发展现状

(一) 总体概况

作为目前唯一的全国性人文社会科学文献收藏和服务中心,CASHL从2004年起基于国家级人文社科信息资源平台的发展目标,以全国中心、区域中心和重点学科中心合纵连横的网络化构架体系,在纸本书刊的统筹协调、特色数据库建设、联合目录、馆际互借与文献传递等方面成绩斐然,为越来越多的用户提供集成化和个性化的信息服务。2011年全国高校教学与科研人员总数为45.7万人,人文社科论文发表量到达32万篇,比2001年增加近一倍,在研项目达26万多个,是2001年在研项目量的6倍多。

以CASHL文专项目的直接受益者四川大学为例,2009年增加协调经费后外文图书订购种数较2007年上浮107.34%,进书量增长最为显著的2010年较2009年增长了57.54%,2012年的文专年度采购金额较2008年增长了4倍。2007—2012年通过CASHL收到馆际互借与文献传递申请33641件，满足量为32323件，满足率达96.08%。2012年四川大学国家哲学及社会科学基金项目立项数量较2007年增长了2倍多，教育部基金项目立项数量较2007年增长了近3倍，2011年正式出版的人文社科著作量较2007年翻了一番，其中历史类学术专著的出版量较2007年增加了7.7倍。

（二）主要问题

1. 经费短缺，收藏不足

与欧美同等规模和类型的学术图书馆相比，国内高等院校人文社科资源建设经费不足，缺藏严重，特别是小语种图书收藏量微乎其微。1982年以来，教育部文科专款一直成为高校人文社科外文图书购买的主要（甚至唯一）经费来源。虽然近年来CASHL实施了学科协调以及大型特藏经费补充等采购方案，但外文图书的收藏总量及品种短缺问题依然严重。

以四川大学为例，2002年以前文专年度经费由以前的87000美元上调为149000美元，自2009年以来新增年度协调经费近70000美元，人文社科外文图书的订购金额和订购种数均有大幅提升。近年来人文社科外文图书的年采购量约为3000余种。以川大进书量最多的2010年为例，据UNESCO统计，美英两国共出版新书50多万种，其中学术图书6万余种，国内高校依靠文专项目的收藏总量约为3万种，差不多占哈佛大学年进书量的50%，经费最为充足的北京大学图书馆收藏量亦不足4000种，复旦大学图书馆约5000种，而四川大学至今已订购2010年美英版外文图书尚不足3500种。由于种种历史原因，国内高校小语种图书的缺藏率超过80%，1950—2000年外文学术图书的收藏总量不到50万种，而哈佛、耶鲁和牛津三校的收藏量就超过了211万种。

2. 条块分割，发展不均

由于"条块分割"的管理弊端以及经济文化发展的制约，国内高校人文社科文献资源建设与发展极不平衡，人文社科信息资源的分布由东向西呈梯度锐减状态。京沪两地由于厚重的历史积累和强大的资金支持，在资源建设规模与共建共享能力方面遥遥领先，此外经济比较发达的东部沿海地区紧跟其后，而西部和东北地区由于办学历史、办馆条件、经费短缺和管理模式等诸多因素的制约，人文社科外文图书资源建设与共享相对比较薄弱，其潜在的民族、地域等收藏优势和文化价值有待发掘。加之各高校文献资源建设各有偏重，从而累积并形成不同的收藏特色。一方面，这些优势资源逐渐发展为具有相当规模和价值的特藏文献；另一方面，也使得我国高校图书馆文献建设呈现学科发展的不平衡性。如北京大学的历史、复旦大学的文学、厦门大学的地方文献资源建设可圈可点。四川大学图书馆自 20 世纪 80 年代启用文专项目以来，尤其是近年来受益于 CASHL 协调经费的支持，在中世纪、文艺复兴文献的收藏量上已达到全国的领先水平，并已形成最具学术价值的特色馆藏。但就全国范围而言，以文专项目为例，外国语言文学、历史学、社会学和艺术学缺藏量很高，收藏比较薄弱，应用经济学、新闻传播学、管理科学与工程、工商管理、教育学和心理学收藏基础和质量较好。

3. 宣传不力，利用不足

在经费不足、馆藏有限的条件下，图书馆不够重视现有资源和服务的宣传与评估工作，其利用效率、社会价值和市场效益有待提高。以四川大学为例，源于 CASHL 文科专科重点学科协调和大型特藏经费的支持，2012 年政治和哲学类外文图书收藏量都增长了 5 倍以上，对这两个学科隶属且成立于 2001 年的马克思主义学院（政治学院）和公共管理学院在教学和科研上起到一定的扶持作用，收藏基础最好的历史类进书量也提高了 80% 以上，但图书馆流通统计表明，由于宣传不力，其利用率尚未同步提升。

4. 培训欠缺，交流不够

日新月异的现代技术和网络世界使信息环境、研究环境、用户习惯与需求都发生着根本的变化。图书馆馆员特别是直接参与资源建设的采访馆员和学科馆员大多没有与时俱进，充分吸收和利用现代技术和网络工具。虽然随着各阶段相关工作部署，CALIS、CASHL、CADAL 均开展一些培训活动，例如 2009 年 CASHL 文科专款外文图书订购信息平台上线以来，迄今已组织过 3 次全国性的采访馆员培训，在加强管理规范、工作流程和业务交流方面起到了积极的推动作用。但国内高校图书馆联盟之间仍缺乏常规化和系统化的人员培训与交流，图书馆馆员的整体知识结构和综合素质有待完善。

三、发展策略

（一）完善管理体制

总分馆制和学科馆员的管理理念在国内业界并不陌生，但具体实施却举步维艰。尤其是学科馆员以其教育背景、专业知识和语言技能等优势在文献建设上的作用有待进一步发挥，从而更有效地与学术带头人和学科专家交流与互动，全面而准确地把握用户的文献需求，为教学和研究提供更深层次的个性化服务。

（二）加强特色馆藏建设

欧美学术图书馆无论规模大小都非常重视特色馆藏的建设，如普林斯顿大学的佛教文献、哥伦比亚大学的地方志、杜克大学的时尚杂志等，他们都有强大的经费支持和人员保证。图书馆应更多关注非正式出版物、缩微制品和灰色文献的收集、整理、保存和利用工作，多渠道征收政府出版物与社团出版物，重视个人与机构捐赠，发展国际交换合作伙伴，利用地域、民族、语言和资源类型的有利条件，加强并持续发展特色馆藏的建设、开发和利用，特别是西部地区和东北地区应充分挖掘其特色馆藏所独具的潜在经济、社会和文化价值，如西南民族大学丰富的羌族和藏族文献、贵州师范大学黔少数民族地区民俗资源及地方志、新疆大学的新疆地方文献、东北师范大学的东北民俗以及蒙古族和满族文献等，用高校的资源和服务优势辐射本地区的资源共享，避免重复建设，促进优势互补，满足用户对信息多元化和个性化需求，提供具有地域特色的文献保障系统。

（三）丰富不同语种文献的采集

由于文化传统的影响，国内高校图书馆在多语种文献的采集、加工和利用上与海外图书馆相距甚远。据2011年CASHL管理中心相关统计，国内大陆高校所采选的人文社科英文图书约占外文图书总量的71.87%，德文图书占4.41%，法文图书占3.97%，俄文图书占4.95%，其他语种占15.10%。图书馆应积极拓展小语种和小国出版物的采集渠道，引进并培训具有相关语言技能的采编人员，加强相关资源的宣传和利用。

（四）推进市场营运

当今的资源共享不仅仅局限于图书馆之间而更趋于商业化和市场化，因特网和商业市场的发展使图书馆的服务具有更多的经济氛围。高校图书馆应加强市场意识，改变单一依靠政府投入的经费现状，以开放和协作的姿态谋求与包括因特网和数据商在内的竞争对手的联盟与合作，采取多元化的方式筹措建设、运营和发展经费，拓展多层次的横向和纵向协作渠道，发挥行业和学科文献资源的优势，占领更大的信息市场。

（五）加强国际交流

近年来，图书馆联盟的发展呈现了国际化趋势。1997年，来自世界各地图书馆联盟的代表在美国丹佛成立了"国际图书馆联盟联合体"（ICOLC），开展包括信息资源建设协调、联合编目、馆际互借、文献传递、电子资源建设、资源合作储存、参考咨询服务协作、计算机资源共享、藏书保护、人员培训与业务辅导等方面的交流与协作。为了便于以网络规模集成海量数据，吸引巨大的用户群体，包括图书馆在内的许多机构，如 Google、Amazon、Facebook 以及 OCLC 的 WorldCat，纷纷依托"云服务"机制来提供服务，从而形成需求和市场的集聚而被大规模地利用，并实现其经济价值。不同层面的大规模图书馆联盟，有利于多渠道筹集资金，最大限度地提高各种载体资源的使用价值，使图书馆在强化最基本的信息收集功能的前提下，实现人力、物力、财力的互补与资源、服务和技术的共享，为越来越多的用户学习和研究提供有效而全面的文献保障。

四、结语

以 CASHL 牵头的国家级人文社科外文图书信息资源共建共享体系已初具规模并稳步发展。高校图书馆应坚持管理体制创新，继续推进总分馆建设，充分发挥学科馆员的作用，积极拓展各种横向与纵向的合作关系，加强市场营销的观念和运作手段，广泛吸收合作伙伴并筹集建设资金，努力发掘本校和地区的特色资源，优化和促进现有资源与服务的宣传以及人员的交流与培训，密切关注用户信息行为及其需求变化，充分利用现代技术和网络工具，积极探索更为有效的图书采选方法如用户驱动采购（Patron-Driven Acquisition，PDA）或需求驱动采购（Demand-Driven Acquisition，DDA），与时俱进地适应网络环境、信息技术、研究方式、用户需求、出版动态等方方面面的转化和演变，持续发展高校、地区、国家和国际合作等横向和纵向的多层次开放性合作体系，全方位确保并促进人文社会科学资源建设的可持续发展，为提升文化实力和民族素质，推动社会进步与繁荣提供更有力的文献保障与服务。

参考文献：

[1] 关志英，王彬，张俊娥. 高校外文图书协调发展的组织与实施 [J]. 情报资料工作，2012（3）：92-96.

[2] 刘柳，韩夏. 高校人文社科中外文印本图书采访的比较分析——以四川大学图书馆为例 [J]. 图书情报工作，2011（S2）：124-127.

[3] 王晶晶，肖珑. 面向人文社会科学的信息资源共建共享实践 [J]. 情报资料工作，2010，（6）：62-65.

[4] 钟建法，蔡茂宇. 中外高校人文社科英文图书收藏分析和保障体系建设 [J]. 大学图书馆学报，2010（2）：83-87，91.

开放存取运动发展状况及其利弊分析

陈红莹　张玲玲

摘　要：本文首先对国内外近期开放存取运动的发展现状进行归纳描述。然后，分析了开放存取运动所带来的有利方面，包括促进发展中国家发展、推动社交网络变革、增强学术机构科学评价等。也分析了其带来的不利方面，包括开放存取埋单、机构知识库信息质量、图书馆订阅及版权等问题。

关键词：开放存取；OA 期刊；机构知识库

一、开放存取运动

据相关数据显示，近些年国内外高校、出版业、图书馆、科研机构以及政府部门等，就目前疯涨的学术出版费用、严重的信息壁垒和信息垄断现状，发起了声势浩大的开放存取运动。开放存取主要有三种运动形式，包括机构知识库（即机构仓储，在我国台湾地区也称机构典藏），学科知识库和开放获取期刊（即 OA 期刊）。

世界知名开放存取期刊列表 DOAJ (Directory of Open Access Journals) 截至 2012 年 2 月，已经收录了 7499 种开放存取期刊，756615 篇 OA 文献。世界开放存取知识库名录 DOAR (The Direct of Open Access Repositories) 截至本次检索时间，已经收录了 2170 个知识库，仅美国就有 408 家，而中国共有 33 家，其中仅 9 家被收录。开放存取运动在各个学科领域以各种形式正如火如荼进行着，而世界各国的机构知识库所包括的学科越来越多，呈现出知识错综交织、丰富立体的发展趋势。

二、开放存取运动在国外的进展情况

(一) 国家政策推动

目前，欧美国家已通过政府实施强制性政策推动 OA 运动的进展。2006 年初，联邦研究公共存取法案 (Federal Research Public Access Act，简称 FRPAA) 提出由联邦政府资助的研究成果手稿在其发表后的 6 个月内能够为公众免费获取，成为迄今美国最强硬的开放存取政策。2009 年 10 月，Barbara Fister 通过美国 "*Library Journal*" 呼吁尽快通过 FRPAA，期望建立公共开放并且没有权威的科研社会环境。2011 年 8 月，美国堪萨斯大学带领北美洲其他 21 个高校，共同建立了一个新的开放获取政策机构联盟 (Coalition of Open Access Policy Institutions，简称 COAPI)。COAPI 将共同协作并分享具体的实施策略，并从国家层面对机构的开放获取政策进行宣传倡导。2011 年 8 月，IFLA 理事会在波多黎各世界图书馆与信息大会上批准了一系列关键行动方案，旨在从国家层面上倡导使用开放获取政策。

(二) 出版商制定开放存取出版政策

目前，出版商也积极推出开放存取相关出版政策，这成为推动开放存取运动前进的重要力量。2011 年 2 月，美国物理学会 (American Physical Society，APS) 将采纳知识共享 (Creative Commons，CC) 许可协议，出版开放存取的论文和期刊，以供公众免费获取和共享信息。2011 年 2 月，美国 Wiley-Blackwell 出版集团做出了领袖之举——发布新的开放获取期刊出版计划——Wiley Open Access。2011 年 6 月，霍华德休斯医学研究所 (Howard Hughes Medical Institute，HHMI)、德国马普学会 (The Max Planck Society，MPG) 和英国惠康基金会 (Wellcome Trust) 宣布，将合作创办生物医学和生命科学领域的顶级开放获取期刊。2011 年 10 月，英国皇家学会宣布世界闻名的历史性期刊档案库将永久性地免费联机获取。2011 年 11 月，泰勒弗朗西斯 (Taylor & Francis) 出版集团宣布将继续增大 2012 开放存取项目的范围，包括一系列科学、社会与行为科学以及人文学科的出版物。

出版商的开放存取政策对整个出版行业的商业模式产生了不小冲击，也是出版界暴利攫取的合理回归。各研究所、学会、基金会等也在筹备自己创办 OA 期刊，这为学者和公众又开辟了一条新的开放存取之路。

三、开放存取运动在中国的发展情况

2004年,中国签署了《柏林宣言》,以促进网络科研学术资源的广泛共享,并且一直致力于推动共享文化的发展。2009年,由中科院姜恩波老师负责的《四川省重点科研机构科技文献资源开放获取集成系统的研究与建立》项目顺利开展,目的是推动学术资源、学术成果、学术出版的进一步交流与共享,提升科学研究的公共利用程度。2010年10月,国家科学图书馆与开放出版期刊集团 BioMed Central 签署本地化长期保存合作协议。BioMed Central 将会定期向国家科学图书馆提供 BioMed Central 所有开放出版期刊的全部元数据和全文数据。2010年10月,中国科学院与 Springer 科技与商业媒体集团签署开放存储合作框架协议,该协议明确允许 Springer 期刊的中国科学院作者可以将所发表论文的最终审定稿存储在研究所知识库中。

2006年,我国台湾大学也完成了"台湾大学机构典藏系统"(National Taiwan University Repository,简称 NTUR)的研发并且投入使用。另外,我国香港特区的开放存取运动也遍布各个高校、机构组织,香港科技大学、香港大学、香港中文大学等都建立了自己的机构知识库,并且还被收录在 DOAR,其质量可见一斑。

四、开放存取的利弊两面

(一)开放存取带来的积极影响

开放存取运动是一把双刃剑,总是存在利弊两面,笔者这里主要从开放存取给国家发展及社会变更的宏观层面带来的积极影响分析以下几点。

1. 深远影响发展中国家的未来

2004年1月,主要由雅各布基金会(Jacobs Foundation)资助,与国际经济学商学学生联合会(AIESEC)合作,发起了全球教科书计划(The Global Text Project),目的是向发展中国家提供电子格式的免费教材,内容涉及各类学科领域,由世界各国的大学、学术机构、研究院所等自愿参加。目前中国主要有西北大学、香港城市大学参与到了该项目。GTP 的所有书籍都将在创作共用许可(Creative Commons Attribution 3.0 License)下发布,而目前已经完成的各个版本的书籍均已通过该许可发布并且已投入使用。

2005年9月,一些发展中国家签署了《开放获取萨尔瓦多宣言》,表示对开放存取的大力支持。2009年，关于定性和定量分析图书馆的国际会议在希腊哈尼亚召开，会议主要以埃塞俄比亚为案例，深入分析了开放存取运动在支持知识共享和知识协作中对发展中国家的广泛影响。研究结果是当前埃塞俄比亚的学术交流系统正面临技术和社会挑战，开放存取运动对于埃塞俄比亚无疑是契合时机并且非常具有可行性的选择。会议最后指出埃塞俄比亚大学和研究机构应该采取开放存取政策和策略以促进科研成果的获取和传播。

以埃塞俄比亚为鉴，只有科学知识公开共享，科技与经济才能有效进步。目前，发达国家及国际组织正以各种开放存取方式为发展中国家提供知识资源，增强发展中国家的科研实力。发展中国家也非常重视开放存取对国家经济和社会发展的长远贡献，并做出积极响应。开放存取运动对发展中国家所带来的知识开放和信息共享，在一定程度上减轻了发达和发展中国家的经济悬殊和贫富差距，有效缓和了世界两极分化。笔者相信只有科学、技术和科研才能缓和像埃塞俄比亚这样的发展中国家所面临的错综复杂的社会和经济的挑战，推动发展中国家科技信息与全球知识体系的融汇。

2. 推动社交网络结构变化

开放存取运动所带动的利益不仅惠及机构、科研院所、学校、学者个人等，从社会网络学角度看，笔者认为开放存取运动很大程度地拓展了研究者的学术交流渠道，对于社会交流和社会网络结构变化更是一种潜在的推动因素。

同时，相对于图书馆期刊订阅及各类数据库检索方式，公众在知识获取上少了很多经济壁垒及技术障碍。首先，这符合双方互惠互利，满足齐夫（Zipf）自然定理"最小努力法则"，可见这种发展模式是通过社会自然法则检验过的。其次，双方角色也在逐步发生变化，学者既是信息资源建设者，也必然是开放存取的用户；公众首先是知识获取者，由于开放存取的本质性，也必然会走向建设者之路。Watts于1999年针对著名的小世界现象明确指出总体上的重大变化可能来自局部不显著的网络变动。笔者认为开放存取运动正带来局部不显著的网络变动，势必它也将带来总体上的重大变化。

3. 增强对学术机构的科学评价

知识库的发展将促进开放存取运动，反之，开放存取运动的发展也会进一步增加以科学评价为目的的知识库的使用。2009年，四川省重点科研机构科技文献资源开放获取集成系统的研发，旨在形成集多家学术、科研机构仓储数据于一体的集成服务平台，方便科研人员进行学术公开和交流，为科

学评价科研机构的学术水平和科研实力提供必要的数据。

针对开放存取期刊的出版，Bio Med Central（医学领域的一家出版社），把提交到系统的论文初稿、评审意见、作者的修改稿以及最终的定稿均放在网上，而且还跟踪该论文的引用情况。笔者认为 Bio Med Central 的发展模式，无论对学术论文、学术期刊，还是学术机构的科学评价，都将更开放、客观、科学。免费共享的开放存取资源面向的是社会全体受众，基于此，学术机构所获取的访问量和下载量将会更全面客观。机构的学术质量评审将在传统同行评议基础上不断创新与变更，开放存取运动会带更多的声音，并且是基于社会受众共同认可的。学术机构资源来源也将不再局限于本机构内部人员，基于"自存档"和 OAI "自动收割（Harvesting）"，将实现各类资源的集成。公共开放的学术评审，受社会大众的监督及社会舆论的导向，并为社会所共用，可以说，真正地落实了科学公有制。

（二）开放存取带来的问题

目前，出版物质量控制、国家政策与政府支持态度、OA 期刊与传统期刊竞争、缺乏 OA 期刊与知识库统一检索平台、IR 系统建设、开放存取的社会认知度和利用率等问题已是开放存取无可回避的现实。下面笔者简单梳理出目前国际上比较关注的关于开放存取运动的问题。

1. 烫手山芋：谁为开放存取埋单

2009 年，第 35 届国际水生生物科学与海洋科学图书馆和信息中心协会（IAMSLIC）年会，在比利时的布鲁日召开，会议指出大量学术性开放存取研究正与日俱增，开放存取运动蓬勃发展，这种现象导致出版行业经济情况发生了明显变化。目前面临的问题是：当开放存取对出版业经济状况产生了无形的休整并且形成一种可持续发展的模式后，支撑开发存取运动的经济又将出自何处？会议中，学者们纷纷发表了关于出版行商业模式发展重组的观点，同时针对"谁将为开放存取运动埋单？"这一问题，也提出了一些解决方案。尤其作为发展中国家，开放存取运动的经济基础又该如何解决？

2. 分散式机构知识库的信息质量如何增强

2008 年，第九届关于当前信息系统研究的国际会议在斯洛文尼亚的马里博尔召开，会议旨在针对开放存取的学术出版问题，讨论该如何建设一个全面综合的服务体系，该如何进一步促进开放存取学术出版的广泛传播。目前，软件基础建设正在进行中，而分散式机构知识库的数据质量问题又该如何解决？

3. 图书馆期刊订阅该何去何从

2009年，关于定性和定量分析图书馆的国际会议在希腊哈尼亚召开，会议主要讨论了开放存取运动对于图书馆期刊订阅的影响。开放存取运动的大力发展为读者提供了更多获取信息的途径，其免费共享的模式也赢得了很多用户的青睐。中国科学院国家科学图书馆馆长张晓林向记者介绍说，在2007年到2010年，该馆采购该出版商全文数据库的价格涨幅已高达48%；按照Elsevier的要求，下一个合同期结束时，价格将在2010年的基础上再涨48%。作为一个发展中国家，经济重担已是不堪负荷，加之出版行业的暴利攫取，开放存取之路势在必行。然而，各类商业型学术数据库的巨额购买费、期刊价格的飞涨、免费共享的开放资源对于图书馆期刊订阅已是严重的威胁，开放存取运动将会对图书馆产生怎样的影响？开放存取与期刊订阅之间的平衡点在哪里？

4. 版权及产权之路依然扑朔迷离

有数字化运动，就有版权及产权的问题。2009年10月，谷歌"版权门"事件就触碰到数字化资源收录的版权问题。"谷歌"一文中作者分析了机构知识库所收资源的版权状态，指出了机构知识库在获取、存取和运行过程中可能存在的版权风险。另外，机构知识库还面临着软件产权风险和收录内容资源产权风险。IR系统建设的软件产权上，国内学者姜瑞其、陈和和李广建等都针对国外软件本土化做了较多分析。遗憾的是，到目前为止，国内仍没有自主研发出建设IR系统的开源软件或商业软件。内容资源产权风险上，各机构组织出台了相关政策、协议及准则，虽有一定的约束力，然而，问题并没有完全解决，目前依然是开放存取运动面临的棘手问题。

五、结语

开放存取运动必然是漫长而又深刻的社会变革，所带来的社会问题、经济问题、人文问题远不止本文中所提及到的，例如开放存取论文质量如何评价、开放存取运动社会认同度如何提升等均需各界专家深入研究。虽然开放存取运动还有很长的路要走，但是未来科技知识、信息资源、创新技术等的开放共享已是势不可挡。

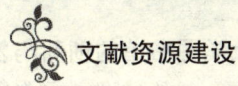

参考文献:

[1] APS to Adopt Creative Commons Licensing and Publish Open Access Articles and Journals. [2012-02-19]. http://publish.aps.org/.

[2] Alemu, GA. The Role of Open Access in Fostering Knowledge Sharing and Collaboration in Ethiopia: A Case Study [C] //Katsirikou, A. QUALITATIVE AND QUANTITATIVE METHODS IN LIBRARIES: THEORY AND APPLICATIONS. SINGAPORE. WORLD SCIENTIFIC PUBL CO PTE LTD, 2010: 262-274.

[3] Directory of Open Access Journals. [2012-02-19]. http://www.doaj.org/.

[4] Directory of Open Access Repositories. [2012-02-19]. http://www.opendoar.org/.

[5] Federal Research Public Access Act. [2012-02-19]. http://www.taxpayeraccess.org/issues/frpaa/index.shtml.

[6] Gardner, SA. HOT POTATO: WHO WILL END UP PAYING FOR OPEN ACCESS? [C] //Barr, D. CONFLUENCE OF IDEAS: EVOLVING TO MEET THE CHALLENGES OF GLOBAL CHANGE. Univ Nebraska: INT ASSOC MARINE SCIENCE LIBRARIES & INFORMATION CENTER, 2010: 127-134.

[7] IFLA Open Access Taskforce established. 2011 [2012-02-19]. http://www.ifla.org/news/ifla-open-access-taskforce-established.

[8] Informa plc: Taylor & Francis Group widens Open Access offerings. [2012-02-19]. http://www.4-traders.com/INFORMA-PLC-4001140/news/INFORMA-PLC-Taylor-Francis-Group-widens-Open-Access-offerings-13864967/.

[9] Jacobs Foundation. Welcome to the Global Text Project. [2012-02-18]. http://globaltext.terry.uga.edu/zh-hans/.

[10] KU Libraries. KU News Release. [2012-02-19]. http://www.news.ku.edu/2011/august/3/openaccess.shtml.

[11] Leading research organisations announce top-tier, open access journal for biomedical and life sciences. [2012-02-19]. http://www.wellcome.ac.uk/News/Media-office/Press-releases/2011/WTVM051897.htm.

[12] Oikonomou A. The Impact of Open Access on Library Journal Subscriptions [C] //Katsirikou A, Skiadas CH. QUALITATIVE AND QUANTITATIVE METHODS IN LIBRARIES: THEORY AND APPLICATIONS. SINGAPORE: WORLD SCIENTIFIC PUBL CO PTE LTD, 2010: 108-114.

[13] Royal Society journal archive made permanently free to access. [2012-02-19]. http://royalsociety.org/news/Royal-Society-journal-archive-made-permanently-free-to-access/.

[14] Severiens T, Klatt-Kafemann M, Malitz R. Enhancement of Data Quality in Distributed Open Access Repositories [C] //Bosnjak, A. GET THE GOOD CRIS GOING:

ENSURING QUALITY OF SERVICE FOR THE USER IN THE ERA. 2008：71-75.

［15］9th World Congress on Health Information and Libraries（ICML9）. Salvador Declaration on Open Access：the developing world perspective. ［2012-02-18］. http：//www.icml9. org/channel. php? lang=en&channel=91&content=439.

［16］迟海珺，庞海燕. 从"谷歌版权事件"看机构知识库的版权问题［J］. 图书馆工作与研究，2011（2）：14-16.

［17］邓君. 机构知识库利益链互动机理研究［J］. 情报资料工作，2008（2）：15-19.

［18］邓君，毕强. 国内机构知识库研究进展［J］. 图书与情报，2007（5）：37-42.

［19］刘军. 整体网分析讲义：UCINET 软件实用指南［M］. 上海：格致出版社，2009：166-167.

［20］秦珂. 开放存取出版的若干问题及发展对策分析［J］. 出版科学，2006（6）：28-32.

［21］台湾大学机构典藏［DB/OL］. ［2012-02-18］. http：//ntur. lib. ntu. edu. tw/.

［22］张明伟. 对国际出版商大幅涨价说不［N/OL］. ［2012-02-25］. http：//news.sciencenet. cn/sbhtmlnews/2010/9/236370. html? id=236370.

数字资源长期保存策略研究

何晓庆

摘　要：如何能有效地通过各种技术手段保存那些散落于网上的种类众多的网络信息资源，使其能够长期保存下来，不再面对数据消逝的危险，使之能够供我们在现在以及将来使用，成为一个很有必要进行深入探讨研究的、日益受到学界关注的重要课题。本文即对数字资源长期保存的相关策略进行了详细的分析研究。

关键词：数字资源；长期保存；策略研究

一、引言

随着当今社会信息化浪潮的快速推进和现代信息技术的飞速发展，数字信息已经成为人们普遍使用的信息资源，被广泛地应用于人类社会的各行各业。但是，数字信息除了拥有诸多优点外，也存在一个显著的缺点，那就是它的不稳定性和易逝性。由于信息技术发展的速度日新月异，数字信息存储的格式五花八门，对数字信息进行读取的软硬件设备有着过时和淘汰的问题，再加上一些数字信息是用独占方式来管理和存储的，不能保证其长期的可获得性。对这些数字信息，我们必须采取科学合理的方法，在其消失以前就将它们长期有效地保存好。因此，数字信息的长期保存问题已成为人们日益关注的一个焦点。

二、数字信息的特点

数字信息是一种与传统印刷信息有着显著不同的信息形式，它是由一系列"0"和"1"组成的二进制代码所构成的电子数据，这些电子数据存放在以光介质、磁介质为载体的存储设备中，例如光盘、硬盘、磁带等。和传统印刷体信息资源不同，数字资源不能直接进行信息的读取，必须通过一些硬件设备来将其中的信息资源显示出来,供人们读取。数字信息与传统印刷信息的存储特点对比(见表1)。

表1 数字信息与传统印刷信息存储特点比较表

	数字信息	传统印刷信息
设备依赖性	依赖性强。信息的创建、存储、传输等过程都需要通过计算机等外部设备来实现,设备具有绝对依赖性。	依赖性较弱。只在信息创建的时候会用到相关印刷设备。
安全性	安全性较弱,除自然灾害之外,还可能遭受计算机病毒的威胁、黑客攻击等。	安全性较强。绝大多数情况下,面对的威胁都是自然灾害。
真实性	真实性难以确保。由于易遭受人为篡改,对于数字信息的持续完整和真实出处的把握有较大难度。	真实性易于确保。由于客观原因,印刷体信息的真实性容易得到保障。
稳定性	稳定性不强。数字信息容易创建,同时也容易修改、删除,甚至消失,网络信息的易逝性就是最明显的例子。	稳定性强。一旦印刷完毕之后,不存在被修改删除的顾虑。

三、数字信息资源长期保存相关策略

数字信息资源的长期保存,由于研究对象繁杂、研究内容非常多、涉及的面较广,所以需要制定一系列的相关策略,包括技术策略、管理策略以及选择策略。

(一)技术策略

1. 迁移技术

所谓迁移,就是指数字信息随着软硬件技术的不断发展,相应地将其从一种软硬件环境向另外一种环境转换的过程,通常是从旧的计算机系统环境中向采用新技术的计算机系统环境的迁移转换,迁移的目的是使数字信息能够在现在和未来可以被需要人员正常识别、读取、使用和检索。

造成数字迁移的主要原因主要有以下三个。

(1)格式标准化。

由于软硬件技术的不断发展,加上各种软件下不同类型文件的格式各不相同,所以在不同的时期、环境、软件和算法下就形成了多种多样的文件格式。这些格式之间通常兼容性很差,甚至是不兼容的,这就需要保存部门配套多种可支持这些文件读取的软件,所以增加了管理和维护的成本。

(2) 软硬件技术过时。

数字资源如果要被计算机设备正确识别,其文件格式必须适用该计算机硬件组成,还有软件方面如 OS 和 Browser 相匹配,否则就无法正确读取文件。例如软件升级换代的周期大约为 18 个月,更早的信息就无法用反向兼容技术读取,只能采用迁移技术。很多数字信息资源保存完好,但所依赖的软硬件环境已经过时,例如软件开发商停止对某种格式的支持或退出市场,导致依赖于它们的数字信息无法正确读取。

(3) 存储介质寿命。

数字信息保存于特定的存储介质之上,但是绝大多数数字信息存储所采用的存储介质的寿命都远远短于胶片、纸张等传统信息存储介质,由于数字信息所用的存储介质具有不稳定性和不可靠性,那么我们必须在一定的周期间隔时间内将保存的数字信息资源进行存储介质之间的数据转移工作,以保证其长期存取。

2. 仿真技术

由于数字信息对软硬件环境有着较强的依赖性,维护原始数字信息的功能性和外观特征的最好方法是将数字信息及其原始软件和操作系统在仿真器上顺利运行并得以正确解释,以后可以通过一个模仿历史硬件和历史操作系统的仿真设备读取还原该数字信息。基于这种思路,就有了仿真技术策略的产生。

仿真(Emulation),指在计算机系统之上,通过仿真软件来模拟数字信息所对应的硬件、软件和操作系统等所需环境,使得原来的数据、设备和系统能运行在现行的软硬件系统上,从而达到不管现在的技术环境如何,都使数字信息能够以原始状态重现的目的。仿真包括文件格式所对应的应用程序的仿真,还有运行应用程序所需的操作系统的仿真,以及操作系统所对应的硬件平台的仿真。通过在目标平台和主机平台之间构建一个新的仿真层,构造相应的仿真器的方式,来实现仿真所期望的目标。

仿真适用于那些依赖特殊的硬件与软件,但是无法在新旧平台迁移的数字信息资源,如超文本和多媒体等。尤其是随着多媒体技术的日益盛行,人们迫切需要在将来还能真实地让这些信息以原始姿态展现,仿真也许是唯一可行的技术策略。

虽然基于仿真的数字资源保存策略还不是很成熟,还有许多有待于完善的地方,但是仿真策略确实是为数字信息资源的长期保存带来了一种新的思路和解决途径,需要引起我们的重视。

(二)选择策略

选择策略包括信息的选择、格式的选择、媒体的选择。

1. 信息的选择

由于数字信息资源数量的爆炸式增长,使得人们必须要对质量加以把关,要在庞杂海量的信息资源中选取具有保存意义的资源。这就要求我们从资源内容的相关性、信息资源的价值、与其他资源的互补性等方面来选择适当的数字信息资源进行保存。

2. 格式的选择

在不同的计算机平台,以及搭建于各个平台之上的不同的操作系统中,有各种不计其数的应用软件,其中每一种都有可能拥有自己的文件格式。因此在采集电子文件进行长期保存的工作时,必须选择那些对系统依赖度低、能够很好满足通用性和标准化要求、支持文件转换与迁移、具有广泛支持性以及良好的可扩展性的那些格式,会更有利于数字资源的长期保存。

3. 媒体的选择

记录媒体很大程度上影响着数字信息的长期保存,所以我们要根据具体的情况来选择所用的存储媒体。通常情况下,要从存储媒体的寿命、容量、读写速度、成本、广泛性和系统独立性等方面来考虑。

(三)管理策略

数字信息资源的长期保存除了依靠上述的技术策略之外,还需要选择适当的管理策略。

1. 标准化制定

数字信息资源的长期保存不仅与技术和设备有关,还涉及很多不同系统之间的互操作因素,因此尽快进行标准化的制定工作,有利于维护数字档案信息的长期获取。制定的标准包括文件格式标准,以及存储存取方面的标准,如互用性标准、资源标记标准、文献管理标准等。这些标准的制定无疑会对数字信息资源长期保存起到规范和引导的效用。国际上已经有了一些较为成熟的数字信息资源长期保存规范,例如 OAIS(开放档案信息系统参考模型)等。

2. 合作与协调

数字信息资源的长期保存是一项十分艰巨和复杂的工作,需要依赖多方合作与支持,其研究涉及相关部门机构、信息形成与提供方、软硬件技术、法律法规等方面，只有通过多学科、多部门共同研究与协作，再加上国际范围内的协调合作，才有可能取得最佳的效果。要建立完善的责任体系及合作机制，数字资源从产生到保存过程的各个环节都需要指定责任人，承担应有的责任。

3. 建立数字信息归档

数字信息资源归档系统是为了让有价值的数字信息，如人文遗产、自然科学遗产等可以长期存取而建立的，同时它还要让使用人确信所使用的数字信息完整有效，是构建的一个整体。

建立归档系统时，要注意存储介质和应用对象的配套。国外经验表明，一般将利用率低的数字信息用磁带存贮，利用率高的数字信息则储存在分布式网络的多个位置上。存储数字信息时，应为归档的数字信息对象制作多个备份，防止信息丢失。

4. 制定完善的法律法规

法律问题是数字资源长期保存中必须要面对和解决的问题，也是各种类型数字资源长期保存重点研究中的对象，尤其是在数字资源长期保存中的很多环节涉及了版权与知识产权问题，如果处理不好，将会阻碍数字信息长期获取的开展。目前，由于相关法律规范的缺失而导致数字信息资源长期保存中的一些问题无法可依，在具体执行过程中具有很大的人为性。因此，深化数字信息资源保存工作，建立健全数字信息资源保护法律是当务之急，刻不容缓。

四、数字资源长期保存相关建议

综上所述，在实际的工作中应当从以下 4 个方面加以考虑。

1. 建立电子出版物呈缴制度

出版物呈缴制度是以国家法律形式规定信息资源生产者向国家指定图书馆免费提交资源的一种制度。电子出版物呈缴制度一是按照纸质出版物的缴送体制去收集；二是要求出版商主动定期地缴送。

2. 构建数字版权保护制度

数字信息资源受知识产权的保护，许多著作内容不经原著者同意，不能转换，更不能随意上网传播。如果未获得版权所有者的许可，也没有"法定许可"等条款的支持，要想长期保存数字资源，就很容易触犯知识产权法。因此，数字版权制度的建立与完善对数字信息长期保存影响重大。

3. 建立数字资源管理中心

通过建立一个高级别的数字资源管理中心，对数字资源进行统筹管理，然后以法律形式要求数字出版机构免费呈缴数字资源产品到管理中心，确保数字资源在国家控制下可以长期保存。

4. 增加政府公共投资

国外经验表明，数字信息资源的长期保存，除了各个相关机构要开展研究外，国家应该在此领域投入专项资金，以保证相关项目的有序和可持续开展。

参考文献：

[1] 蔡曙光. 数字文献信息的保存 [J]. 大学图书馆学报，2002 (5)：14-18.

[2] 孙红娣. 论开放存取中的数字资源长期保存问题 [J]. 图书馆学研究，2005 (11)：15-18.

[3] 王培凤. 数字图书馆信息资源长期保存中存在的问题及应对策略 [J]. 情报探索，2008 (6)：42-43.

[4] 杨道玲. 论数字信息的寿命及其保存技术 [J]. 湖北档案，2004 (1)：56-57.

[5] 于嘉. 数字信息长期保存的策略探讨 [J]. 河南图书馆学刊，2005 (6)：14-16.

[6] 张晓林. 数字信息的长期保护问题 [J]. 图书馆，2001 (5)：7-12.

浅谈电子资源与高校图书馆珍贵纸质文献的保护

肖金萍　萧金城

摘　要：本文通过四川大学图书馆新订购的《民国时期期刊全文数据库》(1911—1949) 和《晚清期刊全文数据库》(1833—1911) 在学校的广泛应用，以及建国前报刊阅览室的报刊使用量和读者人次量发生的巨大变化，来分析和阐述电子资源使用对高校图书馆珍贵纸质报刊文献起到的直接和间接的保护作用。

关键词：电子资源；高校图书馆；纸质文献；保护作用

随着电子出版、网络出版和图书馆数字化的发展，电子资源逐渐成为高校图书馆馆藏资源的重要组成部分。电子资源作为传统文献信息资源的一种补充形式，在高校图书馆馆藏资源发展中起到了举足轻重的作用，各高校图书馆投入了大量的资金来购买这些丰富的电子资源，以满足读者对文献信息资源多层次、多方面的需求，这些电子资源的广泛应用对高校图书馆古籍文献资源和珍贵纸质报刊文献资源的保护起到至关重要的作用。下面从四川大学图书馆（以下称我馆）新订购的《民国时期期刊全文数据库》(1911—1949) 和《晚清期刊全文数据库》(1833—1911) 在四川大学（以下称我校）的广泛应用，使我馆在新中国成立前报刊阅览室的报刊使用量和读者人次量发生的巨大变化，来分析和阐述电子资源使用对高校图书馆库珍贵纸质报刊文献起到的直接和间接的保护作用。

一、电子资源的应用减少了珍贵纸质报刊文献的使用频率，也相应减轻了报刊破损和损毁程度

近年来，随着计算机和网络技术的发展，电子资源已成为高校图书馆文献资源建设的重要组成部分。目前，各高校都先后引进了各种数据库，在学

校的教学、科研、文献资源的保护等方面发挥着日益重要的作用。2011年我馆新订购《民国时期期刊全文数据库》,该数据库收录民国时期（1911-1949）出版的两万余种期刊,截至目前可以对3532种期刊和243万余篇的文章进行检索、浏览并下载全文。《晚清期刊全文数据库》,该数据库收录了1833年至1911年间出版的三百余种期刊,几乎囊括当时出版的所有期刊,是研究晚清历史的专业人士必备的数据库检索工具。读者可以从标题、作者、刊名等途径对302种期刊和28万余篇文章进行检索、浏览并下载全文。近一年来通过这两个数据库在我校的广泛应用,使我馆建国前报刊阅览室的报刊使用量和读者人次量发生了巨大的变化,电子资源对我馆库收藏的珍贵纸质报刊文献起到了至关重要的保护作用。

（一）我馆珍贵纸质报刊文献的现状

我馆收藏有民国时期的期刊5330余种、20000余册,报纸310种、5300余册,毕业生论文5300余册。这些珍贵的报刊文献由于保存时间较长、库存条件较差,受光、热、温度和湿度变化、虫蛀、霉变、灰尘、酸等化学和物理因素的影响,纸张老化严重,加之读者使用频率较高,个别读者使用不当等多种因素,不可避免地存在着破损和损坏的现象。我库收藏的310种、5300余册民国时期报纸大部分纸张老化、破损严重,无法提供给读者正常查阅和使用,给读者带来诸多不便,现在我馆已采取措施将部分使用频率高（如《新新新闻报》）等进行了扫描处理,并订购部分四川地区出版的报纸的缩微胶卷等以解决教学、科研急需问题。我馆库收藏的5330种、20000余册民国时期原版期刊也存在纸张老化、虫蛀等问题,但自从购买和使用《民国时期期刊全文数据库》和《晚清期刊全文数据库》后,原版刊的使用频率已大幅度下降,原版刊的损坏和损耗也相应减少。我们收藏的5300余册建国前毕业生论文由于保存条件较差,虫蛀损毁现象比较严重,急需采取抢救保护措施。介于此种情况我馆投入大量财力物力将这些珍贵报刊文献进行数字化和购入各种数据库来丰富我们的馆藏资源,缓解珍贵纸质报刊文献的使用压力。目前由于电子资源的应用使珍贵纸质报刊文献得到了有效而直接的保护。

（二）电子资源的应用使我室提供报刊查阅册次大幅度下降,从而对珍贵纸质报刊文起到有效而直接的保护作用

如今电子资源在我校的广泛使用,使我们建国前报刊阅览室的报刊查阅册次大幅度下降。电子资源的使用可以不受时间和空间的限制较快地搜索到

所需文献，电子资源可同时供多个读者共同使用，电子资源共享也可以有效解决供需之间的矛盾，因而电子资源已成为高校师生做课题、写论文普遍使用的信息资源。充分发挥电子资源的作用，是最有效地利用图书馆现有资源，满足教师、同学对文献信息的不同需求，减少原版纸质报刊的使用率，使珍贵报刊文献得到充分保护的最佳途径。近年来，由于我馆收藏的珍贵纸质报刊文献老化破损严重，能提供给读者查阅使用的报刊文献越来越少，无法满足读者对报刊文献的需求，给教学科研带来诸多不便。自从订购《民国时期期刊全文数据库》和《晚清期刊全文数据库》这两个数据库后，状况有所改变。2007 年建国前报刊阅览室最高峰为读者提供报刊查阅 29819 册次，2011 年为读者提供报刊查阅 14851 册次，而在使用数据库后的 2012 年，我们提供给读者查阅报刊为 7266 册次，从这几个统计数据中不难看出，通过《民国时期期刊全文数据库》和《晚清期刊全文数据库》的应用，2012 年原版报刊的使用率比 2011 年下降了 50% 左右。新引进的《民国时期期刊全文数据库》和《晚清期刊全文数据库》的使用为我库的珍贵报刊文献减轻使用的压力，减少了读者对原件使用频率，从而对我们的珍贵报刊文献起到了有效的保护作用。

二、电子资源的应用解决了珍贵报刊文献藏与用的矛盾

在科学技术的迅猛发展的今天，人们的思想观念发生了巨大的变化。文献保护也由最初为保护而保护，发展到为利用而保护，今天已经发展为保存与利用同时进行。如今图书馆对珍贵纸质报刊文献的保护与读者对文献不断需求的矛盾日益突出，所以对珍贵纸质报刊文献有计划、有目的地科学开发利用，变藏为用，是摆在我们面前非常重要的课题。古籍文献和珍贵报刊文献作为特殊的文献，不仅其内容有重要的史料价值，其形式也反映了我国古代和近现代历史文化和科学技术的发展状况，随着时间的推移，许多古籍和珍贵报刊文献已成为孤本，这就势必造成藏与用的矛盾。将这些古籍和珍贵报刊文献进行数字处理，变藏为用是解决古籍和珍贵报刊文献保存和利用矛盾的有效手段。

（一）电子资源的特点和优势

电子资源的特点是信息无时间、空间障碍，存储量大，检索途径多，可以更好地满足信息用户的需求；电子资源可供多个读者同时使用，可以有效地解决供和需矛盾。电子资源最大的优势在于建立网络，实现资源共享。电子资源信息可以存储在磁、光载体上，具有信息存储密度高、体积小的特

点，节约空间，易于复制和保存等优势。近年来，我馆新增加了大量的电子资源数量，其得天独厚的资源优势为我校教学科研提供了丰富而便捷的信息服务，电子资源的利用使我馆珍贵报刊文献得到更加广泛的利用和有效的保护。

（二）电子资源的应用使我馆库的读者人次大幅度下降，从而对珍贵报刊文献起到间接保护作用

电子资源已成为我校师生员工做课题、写论文、搞科研等时查阅资料的最得力的助手。有效地利用电子资源，可以把师生员工从大量繁琐的传统手工检索中解脱出来，使他们取得事半功倍的效果。利用电子资源可以大量而又快速地检索到丰富的文献资料，扩大师生们的视野，使之了解和掌握更多所需的文献资料，提高和加速他们完成课题和论文的水平。我馆2011年购买的《民国时期期刊全文数据库》和《晚清期刊全文数据库》，得到广大师生的一致好评，为他们查找文献资料带来了极大的方便，为他们节约了大量宝贵的时间，也为他们做课题研究、写毕业论文、搞科研等提供了很大的帮助。电子资源的广泛使用，减少了我们建国前报刊库原版纸质报刊文献的使用率，对我们的珍贵报刊文献起到了有效的间接保护作用。我馆库在购买数据库前的2006年，阅览室的读者为11512人次，2011年为4437人次，而在购买数据库后的2012年，阅览室的读者人数减少为2243人次，比2011年下降了50%左右。如今的读者足不出户就能通过网络技术查找到大部分所需文献资料。《民国时期期刊全文数据库》和《晚清期刊全文数据库》在我校广泛应用以来，使用最多的是教师和研究生，因为他们都面临做课题、写毕业论文等问题，每天需要查阅大量的资料，而我馆收藏的珍贵纸质报刊文献大部分已破损，无法满足他们多方面的需求。电子资源在我校的广泛应用解决了多年以来珍贵报刊文献藏与用的矛盾，使我馆库阅览室的读者人次大幅度下降，相应，报刊文献的使用率也大幅度下降，从而对我馆珍贵纸质报刊文献起到了间接的保护作用。

综上所述，近年来通过《民国时期期刊全文数据库》（1911－1949）和《晚清期刊全文数据库》（1833－1911）在我校的广泛应用，使我馆新中国成立前报刊阅览室的报刊使用量和读者人次量大幅度下降，减少了珍贵纸质报刊文献的使用率，也相应减轻了报刊破损和损毁程度，有效解决了珍贵报刊文献藏与用的矛盾，电子资源的应用对高校图书馆珍贵纸质报刊文献起到了有效的直接和间接的保护作用。

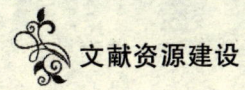

参考文献：

[1] 金星. 电子资源对我国高校图书馆的挑战 [J]. 高校图书馆工作, 2005 (4): 41-42.

[2] 刘璟. 试论网络环境下图书馆消息资源的共建共享 [J]. 四川图书馆学报, 2007 (1): 41-43.

[3] 王怀诗, 沙勇忠. 馆藏文献数字化：意义、进展与问题 [J]. 图书馆学刊, 2004 (2): 15-17.

"读者决策采购"模式在国内图书馆实践的可行性思考[①]

唐李杏　张盛强　黄晓渝

摘　要：读者决策采购（Patron Driven Acquisitions）是国外图书馆迅猛发展的新型图书采访模式。读者决策采购模式在中国高校图书馆具有可行性，其实践的关键因素在于理念更新和技术环境改造。

关键词：读者决策采购；PDA；采访模式

一、引言

PDA（Patron Driven Acquisitions）是一种新兴的图书采访模式，国内图书馆学术界通常将 PDA 翻译为"读者决策采购"。PDA 又称作 DDA（Demand-Driven Acquisitions），即需求驱动采购。简而言之，PDA 采访模式即根据读者的实际需求与使用情况触发购买，由图书馆确定购入。

读者决策采购的操作流程一般为：首先由书商与图书馆确定符合本馆馆藏建设的相关限制条件，按协议要求提供符合条件的书目 MARC 记录，图书馆将其导入自动化系统，读者通过 OPAC 查到书目记录后，可选择直接阅读电子书，也可要求由图书馆付费直接购买印刷版。

读者决策采购的营销模式因书商而异，主要不同在于电子书订购的触发机制与订购类型。如 Ebook Library（EBL）公司的 DDA 项目，所有图书一次浏览 5 分钟或若干页（如 10 页）内免费，此后有三种购买选项：第一种为短期外借，即一次性的 24 小时外借（按次付费），费用大大低于购买价（如书价的 5%）；第二种为中介访问，读者浏览超过 5 分钟时需发邮件请

---

① 文系"四川大学 2009 图书馆、情报与文献学"和"2012 年度四川省高校图书馆、情报与文献学规划项目"研究成果。

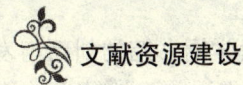

求,由馆员审批决定购买或短期外借;第三种为自动购买,即基于设置的短期外借次数购买。NetLibrary 的 PDA 项目,可选择点击图书 1~3 次触发购买,购买模式有两种:第一种为持续访问模式,一旦购买,图书馆即拥有该书;第二种为年度购买模式,图书馆为所购图书支付年费,五年后拥有。

读者决策采购模式现在在国外发展得较为迅速,尤其是在美国。据 Publishers Communication Group 对全美 250 家图书馆的调查,32 家已采用,42 家计划一年内采用,另有 90 家计划三年内采用;74 家已经或计划一年内采用的图书馆中,75％为研究性大学。

自从 2011 年张甲、胡小菁的文章《读者决策的图书馆藏书采购——藏书建设 2.0 版》将 PDA 的概念和实践方案引荐到国内图书馆学界以来,受到了业界强烈的关注。截至 2013 年 2 月,相关文章为 44 篇,大多数观点都对这种模式表达了肯定意见。但是,国内还没有一个图书馆正式开始尝试这种方法。是什么原因造成 PDA 实践在国内图书馆叫好不叫座的现状?笔者将从国内图书馆采购模式现状,读者决策采购的理念革新和应用条件等几个方面来探讨 PDA 在国内高校图书馆中实践的可行性。

二、国内高校图书馆采购模式的现状

读者决策采购是否与国内图书馆采购模式在运作模式和理念上具有重大冲突,是我们讨论 PDA 可行性的重要依据之一。

目前国内图书馆普遍采用的中文图书采购方式有以下 4 种:书目预订、现场选购、网上选购、读者荐购。传统的方式主要依托于图书征订目录,由采访人员根据本馆的馆藏方针有计划、有选择地勾选图书,再将订单发送给中标书商。鉴于书目信息汇集的不完整以及书目预订方式流程较繁杂等问题,现场采购也逐步成为图书馆工作人员乐意接受的新的采访方式。采访人员直接到图书展销会、书市等现场选购图书,可短时间里选购到大量现书、新书,并利于掌握出版发行动态。

(一)读者辅助决策采购

越来越多的图书馆也意识到只是依靠采访人员自身的学科背景很难把本馆的馆藏资源建设完善,毕竟仅靠几名采访人员要把所有学科的最新动态掌握完全是不太可能的。因此图书馆也开始思考如何挖掘读者的参与积极性,如何能买到读者真正需要的图书。笔者所在的四川大学图书馆就自行开发了"读者推荐"系统,该系统将采访人员收集的书目信息发布在图书馆网站上,书目信息会每月更新一次。读者可以自行浏览各学科的书目信息,如果有感兴趣的图书可选择推荐，采访人员会随时跟踪处理推荐的书目。根据馆藏方针、查重结果、经费分配等条件决定是否购买该推荐书目。

中文图书主要是由采访人员根据书商提供的书目圈选订购，外文图书的采访模式则略有不同。由于外文图书价格昂贵、语种繁多，并且国内高校图书馆普遍都面临经费紧张的客观因素，外文图书的采选方式一般以教师推荐为主。通常是由采访人员将搜集到的外文图书目录按学科分类送到相关教师手中，由教师圈选书目信息之后交回图书馆采访人员，采访人员根据圈选的内容进行查重、调整，最终整理成订单发给书商。而随着网络化进程的不断发展，这种通过传统的纸质目录采购的方式也逐步发生了变化，2004年中国图书进出口（集团）总公司推出了"海外图书采选系统"（简称PSOP），外文图书的采购也逐步迈入网络时代。教师可通过账号进入该系统，在系统提供的海量书目信息中搜选需要的图书，最终由图书馆采访人员审核决定是否购买。

综上所述，国内图书馆的图书采访模式也有类似读者决策采购的方式，但我们应注意到，虽然读者有参与的部分，但在整个馆藏建设中只占很少的份额。并且经过读者推荐、采访人员审核下单、书商发货、到馆验收、编目、典藏、上架流通等环节，往往等读者看到其所荐购的图书时已经过了需求的最佳时机。而针对电子图书部分，则完全是由电子图书书商提供内容，图书馆根据经费情况进行订购，读者完全没有参与其中，只能被动地接受图书馆选定的图书。笔者参照PDA模式的构词方式，将读者参与采购的模式称为用户辅助采购（Patron Assistant Acqution，简称PAA）。

（二）读者决策采购和读者辅助采购的应用效果差别

本质上来看，两种采购模式都意识到用户参与有助于馆藏建设和满足用户需求。但是，两种采购模式也反映出应用效果上的重大差别。读者决策采购模式是完全以用户为中心的采购方式，用户（行为）可以直接代替图书馆采访人员做出订购决策，用户选择了该书，只要符合图书馆预设的订购条件，电子书就可以即时完成订购，读者可下载阅读；纸质书也可自动进入订购环节，减少中间程序，最短时间内可到馆供读者借阅。而读者辅助采购模式依然是以采访人员为中心，读者只是起到辅助作用。读者在选书系统里推荐其感兴趣的书，但最终还要由图书馆采访人员来审核决定是否购买，读者并不能立刻知道自己推荐的图书是否能够被购买，这样不利于调动读者的参与积极性。

三、读者决策采购应用模式的理念辨析

读者决策采购模式的重要意义在于对中国高校图书馆藏书建设理念的革新,乃至于对传统图书馆服务理念的碰撞。受传统图书馆馆藏理念的影响,高校图书馆都会特别在意自己的馆藏体系。这种理念的典型表现是在购置经费中倾向自身的重点学科,或者保障自己的馆藏特色。正是基于这种理念,高校图书馆的采访部门必须要保持在采购决策中的中心地位。而读者决策采购的核心是满足读者需求,以用户为中心。同时,依托于Web 2.0技术下的图书馆2.0理念最重要的目标就是以用户为中心,让用户积极参与到图书馆资源建设中来。新技术环境的发展,为读者决策采购提供了有利的条件保障。中国高校图书馆现行采购模式与读者决策采购模式的本质分歧在于馆藏建设与读者需求的主导地位冲突。

有调查显示图书馆有50%的图书从未被使用或者平均10年才被用过一次,这证明传统图书馆馆藏采购政策都是从图书馆馆员主观认识出发,读者的需求处于事实上从属位置。面对日益紧张的经费预算,如何购买到能切实满足读者需求的资源就成为大多数图书馆更为急迫解决的问题。读者决策采购模式的应用一定程度上能缓解该矛盾。2000年,普渡大学开始试验基于馆际互借需求的读者决策采购模式。2002年,他们计算出购买的那部分书每本的平均成本是37美元。他们认为:如果一本书被阅读了两次就值回了成本。以这些实例看来,读者决策采购模式订购的图书多为读者切实需要的,使用频率高,自然也极大地发挥了图书馆在教学科研中的文献保障作用。

目前,读者决策采购模式对于馆藏建设是否会产生重大影响的问题,还缺乏充足的数据统计分析,但是争议和担忧的存在是不言而喻的。特别是对于中国高校图书馆而言,尽管读者决策采购模式的革新有着充分的应用前景,但是藏书特色和重点学科保障的理念并不是轻易能够改弦易辙的。这是国内高校图书馆践行读者决策采购模式的重要障碍之一。

四、图书馆实施读者决策采购模式的条件

读者决策采购模式已经在国外发展了十余年,历经纸质文献和数字文献的应用环境,运行模式相对成熟。国内图书馆界近几年也开始热衷于了解该模式的发展,但并未有机构真正付诸实践。应用条件的不成熟也是重要因素之一。

(一) 文献资源商业模式的变化

目前，国外读者决策采购模式的推广主要在电子图书方面，而国内现行的电子图书采购方式一般是以数据库购买的形式，整体销售给图书馆，是典型的 B2B（Business to Business）营销模式。虽然图书馆也逐步展开对电子书目的遴选工作，但毕竟是以数据库商提供的书目清单为基础，由于缺乏足够的内容审核流程，仅仅依靠出版社的知名度、图书的出版日期、图书品质等信息，图书馆不能完全加以鉴别和控制，最终购买的电子书使用效果难免不尽如人意。区别于 B2B 营销模式，读者决策采购模式本质上更类似于 B2C（Business to Customer），将电子图书的内容审核权利交给读者，读者行为成为购买决策的重要依据。为获得满意的商业收益，电子图书数据商必须在图书内容、服务体验等方面"讨好"终端用户。

如果推广读者决策采购模式，就需要与电子书厂商协调变更目前的商业模式。而以当前国内学术出版的总体水平而言，B2C 模式短期内势必给电子书厂商带来巨大的压力，必然会影响到数据库商以及出版社的利益。因此，要大力推广读者决策采购模式还需要相应的机构多方协调，调整和适应新的商业模式。这种商业模式的细节并不能完全照搬国外，而是要根据产品、用户、经费和技术条件等实际情况来制定。

(二) 技术环境条件

和目前国内电子图书系统比较，在读者决策采购模式中，技术框架的重要环节包括统一认证、电子书阅读模式改造。目前，国内电子图书厂商阅读系统大多采用 IP 认证方式授权使用。由于商业模式的改变，统一认证是读者决策采购得以实施的基础。图书馆需要确认统一认证的可靠性和真实性，保证只有自己机构的真实用户才能使用读者决策采购，显然 IP 认证是无法达到此要求的。综合比较各种认证技术方案，Shibboleth 是比较合适的技术方案。采用 Shibboleth，图书馆提供认证身份资料和使用者机构资料，并在服务端确认访问权利。Shibboleth 也比较适合多家电子书厂商的应用环境。

同时，由于用户决策采购阅读模式的变化，免费试读、触发购买和结算方式都发生了重大变化，电子书商的阅读系统也必须进行相应的改造，和图书馆认证系统、书目系统完整集成，从而使读者决策采购的流程顺利流畅地实施。

五、结语

图书馆学界普遍认为读者决策采购模式符合现代图书馆的服务理念，是

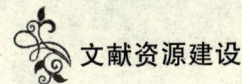

新技术环境下"图书馆2.0"理念的重要实践活动。读者决策采购与国内高校图书馆的现行采购模式并无不可逾越的障碍，具有可行性。改变理念，兼顾馆藏建设和读者需求，积极调整学术文献商业模式，改造技术系统环境，读者决策采购模式才可以在国内高校图书馆顺利实践，而其中理念的更新是实践活动的关键。

参考文献：

[1] Howard, Jennifer. Reader Choice, Not Vendor Influence, Reshapes Library Collections [J]. Chronicle of Higher Education, 2010 (12): 11-12.

[2] 崔琼. 外文图书采访的传统与网络模式之比较 [J]. 大学图书馆学报, 2008 (6): 33-36.

[3] 张甲, 胡小菁. 读者决策的图书馆藏书采购——藏书建设2.0版 [J]. 中国图书馆学报, 2011 (2): 36-39.

长尾理论对图书馆文献资源建设的启示

范晓燕　赵兰蓉

摘　要：本文通过对长尾理论内涵和原则的阐释，提出了在网络时代进行文献资源建设的重点在于对资源最大化地整合和有效地获取，以及在此基础上提供更加高效的个性化服务。

关键词：长尾理论；图书馆；文献资源建设

信息时代是一个知识爆炸的时代，海量的信息通过网络展现在每一个人的面前，而每一个人都可以为网络或者说为他人提供信息，一个更加个性化的时代来临了。在社会、经济和文化的各个层面上，原来受时空所限、被隐匿的小众需求和资源——"细尾"被重新认识和发现，而且呈现出日益繁荣壮大之势，由此给我们带来许多观念上的转变和思考。图书馆是文献资源集中、整合、服务和传递的中心，"长尾理论"为如何在网络环境下更好地开展文献资源建设提供了很好的思路和借鉴。

一、长尾理论概述

"长尾理论"（The Long Tail）是由美国连线杂志主编 Chris Anderson（克里斯·安德森）于2004年首次提出，他认为只要流通渠道和货物储备量足够大，销量不佳或需求不旺的产品所共同占据的市场份额，可以和那些数量不多的热卖品所占据的市场份额相等甚至更大。有需求就有市场，"长尾理论"说明了一个拥有庞大用户群的个性化需求也会产生一个巨大的市场。"长尾理论"是网络时代新的经济理论，它不仅适用于商业领域，同样也适用于包括图书馆在内的信息资源和信息服务行业。

"长尾理论"的应用有三个关键点需要做到：（1）要应有尽有，要有足够长的"尾巴"，尽可能地提供所掌握的资源，即资源的整合和供给；（2）要帮助所需要的人能方便地找到它，即需要搭建读者与"长尾"资源间的供

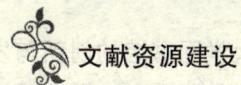

求平台，实现资源的合理流动；(3) 要在成本上下工夫，做好"长尾"资源的整合，提供高效优质的服务。OCLC 副主席劳肯就认为：供应和需求的整合是"长尾"的本质；整合供应就是提高发现水平，降低交易成本，满足读者的需求；整合需求就是集中在一个或几个网络用户社区，链接资源，增加感兴趣用户的接触机会。供应与需求的同时存在，才能构成"长尾"。

网络时代，供需瓶颈开始消融，读者找到所需要的图书远比以前容易。图书市场发展较快，每年所能提供的图书品种都大幅攀升，再加上电商如亚马逊、当当、京东等大举进入图书营销的网络市场，在相当一部分图书都能被所需求的读者轻易获得的时候，消费需求曲线的"尾部"就变得越来越重要了。图书馆是介于读者和资源之间的一座重要的桥梁，它最大的服务目标是满足用户获取文献信息资源的需求，这与"长尾理论"中整合供应和需求相吻合。

二、长尾理论下文献资源建设的思路

(一) 纸质资源应逐渐向数字资源过渡

除了常借热借的文学类、励志类、语言类、教学类、参考资料类等"头部"资源外，图书馆对于研究专著、工具图书、孤本善本、小众研究领域内的资料等"尾部"资源也应给予持续性关注。要建设综合性研究型大学，就必须建立长尾图书馆。随着出版业的快速发展，图书种类越分越细，越分越专，图书馆纸质文献的采访逐渐由品种少、复本人开始向品种多、复本少转变。图书馆的借阅状况也发生相应的变化，热门资料因复本减少而出现高频次的借阅，相对冷僻专业的资料依然借阅率偏低，经过长期的购买积累，图书馆内已有数量可观的冷门资料，占据了大部分的物理书架空间。一方面是热门资料供不应求，另一方面大量冷门长尾资料借阅率低，如何调和这种供需矛盾是我们要认真思考的问题。在网络信息时代，图书馆纸质资源应逐渐向数字资源过渡，为读者提供所有的产品，包括印刷型、数字型和网络型等多种类型的资源，让知识的存储和流动进入"无限制"的阶段，整合形成长尾，建立长尾图书馆。

(二) 准确定位文献资源的供给和需求

在信息量如此庞杂的资源中，如何选择、获取和有效利用信息，时常困扰着读者和图书馆。一方面，图书馆应加强传统专业资料的深化，加强新兴专业资料的引入，加强与相关单位和专家的沟通；另一方面，引导用户对信息的搜寻和使用，提供必要的指导和建议，建立良好的推荐机制让读者搜索长尾资源。图书馆在供给文献资料的同时，应很好地把握读者的需求，让需求引领供给，供给促进需求。具体而言，可以根据读者的检索历史和浏览爱好，分析其兴趣和倾向，引导他们进一步深入到未知的长尾领域，从而引出长尾资源。统计、分析、推荐个性需求，挖掘其内在联系，激发读者的参与和阅读热情，图书馆才能为用户提供丰富、全面而有效的文献资料。

（三）建立以用户为中心的资源服务模式

传统图书馆的服务重点是重点学科、重点单位、重要项目和优势专业，即把服务重点放在了对"头部"资源需求的那部分读者上，文献资源建设的重点往往是保证大多数人的需求以及重点学科的重点需求，而对非重点专业、非热门专业、非重点的科研项目、读者的个性化兴趣等分布于供需曲线"长尾"区域的需求，是难以保障的。长尾理论强调需求的多样化和个性化，是一种"去中心化"的理论，它要求图书馆的资源服务模式应以馆藏为主向以用户为中心的模式转变，由为重点人群服务向为大众服务转变，开发资源长尾，降低用户获取资源的成本，树立数字化、个性化的服务理念。

三、长尾理论下文献资源建设的新模式

（一）文献资源的最大化整合

长尾理论强调的是海量整合、无限供应，给用户无限选择，因此，图书馆文献资源的整合是实现资源长尾服务的前提。

1. 馆内资源的整合

每一个图书馆尤其是历史较为悠久的图书馆均具有许多很有特色的馆藏，有的甚至是独一无二的，如地方志、孤本善本等，这些都是"长尾"资源。大学图书馆的长尾资源还包括多媒体课件资源、教学案例、实验观察记录、学位论文、工作文件、学术报告等具有鲜明本校特色的资源。将这些宝贵而丰富的特色"长尾"资源进行专题化整理和数字化，并将其纳入到整体的数字资源系统中，将极大地丰富馆藏资源，发挥它们在学术、经济和社会建设中的重要作用。

2. 校内资源的整合

许多高校都是图书馆和院系资料室两级文献收藏体系并存，实行的是各自为政的分散型管理体制，文献资源的加工整合程度低。作为高校的文献信息中心，图书馆需要组织和协调全校的文献资源建设工作，加强对院系资料

室专业文献资源的整合，尤其是目前各学院陆续推出的精品网上课堂这类的核心资源。此外在Web 2.0网络环境下，各种新技术的应用使校内的每位读者从传统的信息被动接收者转变为信息的创造者和传播者，利用校内的信息平台搜集整合这些包罗万象的资源必然在一定程度上丰富了信息资源长尾。

3. 地区、全国和全球范围内的资源整合

一个图书馆的馆藏资源即便是整合了全校的资源仍然无法满足网络环境下众多潜在用户的信息需求，必须实现更高层级上的资源整合，对分散在不同地区乃至全国范围内各类型图书馆的全品种资源予以聚合。在实际操作中，整合众多图书馆馆藏资源的可行性方式是建立一个虚拟的数字图书馆联盟，实现资源的共建、共知、共享，如中国高等教育保障体系（CALIS），由于版权保护的因素，馆藏资源不可能在互联网上开放式获取，联合体中的的资源聚合是从图书馆馆藏目录的聚合着手的。目录是最简捷的方式，让用户了解信息的基本特征，从而指引用户获取原始信息。而地区和全国范围内的整合资源也构成了全球资源的一部分。每一个馆藏目录都是包含短头资源和长尾资源的集合体，多个馆藏目录的集合就是多个长尾的聚合，构建的是最强大的信息资源长尾。在联盟中尤其要重视加强对中小图书馆的资源整合，改变他们在联盟中被边缘化的现状，使不同图书馆的资源得到最大程度的差异化互补，真正发挥出长尾资源的优势。

（二）资源整合后的有效获取

仅有简单的海量资源聚合是不够的，如果缺乏资源的有效发现和检索机制，很多有用的尾部资源也难以为需要的用户所发现，因此，有必要对分散的长尾资源进行有效的组织，建立起有效的检索发现机制，其中关联和揭示是实现资源长尾服务的重要手段。

1. 建立统一的检索平台

在网络时代，一个简洁而强大的搜索引擎有时候比内容更能吸引用户，例如谷歌和百度。每个图书馆甚至每个数据库都有各自独立的检索系统，用户需要从一个界面又一个界面地频繁出入，繁琐和低效率的劳动将消磨掉用户的时间、兴趣和精力，往往会使他们转向用户界面简洁友好的搜索引擎，从而使得图书馆难以发挥资源优势。因此建立高效统一的信息资源检索平台，简化资源获取途径，才能使图书馆资源的聚合形成一个完整的体系，方便用户使用，才能将用户的注意力转移到图书馆，吸引更多的用户利用图书馆。

2. 资源的个性化定制和推送

网络的开放式结构让每个用户都能成为信息的制造者和传播者,文献资料的获取和传递变得相对自由和随意,如何利用网络为广大读者提供方便快捷的服务是摆在我们图书馆人面前的一道难题。除了建立统一的检索平台外,图书馆系统还可以推出更加智能化的服务,例如信息定制、信息推送、手机图书馆,以及预设置、智能代理、动态联想等,引领用户获取他们感兴趣的知识,实现信息的个性化服务。

3. 借鉴商业搜索引擎并与其合作

商业搜索引擎凭借强大的财力和人力取得了很大的成功,2005 年底推出的有关图书馆与信息资源的调查报告中指出:84%的人首选商业搜索引擎进行信息检索,而只有 1%的人通过图书馆网页查找信息;多数被调查者认为,商业搜索引擎比图书馆检索系统有更高的质量、更多的信息和更快的速度。商业搜索引擎不仅具有更宽的带宽,而且其简洁性、准确性、丰富性和相对完整性,更是吸引用户的法宝,它所具有的链接、深度关联、评价、推荐等一系列属于"长尾"资源的功能,让读者更加爱不释手,这些都是值得我们学习和借鉴的地方。通过技术手段把巨大长尾资源之间纷繁复杂的知识链接用简便方法获取,从而让读者便捷地最大限度地获取相关信息,是图书馆今后要努力发展的方向。除了学习和借鉴商业搜索引擎,还可以与其进行深入的合作,如清华大学图书馆,在豆瓣网上建立了链接,只要在豆瓣网上能搜索到的图书,就可以知道清华图书馆是否有馆藏,极大地方便了读者查找、借阅和推荐图书。

(三)资源整合后的高效服务

丰富的资源整合和有效的资源获取平台是长尾资源服务的前提和手段。在信息资源供与求的两端,一方是提供服务的图书馆馆员,另一方是接受服务的读者,获取资源最后一步的工作是由馆员来具体实施的,落脚点是为读者提供更优质高效的服务。建立快速反应体系,加强文献传递和馆际互借服务,让每一个用户的请求都在最短的时间内得到满足,才能把失去的用户重新吸引到图书馆,才能更好地发挥图书馆的功能。网络时代为图书馆的自我营销提供了更大的舞台,馆员要多开展宣传和推广活动,尤其是对那些冷门学科和冷门专业的师生要多作宣传,让他们知道图书馆平台上聚集了数量众多的长尾资源,他们的个性化信息需求同样可以得到满足。除了面向读者开展的培训、比赛、讲座、开放式借阅、预约服务、专题通报、新书通报、藏书报告、读书沙龙、读书征文等传统方式外,还应充分利用公共媒体如报刊、电视电影,网络媒体如微博、微信等方式宣传报道图书馆的服务项目和学术资源,把图书馆建成以用户为中心的新型学科化服务的"信息高速公路"。

四、结语

"书是为了用的;每个读者有其书;每本书有其读者;节省读者的时间;图书馆是一个生长着的有机体。"图书馆学之父阮冈纳赞的朴素语言仍然回响在我们耳边,他表明图书馆是向所有人提供信息资源和信息服务的,遵循的是以读者为中心、服务至上的理念和图书馆要适应社会需求的发展思想。长尾理论与五定律的内涵不谋而合,其揭示了随着科学技术的发展要不断更新人们的思维观念,为网络时代开发图书馆潜在的用户需求以及充分发挥潜在文献资源的利用价值,为用户提供高效贴切的服务提供了切实可行的理论指导。

参考文献:

[1] 何静,周彤. 长尾理论与公共图书馆潜在用户需求的对接研究 [J]. 图书馆,2011 (6):26-28.

[2] 刘雅文,侯慧丽,王宁,等. 基于长尾理论的数字图书馆用户保障研究 [J]. 图书馆学研究,2009 (9):28-30.

[3] 潘薇. "长尾理论"与图书馆学术信息资源聚合 [J]. 图书馆情报工作,2010 增刊 (2):82-85.

[4] 周军兰. 长尾理论与图书馆 [J]. 图书馆情报工作,2007 (4):30-33.

关于设计高校图书馆图书推荐系统的探讨

陈晓耘

摘　要：在信息化社会加速发展的时代，迅速膨胀的信息量对人们的信息需求提供了保障，但信息的利用率并没有因此得到提高。高校图书馆藏书量丰富，然而书目检索成为读者图书借阅过程中的障碍。怎样让丰富的藏书发挥更大的效用，为教师学生提供更好的服务，是图书管理人员应该思索的问题。本文试图通过对借阅推荐问题的思考，给出一个可以借鉴的服务模式，以减少读者在图书借阅过程中书目检索花费的时间，方便读者借阅图书，有效提高图书的利用率。

关键词：图书馆；借阅；推荐

21世纪是信息的社会，信息作为社会最主要的资源，将成为战略资源引起人们广泛的关注。如何获取信息？图书是我们获取信息最好的工具，图书馆是学校文献的中心，是老师和学生学习知识的宝库。在信息社会化的今天，人们对于信息服务的个性化需求也越来越高。虽然目前高校图书管理系统日趋成熟，但是庞大的图书信息量，让师生们无从下手，在海量的图书中寻找自己所需要的图书成为了他们学习的负担。如今，数字图书馆逐渐被学校图书馆广泛应用。随着信息量的不断增加，数字图书馆已经不能完全满足人们的需求，因此数字图书馆智能推荐系统逐渐成为未来数字图书馆的研究重点。个性化推荐系统成为了信息系统的发展趋势，目前个性化推荐系统被广泛运用于商业网站中，例如卓越亚马逊、淘宝等商业网站，大大提高了商品的销量。这足以说明个性化推荐系统的可行性和现实意义。

一、现有的图书推荐功能简介

目前，图书馆推荐系统在国外发展较为迅速，特别是康奈尔大学和北卡罗莱纳州立大学，这两所大学的数字图书馆推荐系统是推荐系统的典型代表。其他数字图书馆推荐系统都是以这两个图书馆系统作为原型建立的。在国内，主要有中科院的数字图书馆系统和浙江大学自行研发的数字图书馆推荐系统。推荐系统逐渐深入高校图书馆，成为高校图书馆信息服务一个重要的手段。数字图书馆书目个性化服务是数字图书馆的发展及信息服务发展的必然趋势。而国内数字图书馆的推荐规则都比较单一，内容界面布置也存在一些问题，没有很好地发挥推荐功用。在图书馆书目推荐过程中，应该注意推荐的效果，并进行分析，得出合理化的推荐规则，逐步完善图书馆的推荐功能，形成智能的数字图书馆。

二、合理设计满足要求的图书借阅推荐功能

我校现有的图书馆管理系统已经能够满足用户的一般需求，但由于馆藏数量比较大，数字图书馆信息量庞大。在庞大的信息中，过滤掉一些自己不感兴趣的信息或者对自己毫无用处的信息，是广大读者对于图书馆管理信息系统的需求。基于此需求，应该有一套高校图书馆借阅推荐系统，个性化的推荐更能满足广大读者的需求。但重新开发一套新型的系统不但耗费人力、物力，同时也耗费时间，开发成本比较高，风险比较大。如在原有的系统基础上增加新的功能，既能保证原有系统的功能，又能缩短系统开发的周期和开发成本。

纵观国内外文献检索机构的发展历程，文献检索机构网络平台建设、馆藏资源数字化已趋向成熟，其正在从传统的"以馆藏为中心"的工作模式向"以用户为中心"的服务模式转变。图书馆目录非常适合采用推荐系统，尤其是那些支持用户查找文献目录的服务更适合应用推荐系统。

高校图书馆是学校的文献信息中心，主要职能是为教育和信息服务，特别是为教学科研工作提供信息服务。由于馆藏量极大，对于读者来说，熟知的图书书名极其有限，有些图书的利用率较低，推荐系统可以提高图书的利用率，帮助读者更深入了解某一感兴趣知识领域的书籍，提高图书馆服务满意度。高校图书馆借阅推荐，可以根据读者的偏好、行为、兴趣构建用户模型，以用户模型为基础提出服务策略，推荐不同的图书书目信息来满足不同读者的信息需求。

（一）系统的功能要求

在图书借阅的过程中，我们经常发现，有些书籍没有办法满足读者的借阅需求，但是有些书籍却是无人问津，书籍没有得到充分的利用。在购买书籍的过程中，图书馆采购人员应该充分考虑读者的喜好以及图书的利用价

值。在社会效益方面,引进推荐系统可以减少读者查询书目的时间,快速地获取到自己需要的书目。推荐系统可以有效地过滤噪音信息,从而直接获得有用信息,结合评价反馈系统,更能充分地完善、过滤规则,使获得的信息更加符合用户的需求。

高校图书馆推荐系统要实现的系统功能有:图书借阅、图书归还、图书预约、图书推荐、图书统计等一般图书馆管理系统都具有的管理功能,着重突出图书推荐功能。实现数字图书馆推荐功能,而不丢失现有图书馆的日常处理功能。

高校图书馆借阅推荐系统,主要以推荐功能为核心。笔者认为可以考虑设计以下推荐功能:

1. 推荐购买功能。针对图书馆无馆藏的图书特设此推荐购买功能,待文献资源部确认及馆领导批准后可实施购买。

2. 名著推荐功能。针对读者的个人专业信息和欲借阅的图书信息给出相关的名著推荐书目。

3. 参考书推荐功能。针对读者欲借图书给出相应的受欢迎的参考书书目。

4. 新书推荐功能。根据读者需求给出近两年新购买的相关图书书目。

5. 热门图书推荐功能。根据借阅数量和评价给出热门图书推荐书目。

(二)系统性能要求

系统应能够满足用户的实时请求,响应时间小于 60 秒;具有较大的存储容量存储用户的使用信息,存储容量不小于 40GB;具有较高的安全性,对用户的身份进行实时验证、记录用户的操作、避免非法操作等。

(三)技术可行性分析

由于计算机技术的普及和迅猛发展,数据库设计和网络技术的实际应用效能图书推荐系统的功能实现提供了强大的技术后盾。一个可能的选择就是开发语言用 ASP,应用服务器采用 IIS,数据库选择 SQL Server 2005,这些成熟的工具完全可以实现本文所设计的推荐功能。

(四)经济可行性分析

经济可行性分析要估计项目的成本和效益,分析项目经济上是否合理。如果项目不能够提供系统需要的经费,或者不能提高企业的利润,或在一定时间内不能回收投资资金,这个项目就不能被开发。目前,全国各大高校都具备了运行数字图书馆管理系统的硬件环境、网络环境和软件环境,因此新的系统的开发和使用并没有增加硬件设备、网络设备和软件设备方面的投入。只需在软件开发方面的有一定投入即可，而这方面的投入并不大。

(五) 社会可行性分析

社会可行性是指所建立的信息系统能否在该单位正常运行，在当前操作环境下能否很好地运行，以及组织内外是否具备接收和使用新系统的条件。目前我国高校数字图书馆系统逐渐向数字图书馆智能推荐系统发展，并且已经取得了一定的成绩，特别在资金比较充足、技术比较发达的高校，数字图书馆系统已经成熟。高校图书馆借阅推荐系统可以减轻读者在图书借阅过程中，检索图书馆造成的负担，提高图书的利用率，合理规划购买图书的资金。社会可行性显而易见。

三、总结和展望

随着我校图书馆藏数量的不断增大，人们面对数字图书馆的大量信息无从下手。信息的增长，反而降低了信息的利用率，造成了"信息过载"。加入了智能推荐系统的数字图书馆系统可以有效地解决"信息过载"的问题。数字图书馆中的个性化服务已经成为一种趋势，它的最大优点就是能为不同背景、不同目的的用户提供满足个性化需求的数字资源。由于作者能力所限，本文设想的推荐功能还不够完善，相信在以后的发展过程中会出现更好、更贴近用户需求的图书管理系统为广大读者服务。

参考文献：

[1] 陈立潮. 数据库技术及应用（SQL Server）实践教程 [M]. 北京：高等教育出版社, 2010.

[2] 郭丛莲. 网络环境下高校图书馆的个性化信息服务 [D]. 河南：郑州大学, 2006.

[3] 黄维通, 王晓英编著. SQL Server 数据库技术与应用 [M]. 北京：清华大学出版社, 2011.

[4] 唐四薪, 谭晓兰, 唐琼. ASP 动态网页设计与 Ajax 技术 [M]. 北京：清华大学出版社, 2012.

[5] 汪洁. 大学图书馆个性化信息服务模式研究 [D]. 南京：东南大学, 2008.

数据库建设

基于 CNKI 新旧版平台的比较研究

雷 琴

摘 要：本文以 CNKI 新版平台和旧版平台的期刊数据库为例，从检索页面、检索结果页面以及检索结果处理的功能等方面对二者进行了比较，分析了二者之间的差异以及给检索者带来的影响，为 CNKI 检索平台的使用者提供检索参考。

关键词：CNKI 平台；新版；旧版；比较

2012 年 9 月，中国知网推出了新版 CNKI 的 KDN 知识发现网络平台（以下简称新版平台），用以在日后逐步代替旧版 CNKI 的知识网络服务平台（以下简称旧版平台）。笔者在文献检索的教学工作中发现，新版平台与旧版平台在检索页面、检索结果页面以及检索结果的处理功能方面都存在差异，而这些差异会给检索平台的使用者在操作上带来一些影响。本文试以新版平台的期刊数据库和旧版平台的《中国期刊全文数据库》为例，从几个方面详细描述新旧版平台的差异，为 CNKI 检索平台的使用者提供一些参考。

一、检索页面的差异

（一）检索方式的调整变化

区别：旧版平台提供的检索方式有"期刊导航""初级检索""高级检索"和"专业检索"四种，而新版平台在检索方式选择标签栏中，取消了上述四种检索方式中的"期刊导航"，并且增加了"作者发文检索""科研基金检索""句子检索"和"来源期刊检索"这四种检索方式，即共七种检索方式。

分析：就上述检索方式上的区别而言，新版平台虽然取消了"期刊导航"，但在检索页面右上方仍然设置有"期刊导航"；而对于新版平台增加的"作者发文检索""科研基金检索"和"来源期刊检索"都仍然可以通过在旧版平台检索页面的检索字段中选择与之相对应的字段来达到相同的检索效果,对于新版平台增加的"句子检索",在旧版平台检索页面的高级检索方式下,每一检索行的两个检索框中间的逻辑关系中选择"同句"或"同段"即可实现新版平台增加的"句子检索"功能。

因此,新版平台只是对检索方式做了调整,实质上没有删减,但是调整后在检索操作上还是会对检索的效果产生影响。例如新版平台将原本内嵌在初级检索方式或高级检索方式下的检索字段或者逻辑关系单独设置成新的检索方式,即"作者发文检索""科研基金检索""句子检索"和"来源期刊检索",这使得在这些单独的检索方式下面只能进行这些单项操作,而没有办法与检索字段中的其他检索词再进行"与""或""非"的逻辑组配,从而影响检索效率。

(二)初级检索方式和高级检索方式中的操作变化

1. 检索字段设置上的差异

在检索字段的设置上,新旧版平台的初、高级检索方式中字段的数量是不同的,二者具体的字段设置参见表1。

表1 CNKI新旧版平台的初、高级检索方式中字段设置

字段名称	篇名	主题	关键词	摘要	作者	第一作者	单位	刊名	参考文献	全文	年	期	基金	中图分类号	ISSN	统一刊号
旧版平台初级检索	√	√	√	√	√		√	√	√	√	√	√	√	√	√	√
新版平台初级检索	√	√	√	√			√	√	√	√	√	√	√	√	√	√
旧版平台高级检索	√	√	√	√	√		√	√	√	√	√	√	√	√	√	√
新版平台高级检索	√	√	√	√				√		√						

从表1可以看出,旧版平台的初、高级检索方式中字段数都是16个;而新版平台的初级检索方式中字段数是14个,高级检索方式中字段数是7个。虽然新版平台的初、高级检索方式中字段设置比旧版平台少,但是上述缺少的字段可以通过新版平台中的"作者发文检索""科研基金检索"和"来源期刊检索"等检索方式来实现,只是只能进行上述检索方式的单独操作,而不能与字段中的检索词进行逻辑组配。

2. 检索页面布局设置上的区别

(1) 旧版平台初、高级检索可增加逻辑行至最多 5 个, 而新版平台则可增加逻辑行至最多 7 个。

(2) 旧版平台的初级检索方式下每个逻辑检索行只有一个检索框, 而高级检索方式下每个逻辑检索行分别有两个检索框, 这两个检索框之间还可以选择"与""或""非""同句"或"同段"的 5 种逻辑组配逻辑算符来控制; 而新版平台的初级检索方式与高级检索方式一样, 每个逻辑检索行都分别有两个检索框, 这两个检索框之间可以选择"与""或""非"的 3 种逻辑组配逻辑算符来控制。

(3) 新版平台高级检索方式中限制条件选择区可供选择的限制条件增多, 但增加的限制条件中其他的一些限制条件, 例如来源期刊、支持基金、作者及作者单位等可以在旧版平台的初、高级检索方式或新版平台的初级检索方式中的字段设置中实现, 因而实际上增加的限制条件仅有"仅限优先出版论文"。

根据上述细微的区别, 检索者可以根据自己的检索需求来选择不同的检索方式, 以达到最优的检索效果。

3. 匹配度设置上的区别

不论在哪种检索方式下, 旧版平台系统默认的匹配度是"模糊", 而且只能在限制条件选择区进行一次性选择, 即一旦选择了某种匹配度, 则所有的在检索框中输入的检索词均按该种匹配度执行; 而新版平台系统默认的匹配度是"精确", 而且能在每一逻辑检索行后面分别选择某种匹配度, 即每一行的检索词可以分别受不同的匹配度控制。

对于匹配度的默认方面的区别, 笔者认为旧版平台那种默认为"模糊"匹配度的方式更适合大多数检索者的检索需求; 而对于匹配度的选择是统一全选相同的匹配度还是可以分别设置不同的匹配度方面的区别, 笔者认为新版平台的可以分别设置匹配度的这种方式更能达到满意的检索效果。

4. 初级检索中检索词的输入方式上的区别

旧版平台的初级检索方式中, 在同一个检索框中可以使用逻辑算符"+""-"和/或"*"(其分别表示的含义是"或""非"和"与"), 而新版平台的初级检索方式中却不能使用上述逻辑算符, 即在一个检索框中只能输入一个词。而高级检索方式中, 不论是旧版平台还是新版平台, 都不能在同一个检索框中使用逻辑算符。

例如, 要想在"主题"字段检索 3 个并列选择关系的词"制备""合成"

和“生产”，在旧版平台的初级检索方式中，只需在下拉菜单中选择“主题”，在检索框中输入“制备+合成+生产”即可完成检索；而在新版平台的初级检索方式中，就需要分别在每一个检索框前面的下拉菜单中选择检索字段，然后将3个检索词分别输入到3个检索框中，最后还要注意选择将这三个检索项之间逻辑关系设置为“或”。具体操作如图1所示。

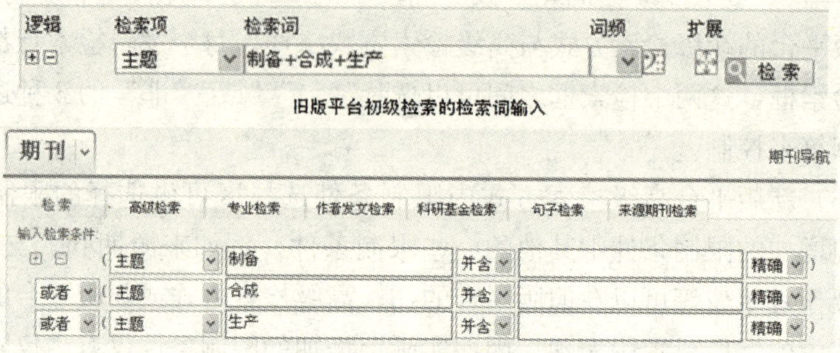

旧版平台初级检索的检索词输入

新版平台初级检索的检索词输入

图1　新旧版平台初级检索中检索词输入方式对比

从上述区别可以看出，旧版平台的初级检索方式在操作上显然比新版平台的初级检索方式简便，节省时间，提高了检索效率。

当然，如果若干个并列选择的检索词要在不同的检索字段中进行检索，例如还是上面的3个检索词“制备”“合成”和“生产”，如果想要在主题字段检索“制备”，在关键词字段检索“合成”，在摘要字段检索“生产”，那么无论是新版平台还是旧版平台，无论选择在初级检索方式还是高级检索方式中进行操作，都要分别在不同的检索框输入这几个检索词。

二、检索结果页面

（一）检索结果浏览方面

新版平台与旧版平台在检索结果浏览方面有两点不同。

（1）新版平台可实现检索结果的分组浏览，还给出了每组的各细分类及其命中的文献数，点击该细分类，即可实现分组浏览该细分类下的所有文献。目前新版平台可以按照学科、发表年度、基金、研究层次、作者、机构进行检索结果的分组浏览，检索者可根据需要选择浏览方式。旧版平台无此功能。

（2）新版平台中检索结果的排序方式有四种，即可以分别按主题、发表时间、被引频次和下载次数来进行排序，系统默认的排序方式是按主题排

序。其中,每种排序方式默认是降序排序,再点击一次该排序方式,则将按该排序方式的升序排序。旧版平台仅提供两种排序方式,即按时间排序和按相关度排序,默认的排序方式是按时间的降序排序。

对于新版平台新增的上述分组浏览的功能,可以让检索者快速锁定某一类型的文献;新增的上述某些排序功能,例如按被引频次的降序排序,可以让检索者快速锁定高影响力的文章。上述两种功能还可以选择性地组合来实现分类排序,例如先按学科进行分组,在该组中再按照被引频次的降序排序,就可以快速锁定某一特定学科领域中具有高影响力的文章。

(二)主题类检索字段检索结果差异分析

在进行主题类检索字段的检索过程中,笔者发现,即使采用相同的检索条件,分别在新旧版平台中进行检索,得到的检索结果却并不相同。下面在主题类字段(即篇名、摘要、关键词和主题字段)中采用检索词"图书馆信息服务",检索年代范围设定为所有年份(数据截止至2012年12月31日),在新旧版平台的期刊数据库中进行检索,将检索结果的命中篇数显示在表2中。

表2 主题类字段在新旧版平台的期刊数据库中的检索结果差异

检索字段 平台/匹配度	篇名 (命中篇数)	摘要 (命中篇数)	关键词 (命中篇数)	主题 (命中篇数)
旧版平台高级检索/模糊匹配	8601	30284	51204	64608
新版平台高级检索/模糊匹配	8197	28799	1034	30260
旧版平台高级检索/精确匹配	3454	3695	2412	6116
新版平台高级检索/精确匹配	2732	3560	206	5505

从表2中可以看出两个规律:不管以什么方式进行检索,旧版平台的检索结果数总是多于新版平台的;在关键词字段中的检索结果差异非常大,即旧版平台的检索结果数远多于新版平台的。

对于第一个规律,是因为旧版平台检索的期刊范围是全部期刊,新版平台平台检索的期刊范围是学术期刊;对于第二个规律,是因为新旧版平台所采取的检索技术不太一样,特别是关键词检索字段,即旧版平台的关键词字段并不仅限于在命中的该文献所标引的关键词的范围中进行检索,还可能在篇名、摘要或主题字段范围中进行检索;而新版平台的关键词字段仅限于命中的该文献所标引的关键词的范围。

对于上述差异,检索者在新版平台的使用过程中,不能再按照旧版平台的字段选择方式的规律来进行检索,而应该利用新版平台的字段标引方式来选择合适的主题类检索字段进行检索。

三、检索结果处理的功能

旧版平台对于检索结果的处理,仅有将检索结果勾选或全选,然后按照某种格式进行存盘的功能。新版平台除了保留了上述存盘功能以外,还增加了分析、阅读、定制以及生成检索报告等功能。

其中的分析功能中,可以对检索结果进行分析,例如分析检索结果中选定记录的文献互引关系、引证文献、H 指数(即选定的记录中至少有 H 篇文献被引频次不少于 H 次)、文献分布(包括来源分布、年分布、机构分布和基金分布等信息)等。阅读功能中,可以阅读检索结果中的选定记录进行全文在线预览。定制功能中,可以对检索结果中的选定进行定制。生成检索报告功能中,可以生成本次检索操作过程的检索报告,并可将该报告保存或打印。

新版平台增加的上述对检索结果进行处理的功能,为检索者提供了个性化的服务,例如可为检索者提供文献定制服务、跟踪某研究领域的最新进展、管理自己的检索策略以及有效地组织手头上的参考文献等。

综上所述,新版平台在上述各方面的改变,总体上为检索者提供了更多的方便,满足了检索者更多的检索需求。但是,检索者在利用新版平台提供的新功能为自己的科研服务的同时,也要注意新版平台与旧版平台的区别,例如两者初级检索的检索词的输入方式上的不同、匹配度的默认方式的不同以及关键词字段的检索范围等,从而避免一些在使用旧版平台过程中的惯性思维对检索结果和效果产生影响。

参考文献:

[1] 苏凡. 检索系统中主题类检索字段的分析与应用——以《中国期刊全文数据库》为例 [J]. 图书馆界, 2009 (3): 33-35, 39.

Westlaw International 和 Lexis.com 数据库的比较

罗宏 杨莹

摘 要：Westlaw International 法律数据库和 Lexis.com 在目前是被应用广泛的两个英文法律数据库，对用户进行法律及其相关领域的研究有很重要的作用。从内容和检索方式看，两个数据库又有很多相似的地方，本文从收录范围、检索途径、检索技术和检索结果等方面对两个法律数据库进行了介绍和比较，以方便广大用户对两个数据库的使用。

关键词：Westlaw Internationa；Lexis.com；法律数据库

Westlaw International 和 Lexis.com 法律数据库是目前应用广泛的两个英文法律数据库，都收录了美国各联邦及各州的法律资源信息和多个国家和地区的法律文献，对用户进行法律及其相关领域的研究有很重要的作用。这两个数据库因为收录文献信息量大、范围广、文献类型多，检索方式的设置是根据法律文献的特点来设置的，从检索技术上看比一般的全文数据库要复杂。本文主要对 Westlaw International 和 Lexis.com 两个法律数据库的收录范围、检索途径、检索技术、检索算符方面进行比较和分析，以便于用户对其数据库的使用方法和检索技巧有更深刻的了解，方便广大学习者和研究者更好地利用这两个法律数据库。

一、数据库收录范围

从收录范围来看，作为专业的法律数据库的 Lexis.com 和 Westlaw International，其收录内容在法律领域的权威性和广泛性得到普遍认可。二者在收录内容上有类似的地方，也有各自的特色。

（一）Westlaw International

Westlaw International 法律数据库是隶属于美国著名的汤森路透法律信

息集团的美国西方出版公司（West Publishing Company）于1975年开发的综合性法律数据库，该数据库是为国际法律专业人员提供的互联网的搜索工具，其丰富资源来自法律、法规、税务和会计信息出版商，目前拥有超过27000个数据库，收录1000余种法学专业期刊。Westlaw International数据库的主要内容包括以下5个方面：

1. 判例

欧盟从1952至今的判例、澳大利亚从1903至今的判例、中国香港地区从1905至今的判例和加拿大的所有判例。

2. 法律法规

在法律法规方面，Westlaw International除了收录汤森路透法律信息集团发行的拥有出版授权许可的大量法律法规方面的文献外，该数据库还收录了包括英国、美联邦和各州、欧盟、中国香港地区和加拿大在内的世界上多个国家的法律法规条文。

3. 法学专业期刊

有1000余种法学期刊，这不仅包括汤森路透法律信息集团出版的诸多法律期刊和大量国际上知名的法学期刊，还包括300多种法律通讯和法律新闻。

4. 法学专著、教材、词典和百科全书

Westlaw International独家完整收录了《布莱克法律词典第九版》《美国法律精解》《美国法律大百科》《美国法律释义续编》和《美国联邦法典注释》（USCA）。

5. 新闻、公司和商业信息

提供包括纽约时报（*New York Times*）、福布斯杂志（*Forbes*）和财富杂志（*Fortune*）等新闻和经济类刊物。

（二）Lexis.com法律专业数据库

LexisNexis是著名的出版集团励德爱思唯尔集团的全资子公司，Lexis.com是LexisNexis旗下的法律专业数据库，它拥有15563个法律资料来源，是法律专业人员重要的综合法律资料数据库。

1. 美国法律法规和案例

美国法律法规部分包含美国联邦和各州成文法、草案，行政条例（正文、历史、注释、相关实用指南）和案例、评论文章引用分析，其中还包括著名的USCS美国联邦立法信息服务；收录来自美国联邦和各州的判例法案例；法律法规和案例除提供原文外，还有大量的专家注释，可以帮助使用者理解其相对应的规定和决议。

2. 世界主要国家、国际组织的法律和立法信息

包括全球 150 多个国家的法律资源,该内容由当地专家撰写;国家分析报告,包括欧洲、亚洲、非洲、拉美等主要国家都有涉及;收录了多个国际组织的条约及其相关判例;收录了英国、加拿大、中国香港特区、南非等 20 多个国家和地区的判例法及成文法。

3. 二次法律文献

包括近 900 余种法律期刊,不仅有英美两个国家的核心法学期刊全文,还包括法国、意大利等国家的一些原文法学资料;有法律专业书籍、法律百科全书以及词典;还有知识产权、产品责任、专家证人等领域的诉讼报告、国家仲裁导报,报道时间范围的商业争端的进度等,可以回溯到 1982 年。

4. 新闻及商业信息

有超过 25000 个新闻和商业来源,实时获取国际性报纸、电视节目、主流通讯社、博客、广播的内容。

(三) 两个数据库收录范围比较

1. 法律法规和案例

Westlaw International 和 Lexis.com 的收录范围都包括美国联邦及各州近 300 年来的法律法规和案例,两个库的法规条文的收录有不同的重点,在具体的法律案例、相关实用指南和注释收录也有不同的地方。Westlaw International 收录了 6 个国家和地区的案例,而 Lexis.com 收录的是 24 个国家和地区的案例,即使是同一地区的案例,有的可能就只被其中的一个库收录。Lexis.com 还收录了由当地法律专家撰写全球 150 多个国家的法律资源,这是在 Westlaw International 中没有的。

2. 二次法律文献资源

这两个数据库都包括了大量的二次法律资源,在收录内容上有相同的地方,据统计,Westlaw International 收录了 1000 多种法学期刊,而 Lexis.com 收录了 900 余种期刊,两种数据库收录期刊大概有 400 余种是相同的。其他二次文献方面,两个数据库都各自收录自己出版公司的出版物。Westlaw International 整合了汤森路透法律信息集团出版和发行的法律方面的著作和文献,例如 West 出版社,ELLIS 等出版社的资源,这些无法通过其他渠道获取,其中 Westlaw International 还独家完整收录了《布莱克法律词典》(第九版)(*Black's Law Dictionary*, 9th)。而 Lexis.com 则收录了 *Mathew Bender*,*Butterworth*、*Martindale－Hubbell* 等法律专业出版物。

二、检索

（一）基本检索页面

1. Westlaw International

Westlaw检索界面全英文显示，在首页上有3个区域，包括工具标签栏、快速检索区和数据库资源区。各个功能区域划分清楚，使用上简单明了。

2. Lexis.com

Lexis.com法律数据库的检索首页上有中文界面，在中文检索页面集中了一些笔记常用的资源，用户可以用此页面进行资源检索，使用比较方便，但注意关键词仍然必须是英文。如果希望查找更全面的法律资料建议仍然使用英文检索界面。Lexis.com的英文检索界面上方有4个功能标签："Search""Get a document""Shepard's"和"More"分别对应于各自的检索内容和方式。

（二）检索途径

1. Westlaw International

Westlaw International提供了多种途径的检索法律资料，主要有主目录检索、目录浏览法、引称检索法、通过数据库唤出和钥匙码检索法。

（1）主目录检索：Westlaw International数据库有27000多个子数据库，这些子数据库在主目录下都可以找到，并且按地域、专业和资源类型进行了分类，因此通过主目录，用户可以查找相应的数据库资源，然后进行下一步的检索。

（2）通过数据库唤出：Westlaw中的27000多个子数据库，每一个都有独特的数据库识别号（Database Identifier），通过输入数据库的识别号来直接查找数据库。

（3）目录浏览法：通过数据库主页的"Table of Contents"标签，依次点击然后浏览数据库资源的方法。该部分内容包括成文法和专著，内容排列是按司法管辖国和地区分类，找到相关资源后，用户可以按照章节目录的结构在线浏览这些著作。

（4）引称检索法：输入已知文件的引称（Citation），可以直接检索出唯一的结果。

（5）钥匙码检索法："钥匙码系统是美国法院系统和West公司共同研

发的一套法律分类系统，该系统将所有的法律分为400多个法律主题，这些主题又被划分为若干个更具体的分主题，每个特定的法律主题都对应着唯一的标识号码，就是 Key Number。"① 每个法律内容都有一个钥匙码对应，Key Number 的利用可以通过主题进行检索，也可以通过钥匙码分类大纲（Key Number Digest Outline）逐级浏览来查询案例。

2. Lexis.com

对 Lexis.com 的检索主要是一般的检索方式（通过"Search"按钮）和 Get a document 进行。

（1）一般的检索方式（主要通过"Search"按钮搜索）。检索过程主要分为确定检索范围（Sources）、进入具体的数据库检索和检索结果的处理。

确定检索范围（Sources）有以下几种方式：

①通过浏览分类目录点击确定：点击导航栏"Search"按钮，会列出各种资源数据库按钮；

②通过"find a source"的方式确定；

③通过"By Topic or Headnot"：已知主题，查找该主题下的相关资料，可用该标签；

④通过常用资源快捷通道（Recently used Sources）确定。

（2）通过 Get a document 检索：点击 Get a documen，可以通过输入引证号查询、当事人名称检和案卷号来迅速找到所需的文档。

（三）检索途径比较

两个数据库的检索途径名称上有所区别，实际操作上比较相似，因为两个法律数据库都包括了大量的文献信息来源，有很多的子数据库，因此在检索的时候大多数都是先确定检索范围，查找和检索目的对应的数据库，然后在相应的数据库里输入检索指令进一步查找信息。例如 Westlaw 里的主目录检索和通过数据库唤出就是通过目录或者数据库识别号找到具体的数据库；Lexis.com 也是先确定检索范围，然后进一步查找，确定检索范围的方式有通过浏览分类目录和通过"find a source"的方式确定检索数据库。具体的查询方式上两个数据库都有通过目录浏览查询和通过引证号查询。当然两个数据库也各有一些有特色检索途径，钥匙码检索法（Key Number）是 Westlaw 的特色检索途径。而 Lexis.com 可以在已知主题情况下点击"By

---

① 范静怡：《美国两大法律数据库检索技术与功能比较分析》，载《图书馆学研究》2011年第14期，第59-65页。

Topic or Headnot"标签,查找该主题下的相关资料的功能也是 Westlaw 所不具备的。

三、检索技术

(一) Westlaw International

Westlaw International 数据库主要提供两种具体的数据库界面检索方式,即术语和连接符语言(Terms and Connectors)检索和自然语言(Natural Language)检索,一些数据库还设有模板检索。

1. 术语和连接符语言

术语(Terms)就是指我们输入的检索词。连接符(Connectors)连接检索词的特点符号。该种方式是指通过连接符连接术语,构建检索式。

表 1 Westlaw 连接算符列表

连接符	作　用
&	两个词必须在同一文件中
Space（空格）	其中一个词在文件中出现
" "	引号中作为词组整体检索
/s	在同一句子中,顺序不固定
+s	在同一句子中,且第一个字词要出现在第二个字词之前
/p	在同一段落中
+p	在同一段落中,且第一个字词要出现在第二个字词之前
/n	两个字词之间间隔最多不超过 n 个字词
+n	第一个字词必须在第二个字词之前,两词相距 n 个词以内
!	字根扩展号,检索不同结尾的字词
*	代替某一个字母
% But not	文件中不可包含%后面的字词
Atleastn ( )	括号中的字词必须在文件中最少出现 n 次(注意:atleast 和 n 之间无空格,且括号中文字不能套用除引号外的其他连接符)
#	用在单数形式的检索词前,使检索结果限制为单数,不包括复数

2. 自然语言(Natural Language)

自然语言就是指普通英语,用户输入一些描述性词语或字句,系统就会按照相关度原则,给出相关文件。

3. 检索字段(Fields)

由于 Westlaw Internationa 数据库的子数据库有 27000 个之多,不同的数据库里文献字段的划分方法是不完全一样的,这个用户使用的时候要注意区分,在期刊论文中,其字段及字段代码为引称(Citation/CI)、序文(Prelim/PR)、标题(Title/TI)、来源(Source/SO)、作者(Author/AU)、正文(Text/TE)。如果输入字段的话,可以用全称也可以用简称,不区分大小写。

(二)Lexis.com

在具体的数据库检索中,Lexis.com 包括术语与连接符检索、自然语言检索、简易检索、检索限定和检索算符 5 种检索方式供使用。

1. 术语与连接符检索

属于精确检索,输入检索词及连接词进行检索。

2. 自然语言检索

指普通英文检索,可以输入任意一段话,系统将自动匹配与此段话相关度最高的文章。

3. 简易检索(Easy Search)

这是类似于 Google、Yahoo 等一般检索引擎。输入研究所需要的检索词,系统根据相关度原则,输出检索结果。对用户要求不高。

4. 检索限定

可以通过子字段限定和日期限定对检索加以限定。子字段(Segment)限定是一种很有效的检索方式。子字段是指 Lexis 中的文档被分割成不同的子字段,子字段通常是文档中的一个自然段落、章节或内容模块。

5. 检索算符

Lexis.com 的检索算符如表 2 所示:

表 2 Lexis.com 的检索算符

连接符	作　用
AND	检索结果中至少包含一个关键词
OR	两个关键词出现在同一文档中,但不限定距离与前后顺序
AND NOT	用以排除随后的关键字,在搜索指令的最后部分使用此连接词

续表2

连接符	作　用
W/n	表示两个概念在同一文件中相邻，相隔不超过 N 个词，顺序可以颠倒。
PRE/n	表示两个概念在同一文件中相邻，相隔不超过 n 个词，顺序不能颠倒
W/p	表示两个概念在同一段落中相邻，顺序可以颠倒
W/seg	表示两个概念在同一子字段中
W/s	表示两个概念在同一句话中相邻，顺序可以颠倒
ALLCAPS	搜索词全部为大写字母
ATLEAST	检索词最少出现的次数
CAPS	有一个或几个大写字母
NOCAPS	没有大写字母
PLURAL	单词的复数形式
SINGULAR	单词的单数形式
*	"＊"号也可用于有限截断，即限定被截断的字母的个数
"!"	右截断，不限定字母个数

（三）检索技术比较

两个库都有术语和连接符语言（Terms and Connectors）和自然语言（Natural Language）检索，在 Westlaw 中的一些数据库还设有模板检索，在 Lexis.com 除了 2 种检索方式以外，还有类似于 Google、Yahoo 等一般检索引擎的简单检索（Easy Search）。在检索中 Lexis.com 中有比较独特的有子字段（Segment）限定，子字段限定特别适用于对已知当事人名字、担任辩护律师的律师或事务所、特定的日期、新闻报道的特定主题、审理该案例的法院、写判决意见的法官和法令的标题、公司的名称、公司或个人的地址等情况。

两个数据库都支持布尔逻辑检索，位置算符、截词检索等，其检索算符有不一样的地方，用户在使用的时候需要注意。

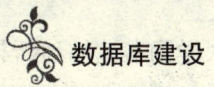

四、特色服务

（一）Westlaw International

1. 布莱克法律字典（Black Law Dictionary）

Westlaw International 独家完整收录了《布莱克法律词典》（第九版）(*Black's Law Dictionary*, 9th)，《布莱克法律词典》是法律界最为权威的法律词典，通过该词典用户可以在线查询法律专业术语。有 3 种途径可以进入布莱克法律词典：通过主目录（Directory）的检索框输入 "Black's Law Dictionary"；通过数据库唤出（Search These Databases），在检索框内直接输入 "BLACKS"，也可以进入该库界面；某些标签中也有布莱克法律字典的超链接，直接点击就可以进入。

2. 关键引用（KeyCite）

关键引用（KeyCite）的功能是判断判例或者成文法是否有效，它通过不同颜色的标志显示，如红旗、黄旗，让用户可以方便地判断一个判例或成文法是否有效。目前适用于美国、澳大利亚、加拿大和中国香港特区的法律资料。通过 KeyCite，用户可以有效查询法律渊源，获悉判例或成文法被引用的状况。KeyCite 除了提供法律文件的历史和相关参考资料之外，还可以根据用户的设置自动追踪某个法律文件的动态情况，即一旦有新文件收录，KeyCite 便可以把这些新文件发送到用户指定的邮箱中去。

（二）Lexis. com

Lexis. com 法律库提供的谢泼德引证（Shepard's Citations）服务，是有 130 多年历史的法律服务系统，因为普通法律系统最重要的原则之一是遵循先例原则，通过谢泼德引证，"用户可以研究判决，掌握案件的发展历程以及原则的变迁。Shepard's 报告可以帮助用户掌握案件、法律有效性"[1]，而且对检索案例相关的一些案件、法律法规、新闻和期刊论文都进行了深入剖析。Shepard's Citations 通过一些符号表示对材料的引证历史和评价，如红色圆形表示"警告，存在负面的评价"，黄色三角表示"注意，可能负面的评价"。

五、检索结果

两个数据库对检索结果的处理功能基本相同，都有题录显示、全文显

---

[1] 王佳：《Westlaw International 用学相长（美国法篇）》，载《法律文献信息与研究》2010 年第 1 期，第 7-8 页。

示、引用列表、检索词在上下文出现的次数相关度演示度排序、二次检索等功能。两个数据库都提供个性化服务功能,可以保存检索历史,邮件订阅和消息提醒。

六、结语

两个数据库是进行法律及其相关领域理论研究和实践工作的重要资源,在收录内容上各有侧重,用户可以根据自己的需要选择加以利用。从检索方式、检索途径上看两个数据库有各自的特点,用户在使用的过程中,应注意加以区别,有不清楚的地方,还可以利用数据库的帮助功能或关注相应的数据库培训活动。

参考文献:

[1] Lexis. com. China [DB/OL]. [2013-2-22]. http://origin-www. lexisnexis. com/ap/auth/.

[2] Westlaw International [DB/OL]. [2013-2-21]. http://international. westlaw. com.

[3] 林丽,卓晓云. Lexis. com 数据库检索方法与技巧 [J]. 图书馆学研究(应用版),2010(08):55-57.

[4] 齐东峰. 国外三大法律数据库内容收录比较及适用范围研究 [J]. 情报杂志,2011(S1):38-40.

[5] 许丽丽. Westlaw 数据库的特色与功能评析 [J]. 情报探索. 2009(04):57-59.

高校机构知识库及其可行性方案设计
——以四川大学为例

胡琳 霍林 邱皓毅

摘　要：本文介绍了机构知识库的概念、作用及国内外发展现状，并以四川大学为例，进行了建库的可行性分析并设计了初步的建设方案。

关键词：机构知识库；高校；建设；方案设计

一、机构知识库及其起源

自20世纪90年代以来，随着出版业各机构不断地兼并和收购，商业出版机构日益垄断期刊市场，大幅度地提高期刊价格，加之图书馆预算经费的同步削减，从而导致科研人员往往难以获得和利用重要的学术信息资源，此即所谓的"学术交流危机"。为了解决这个问题，学术界、图书馆界和出版界共同提出了"开放存取"的出版模式，试图摆脱商业出版者对学术出版的控制，创建一个真正服务于学术的、全新的学术资源交流共享系统，而基于大学的机构知识库是其重要形式之一。

机构知识库（Institutional Repository，简称IR）在国内又被称作学术典藏库、机构库或机构仓储，是储存、组织、保存和提供存取服务的学术型、数字化信息系统，其中的内容由学术机构定义、收集，提供开放式的服务，目的是提高学术机构的透明度和学术成果的使用率。

二、建设大学机构知识库的作用和意义

大学机构知识库主要是用来存储大学师生的具有较高学术价值的学术著作、期刊论文、工作文稿、会议论文、科研数据资料，以及重要学术活动的演示文稿等。大学机构知识库的作用和意义主要有以下4个方面。

从社会的角度来讲，大学机构知识库的建设可以打破商业出版机构对学术文献的垄断，促进隐性知识的共享和利用，促进电子出版（E-Publishing）和开放存取（Open Access）运动。

从学校的角度来讲，大学机构知识库的建设可以永久保存学校的学术成果，可以用以分析和评价学校的研究方向、趋势和结果，可以增强学校的学术影响力，提升学校学术成果的展示度。

从教师和科研人员的角度来讲，大学机构知识库的建设可以展示和永久保存学者的学术成果，方便校内外及国内外同行学者之间的学术交流、评议、知识共享，可以增加学者个人研究成果的可见性，提高论文的引用率。

从图书馆的角度来讲，大学机构知识库的建设可以构筑新的图书馆馆藏体系，提高图书馆的核心竞争力；可以降低购买学术资源的经费，打破商业垄断；可以拓展网络环境下的学术交流渠道和方式，更好地服务于学校的教学、科研和创新活动。

三、国内外机构知识库的发展现状

机构知识库的建设伴随着开放存取运动的发展兴起于20世纪90年代末，2002年11月美国麻省理工学院图书馆和惠普实验室共同开发的Dspace正式面世之后，在全球范围内拉开了大规模建设机构知识库的序幕。截至2012年12月19日，被开放存取知识库名录（The Directory of Open Access Repositories，简称OpenDOAR）收录的知识库已达2253个，其中美国有398个，排名第一，其次是英国、德国和日本（如图1所示）。比较具有代表性的大学机构知识库有麻省理工学院机构知识库（MIT Dspace, http://dspace.mit.edu）、剑桥大学机构知识库（Cambridge Dspace, http://www.dspace.cam.ac.uk）、香港科技大学机构知识库（http://repository.ust.hk）等。

从笔者收集的相关文献来看，中国内地关于机构知识库的研究始于2004年，经过几年来的介绍、研究，已逐渐成为中国内地图书馆学、情报学研究中的一个热点。综合来看，现有的研究主要涉及机构知识库的项目实例研究、内容建设研究、机构知识库建设过程中激励与约束因素研究以及机构存储库的评价研究等。但客观地说，国内机构知识库的实践，尤其是大学机构知识库的发展明显滞后，很多重点高校包括北大、清华目前在实践上仍处于起步阶段。

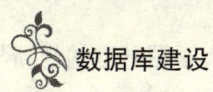

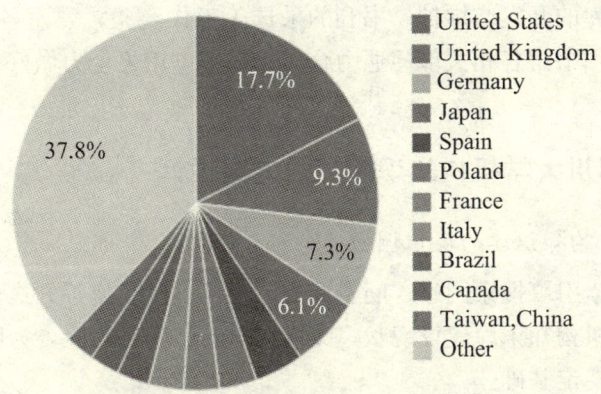

图1 全球范围机构知识库分布

四、四川大学机构知识库建设可行性分析

（一）四川大学知识资源组织情况

四川大学学科门类齐全，覆盖了文、理、工、医、经、管、法、史、哲、农、教共11个门类。师生及科研人员每年取得的科研成果数量不断增加，2011年，SCI收录论文总数2448篇，居全国高校第5位，EI收录论文1489篇，居全国高校第18位，知识资源十分丰富。但同时校内尚无一所学院或研究机构建有免费开放的资源平台供师生获取相关资源，亟待寻求一种合理的资源组织方式和存储系统来保存学校丰富的知识资源。

（二）图书馆作为学校机构知识库创建者的可行性分析

（1）构建大学机构知识库是一项系统工程，也是一个合作性的项目，涉及教学、科研、图书馆等多个部门。从国内外经验来看，80%的机构知识库是由图书馆组织创建的。在我国，高校图书馆也应该是机构知识库建设的积极参与者和领导者。

（2）从技术角度，通过十几年自动化集成管理系统书目数据库的建设及自建特色数据库建设积累的丰富经验，四川大学图书馆在软硬件建设方面已比较成熟，能够提供大学机构知识库建设所需的技术支持，如学术成果收集、元数据标引、数据库建设、数字资源存储与传播等。

（3）从人力资源角度，四川大学机构知识库建设项目组的成员将包括图书馆信息咨询中心、信息技术中心、采访部的负责人，具有信息咨询、学科服务、数据库的开发与维护、书刊的采选等工作经验，熟悉各项业务流程，有条件协调图书馆各相关部门通力合作，竭图书馆之全力做好机构知识库的建设工作。

五、四川大学机构知识库建设方案设计

（一）机构知识库的现状调研

通过搜索引擎搜索网站、问卷调查、现场学习交流等方式充分调研国内外其他大学机构知识库建设现状，吸取、借鉴其先进经验，为四川大学机构知识库建设奠定基础。

（二）机构知识库的宣传推广工作

作为一个新生事物，机构知识库在公众，尤其是教师和科研人员中的认知度太低是制约其发展的最大障碍，我们需要有创造性地在学校内部开展宣传推广工作，以赢得教师和科研人员的理解和支持，提高他们的参与积极性，为机构知识库的建设创造一个良好的外部环境。具体来说，应该首先在争取决策领导者高度重视及政策支持的前提下，深入院系、科研部门，采用举办讲座、论坛，编印机构知识库宣传手册等多种形式广泛宣传推广大学机构知识库，加强教师们的认知度与参与度。

（三）机构知识库涉及的知识产权问题研究

知识产权是限制大学机构知识库建设的一个重要瓶颈，其主要表现在学术成果存入机构知识库系统时涉及的知识产权这个方面。就国外的情况而言，已有越来越多的商业出版者在版权转让协议中允许作者将正式出版物存档在某一公共机构知识库中，但目前国内出版机构的相关政策尚不明朗。我们要依托图书馆采访部，全面了解国内出版机构在版权和作者自我存档权利方面的政策，探讨机构知识库建设涉及版权问题的解决方案，制订相关对策以规避可能的风险。

（四）机构知识库的构建策略研究

机构知识库的构建策略包括内容收集、资源组织、质量控制三个方面。学术成果的收集是大学机构知识库建设最重要的资源基础，直接决定了机构知识库建设的成败。我们需要在全面调研学校的科研现状、各类学术成果的分布状况的基础上，制订合理的收集范围、原则以及一套具有可操作性的、真正行之有效的内容收集方案。配合内容收集策略，采取合理的资源组织方式以优化机构知识库的资源结构，提高检索效率，为用户提供更快捷的服

务。为了保证机构知识库资源的学术质量,需要制订一套严格的质量控制和评价机制。

(五)创建机构知识库平台

依托图书馆信息技术部,购置必要的配套硬件设备,选择适当的开发软件,开发简单易用的机构知识库平台系统,构建合理的机构库知识组织结构和良好的机构知识库标准规范。

(六)建库业务流程设计

在机构知识库建设实践中充分发挥图书馆学科馆员的专业优势,逐渐摸索、总结出一套规范的建库业务流程以指导日常的机构知识库建库工作,以保障机构知识库的可持续发展。

六、结语

大学机构知识库在国内尚属于新生事物,缺少可以直接借鉴的经验,而笔者对四川大学机构知识库建设方案的设计也仅仅停留在初级的理论设想阶段,我们将在实践中不断总结经验,完善建库策略,争取尽快实现四川大学机构知识库的初步建成、上线使用。同时,从长远来看,笔者认为可以发挥四川大学图书馆在西南地区高校图书馆中的带头作用,联合建设区域性的大学机构知识库联盟,这样既能避免重复建设带来的资源浪费,又能最大限度地实现资源的共建共享。

参考文献:

[1] OpenDOAR [DB/OL]. [2010-11-09]. http://www.opendoar.org.

[2] 崔宇红. 任重道远机构知识库的现状 [DB/OL]. [2010-11-09]. http://qhy.cn/bianmu/experience/files/20080425cuiyuhong.ppt.

[3] 陈丽霞. 建立大学的学术机构典藏 [DB/OL]. [2010-11-09]. http://www.lib.stu.edu.cn/accessory/IR_chinese_shantou_2.ppt.

[4] 范亚芳,渠芳. 对我国高校机构知识库建设的几点思考 [J]. 情报杂志,2007(9):132-134.

[5] 胡莹. 简述国内外机构存储库的研究现状 [J]. 高校图书馆工作,2006,26(5):29-32,78.

[6] 李爱国,陆美. 学术图书馆机构知识库的创建 [J]. 图书情报工作,2006,50(6):119-121,140.

[7] 史艳芬,刘玉红. 高校机构库可行性方案研究——以同济大学为例 [J]. 图书

馆杂志,2010,29(9):47-50,41.

[8] 王颖洁. 我国机构知识库模式构建与流程设计[J]. 图书情报工作,2008,52(4):104-107.

[9] 厦门大学学术典藏库[DB/OL]. [2010-11-09]. http://dspace.xmu.edu.cn/dspace.

合理利用 Best Practice 数据库
助力临床思维的培养

张宇 余平静 赵萍

摘 要：本文对 Best Practice 数据库在医学生临床思维形成中的作用进行了探讨。提出 Best Practice 数据库能帮助医学生巩固医学相关知识，还能通过诊断、治疗方案的逐步指导，让医学生在临床实习过程中，主动地参与到临床实践过程中，对于临床实践中遇到的困难和问题能够主动地寻求行之有效的解决方案和医疗证据，并且逐渐形成诊断、治疗、预防、康复的完整的临床决策思维。合理利用 Best Practice 数据库能够帮助医学生培养正确和全面的临床思维。

关键词：Best Practice；循证医学；临床思维；数据库利用

Best Practice（BP）数据库是 BMJ 出版集团推出的循证医学数据库，又称为临床决策信息系统，于 2009 年上线。它在整合了临床证据数据库（BMJ Clinical Evidence）中全部的临床治疗证据的基础上，还增添了由全球知名权威学者和临床专家执笔撰写的，以个体疾病为单位，涵盖基础、预防、诊断、治疗和随访等各关键环节的内容，尤其收录了 1000 多种临床疾病和 10000 多种诊断方法，以及 3000 多项诊断性检测和 4000 余篇诊断和治疗指南，具有较高的参考价值。此外，BP 中还提供了国际公认的药物处方指南、大量的病症彩色图像和数据表格等资料。由于 BP 源于循证医学，专注于临床实践，因此能够快速地帮助临床医生解决临床诊治过程中遇到的各种临床难题和疑惑。目前，在全球范围内，已有 120 万名一线临床医生在使用该数据库，而在国内，就已有 10 万名医学生及临床医生使用该系统。笔者认为，BP 数据库不仅在帮助临床医生解决临床难题上发挥着重要的作用，在医学生临床思维的培养上所能发挥的作用也不可小觑。

一、正确理解临床思维

所谓临床思维,是指训练有素的医师应用科学的、合乎逻辑的思辨方法和程序进行临床推理,根据已知的科学知识和原理,结合患者的临床信息建立诊断和进行鉴别诊断,做出临床决策的过程。从广义的概念来讲,已知的科学知识和原理,除了基础医学和临床医学相关的知识外,还包括自然科学、人文社会科学和行为科学的知识;思维的过程,除了患者的第一手信息外,还应该借助所有可利用的最佳证据和信息,结合病人的家庭与人文背景,将多方面信息进行批判性的分析、综合、类比、判断和鉴别诊断;最终的临床决策,除了疾病的诊断和治疗之外,还应该包括疾病的预防与康复的方案。

由此可见,仅是单纯的认识疾病和判断疾病,做出诊断和治疗并不是完整的临床思维过程。培养正确并且完善的临床思维需要的不仅仅是医学知识的学习、巩固、应用,还应该包括医学实践相关的所有知识的正确的获取,换句话来讲,必须具备一定的医学信息素养。

二、医学生临床思维存在的问题

临床思维是临床医生从事临床实践活动时必须具备的思维方法,临床思维能力是临床诊治水平的重要保证,是鉴别一个医生医疗水平高低的关键。医学生从学习阶段进入临床实习阶段,本来就是一个适应的过程,如果缺乏良好的临床思维习惯,会导致该医学生在很长的一段时间内难以适应新的环境和新的角色。如何将学到的知识转化为能力、转化为临床中提出问题、分析问题、解决问题的技能,是医学教育目前面临的巨大挑战。目前的医学教育过分重视基础和临床理论知识的传授,忽视了临床思维能力的培养,出现了各种各样的问题。

1. 临床思维的懒惰性

传统的灌输式教学方式虽然能在短时间内帮助医学生增加大量知识,但部分学生在接受知识的时候处于被动和不积极的状态,老师讲什么就是什么,缺乏批判性思维,导致思维逐渐变得懒惰。医学生在临床实习的时候,机械的查房—书写病例—再查房,对于临床病例的处理,不会主动地去了解为什么要这样处理,有没有其他的处理方式。老师说什么就是什么,缺乏自己的见解。

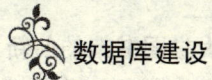

2. 临床思维的混乱性

大多的医学生在临床实习过程中对常见诊疗活动的应对方法普遍存在思维的混乱，缺乏对疾病的深层分析和思考。采集病史的时候，没有条理性和逻辑性，诱因、一般情况、主要症状、发病时间等，多是想到什么就问什么，很容易遗漏一些关键的信息。对于疾病的诊断首先考虑的不是常发病、多发病，反而总是往罕见病、严重病上进行分析。不善于对病情进行动态和全程的观察、归纳和分析，多是看到什么症状就只针对该症状进行孤立思考，让原本可以用一个疾病解释的症状要用两个甚至三个疾病来解释，导致了不必要的误诊。

3. 临床思维的依赖性

现代科技的发展，出现了很多先进的医疗辅助器械，对于医学的发展来说本是好事，然而，一些医学生过度依赖先进仪器的检查结果，忽视传统的物理诊断和常规检查方法，在病人各种生命体征信息、医学检查结果、医学文献出现差异与矛盾的时候，盲目相信先进仪器提供的数据或图像，直接得出疾病的诊断结果，往往导致误诊和误治。

三、利用 Best Practice 数据库培养临床思维

Best Practice 数据库的内容按照统一的结构化显示，界面简洁，用户可以通过多种方式进行浏览或直接通过检索框进行文本检索查找信息。浏览的方式包括：按照疾病浏览病症、按照内容类型（分析和概览或临床分类）浏览病症和按首字母方式浏览全部内容。文本检索的时候使用自然词，不需要运用布尔逻辑运算符进行逻辑组配，检索结果按照相关性排序，允许读者直接访问与检索最相关的内容，结果界面明确列出检索结果的内容类型，可直接使用内容类型标签，优化检索结果，快速访问文章的不同章节。包括首页在内的每个页面的顶端都提供了浏览和检索功能。

1. 病症专题

BP 数据库的病症专题包含了与疾病相关的全部治疗信息，对每一种疾病都提供了标准结构内容（如图 1 所示）：

（1）要点：包括总结和概览。

（2）基础：包括定义、流行病学、病原学、病理生理、分类。

（3）预防：包括一级预防、筛查、二级预防。

（4）诊断：包括病史与检查、实验室检查、鉴别诊断、诊断步骤、诊断标准、诊断指南、病史。

(5) 治疗：包括具体方法、治疗步骤、新疗法、治疗指南、证据。
(6) 随访：包括推荐、并发症、预后。
(7) 参考资料：包括参考文献、图像、网站资源、患者教育、致谢。

精粹	基础	预防	诊断	治疗	随访	文献资料
总结 概览	定义 流行病学 病原学 病理生理 分类	一级预防 筛检 二级预防	病史与检查 实验室检查 鉴别诊断 诊断步骤 诊断标准 诊断指南 病史	具体方法 治疗步骤 新疗法 治疗指南 证据	推荐 并发病 预后	参考文献 图像 网站资源 患者教育 致谢

图 1 Best Practice 疾病标准结构

Best Practice 数据库简单直接的操作界面，可以让医学生主动地去获取自己想要了解的知识，培养医学生学习活动中的主动性，由浅入深，直至全面地了解相关领域的相关主题。每一个章节标题直接点击后都可以获取相关的内容，同时结果页面还可以根据个人需求方便地进行查找、扩展或隐藏文本细节。要点中的概览页提供了疾病诊断与治疗章节中的亮点内容，可以直接点击查看详细的内容。除此在病症专题中，不仅包含了疾病的诊断和治疗，还包括了疾病的预防、康复方面的信息，这些内容对医学生临床思维模式中疾病体系的建立非常有益。

Best Practice 数据库中每一种收录的疾病的诊断与治疗信息简洁明了，医学生可以按照诊断步骤、治疗步骤运用到实际的临床实践中，减少因为临床思维混乱而产生的误诊误治的发生。而治疗中提供的指南包括了国际和地区组织机构的治疗指南，可以有效地帮助医学生拓展临床诊疗思维，提高临床诊疗行为的准确性。

文献资料部分的参考文献提供了文摘或全文的链接，通过这些链接可以直接阅读与证据相关的文献。而图像资料也可以帮助医学生更直观地认识疾病。该部分中的患者教育资料采用的语言通俗易懂，极大地方便了医患间的信息沟通。借助这些资料，也可以让医学生在临床实践过程中更方便的与患者进行交流，构建和谐的医患关系。这也有助于医学生培养自信，更快地适应从医学生到临床实习医生的角色转换。

2. 评估专题

Best Practice 数据库的评估专题主要提供了针对某一临床症状进行分析

和诊断的详细步骤。其页面包括了概览、急诊、诊断和文献资料四个部分（如图2所示）。

概览	急诊	诊断	文献资料
总结 病原学	应急考虑	诊断步骤 鉴别诊断 诊断指南	参考文献 图像 患者教育 致谢

图2　Best Practice 评估专题页面

评估专题概览部分对临床症状的概况和病因学（病原学）进行了描述。急诊部分则列出了与该症状相关的可能的疾病以及紧急考虑给予的治疗方法，通过这部分的内容，可以提高医学生临床思维中急诊疾病诊断的准确性，改善医学生在诊断疾病时对疾病的判断能力。

鉴别诊断内容则可按照疾病发病频率和分类进行排序，点击扩展可链接到鉴别诊断各疾病的附加信息，如病史、实验室检查等。每个临床问题的预测与解答内容按照统一的结构化显示，界面简洁，临床应用性强，能够最大化地保证诊疗效率。对于医学生来说，这部分内容可以有效地帮助他们分析临床所见到的症状，培养系统的临床思维方式，在临床实践的过程中避免见症不见病的情况发生。

参考文献：

[1] 陈文韩，郭剑虹，陈锦生，等．医学生临床思维培养存在的问题与分析 [J]．现代医院，2010，10（3）：118-120．

[2] 黄利川．探讨医学生临床思维中存在的问题与教育对策 [J]．中华全科医学，2008，6（10）：1056-1057．

[3] 黄炯强，雷建，胡明，等．实习医生临床思维中存在的问题和对策探讨 [J]．实用全科医学，2005，3（6）：540．

[4] 何有力．医学生临床思维存在的问题及对策 [J]．卫生职业教育，2001，19（9）：95-95．

[5] 万学红．临床医学导论 [M]．四川大学出版社，2011：195-195．

[6] 魏葆春．医学生临床实习存在的问题及解决对策 [J]．卫生职业教育，2012，30（12）：108-110．

[7] 曾勇，王国民，蔡映云，鲁映青．"临床思维"的理解与培养 [J]．复旦教育论坛，2005，3（1）：90-93．

[8] 曾勇，鲁映青．论临床思维概念 [J]．医学教育探索，2005，4（1）：46-48．

分类编目

九編光石

日文图书编目与回溯建库之思考

——以四川大学图书馆为例

尤蓉锦　张　静

摘　要：本文介绍了日文图书编目和回溯建库工作的具体内容，提出了在实际建库过程中应注意的问题及应采取的措施。

关键词：日文图书编目；回溯建库；文献资源建设

一、引言

随着信息技术的发展，我国高校图书馆不仅实现了中文、西文图书编目自动化，而且建立了网络检索系统。"中国高等教育文献保障系统"（简称CALIS）联合目录数据库的老师经过几年的努力，建成的书目数据已有上百万条，且实现了联机合作编目、远程查询和馆际互借。由于日文属于小语种，其收藏量与中、西文相比较，所占比重很小；加之计算机操作系统字符集、图书馆集成系统等各种原因，日文文献的计算机编目工作一直处于滞后状态，严重影响了日文文献的有效利用，不利于两国在经济贸易和文化交流方面的进一步发展。为了从根本上改变这种状态，提高现有日文文献的利用率，实现日文文献资源的共享，CALIS联机编目中心于2000年开始了日文书目数据库的建设。由于以前图书馆的日文文献是用手工编目的，要实现文献资源的共建共享，首先就必须对本地图书馆的日文文献进行计算机编目。因此，日文图书回溯建库就成为日文书目数据库建设的主要内容。

四川大学图书馆于2006年成为CALIS日文联合目录数据库的成员馆，并派专人参加了CALIS日文联机编业务培训，正式拉开了日文文献标准化著录工作的序幕，同时也将日文图书回溯建库的工作提到了议事日程上来。这一工作的开展使四川大学图书馆日文文献数据得到规范化的管理，并将大大提高日文文献的利用率。笔者结合实际工作对日文图书编目和回溯建库工作的有关问题进行一些探讨。

二、四川大学图书馆日文图书编目及回溯建库

四川大学图书馆（以下称本馆）目前对日文图书进行编目及回溯建库，需要同时使用三个系统，包括：日文联机编目系统、CALIS 联合目录 Z39.50 客户端系统和本馆自动化集成系统。

（一）套录日本源数据

在本馆成为 CALIS 的成员馆后，通过 CALIS 的申请，又成为日本国立情报学研究所（National Institute of Information，简称 NII）联合编目的正式会员。在进行日文文献编目的过程中可到 CALIS 日文联合目录数据库和日本 NII 的"NACSIS-CAT"书目数据库去检索，保障了日文文献编目文字的规范。在 CALIS 联合编目数据库没有检出所需的数据，可利用中国农业大学开发的日文联机编目软件系统，检索"NACSIS-CAT"书目数据库的数据，该系统可把数据源的 JPMARC 格式转换为 CNMARC 格式，并提供 JIS 码以外的 UNICODE、GBK 等字符集的多语种支持，可使编目数据规范统一。对在 NII 检索到的数据，需对照文献实物进行核实，如果完全相同，需添加 690 字段分类号内容，并向 NII 提交馆藏信息，然后再保存数据到 CALIS Z39.50 客户端临时库。

（二）CALIS 联机编目

从 NACSIS-CAT 书目数据库中检出的数据，由于存在 MARC 格式转换的问题，因此需根据 CALIS 日文著录细则进行编辑修改。根据著录规则，通常需要修改的字段和子字段主要有：

010 字段：@aISBN，补充 ISBN（因印刷次数不同，有的图书会增加 ISBN）；@b 限定信息，根据选择的集中著录或分散著录方式，修改或补充限定信息；@d 价格，补充价格（因印刷次数或消费税造成的价格差异，不必修改数据）。

100 字段：出版日期类型，缺省与文献不符，出版年著录错误。

101 字段：@c 原作语种，漏著@c，并且造成指示符错误。

105 字段：@a 根据文献有无图、表以及书目、索引等特征修改缺省，与 215@c、320 对应。

300 字段：将著录为参考文献、索引的 300 字段改为 320 字段。

423字段：@17xx，确认7xx字段的连接是否正确。

606字段：@j，@x，@y，@z增加复分子字段标识符。

606改607：将606中的地理名称主题，改为607字段，同时指示符"0#"改为"##"。

606改600：人名主题，应改为600字段，指示符改为"#0"。

701、702字段：责任者名称为倒序，指示符改为"#1"。

对于未套录到的数据，则回到本地集成系统，按照文献实物进行原始编目。编辑完成后，再从本地集成系统导入到CALISZ 39.50客户端，向CALIS日文库提交原始书目数据，或直接在CALISZ 39.50客户端编辑完成后，向CALIS日文库提交原始书目数据，然后再将数据导出临时库，转入本馆集成系统。

（三）创建本馆日文书目数据库

在对日文文献进行编目时，首先从本馆自动化系统中检索CALIS联合目录库的数据，如数据检索命中或由CALISZ 39.50转入本馆集成系统后的数据，需增加馆藏信息，例如，增加905字段馆藏项、增加馆藏代码、分配索书号等，从而创建本馆的日文书目数据库。

三、四川大学图书馆日文文献回溯建库流程

1. 贴条形码

条形码是图书馆自动化管理中的重要信息之一，本馆采用标准码前冠大写英文字母"J"，以此作为语种区别。

2. 编目建库

本馆从2005年开始正式使用ALEPH 500集成管理系统。（1）首先可直接在该系统中查找CALIS联合目录库中的日文数据，如果有命中记录，则直接下载、覆盖到本地库，然后添加馆藏信息，最后提交馆藏信息到CALIS联合目录数据库。（2）如果没有命中记录，则需到日文联机编目客户端，检索NACSIS－CAT数据，如果命中，系统自动下载并转换为CNMARC格式，然后核实数据、增加690字段，然后向NACSIS-CAT提交馆藏并保存数据到CALIS客户端临时库，再由CALIS客户端临时库导入本地集成系统，根据著录规则修改记录和补充馆藏信息，再将修改编辑后的数据提交到CALIS联合目录数据库。（3）如果没有命中记录，则需按照日文普通图书著录规则，编制新的书目记录并向CALIS联合目录数据库提交原始编目数据。

书目数据的格式采用 CNMARC 格式著录，各字段内容如下：

001 书目控制号

010 国际标准书号 @a 为 ISBN 号，@b 为装帧形式，@d 为文献价格

100 一般处理数据 @a

101 文献语种 @ajpn

102 出版/制作国别 @aJP

105 编码数据（图书）@a

106 编码数据（文字资料形态特征）@a

200 题名与责任说明项 @a 正题名，@b 一般资料标识，@c 另一著者的正名题 @d 并列题名，@e 副题名及其他题名信息，@f 第一责任说明，@g 其余责任说明，@h 分辑号，@i 分辑名，@z 并列题名语种，@v 卷标志，@A 正题名的假名注音

205 版本项 @a 版次

210 出版发行项 @a 出版发行地，@c 出版者或发行者，@d 出版或发行日期

215 载体形态项 @a 页数或/和卷册数及与图书文字不连续编码的图版的页数，@c 其他形态细节，与 105 字段 0~3 字符位图表代码对应@d 文献尺寸，@e 附件

225 丛编项 @a 丛编名，@A 丛编名假名注音，@h 分辑号，@i 分辑名

300 一般性附注 @a 附注内容

320 内部书目/索引附注，必须与 105 字段的内容特征代码"a"和索引指示符"1"匹配

324 原作版本附注 @a 附注内容，记录在编文献的原作信息（当编目文献为复制品，并有原作信息时启用）

327 内容附注 @a 附注内容，记录在编文献的内部子目或者是集中著录多卷集的分卷内容，并在 517 字段提供附注的题名检索点

328 学位论文附注 @a 附注内容，记录所授予学位和学位授予机构的信息，与 105 字段内容特征代码"m"匹配

4×× 连接字段@1 连接数据，用于嵌套被连文献的相关字段及其内容

500 统一题名 @a 统一题名，@m 作品语种，记录在编文献的语种

(不是语种代码),@A 统一题名假名注音

510　并列正题名　@a 并列题名,@e 其他题名信息,@z 并列题名语种

512　封面题名　@a 封面题名,@e 其他题名信息,@A 封面题名的假名注音

513　附加题名页题名　@a 附加题名页的题名,@e 其他题名信息,@z 附加题名页题名语种,@A 附加题名页题名的假名注音

516　书脊题名　@a 书脊题名,@e 其他题名信息,@A 书脊题名的假名注音

517　其他题名　@a 其他题名,@e 其他题名信息,@A 其他题名的假名注音

600　个人名称主题　@a 个人名称的规范形式,与70X字段的个人名称规范形式保持一致,@b 名称的其余部分,@f 主题人物的生卒年,@2 主题标引体系,记录主题标引体系的代码,@A 主题人名的假名注音

601　团体名称主题　@a 团体名称,与71X字段团体名称规范形式保持一致,@b 从属的团体名称,@d 会议届次,@e 会议地点,@f 会议日期,@2 主题标引体系,@A 团体名称主题的假名注音,@B 丛属团体名称的假名注音

606　论题主题　@a 款目要素,@x 论题复分,@y 地理复分,@z 年代复分,@2 主题标引体系,记录所用主题标引体系的代码,日文图书主题标引一般用《国立国会図書館件名標目表》@A 款目要素的假名注音

607　地理名称主题　@a 地理名称（规范标目系统规定的地理名称）,@x 论题复分,@y 地理复分,@z 年代复分,@j 形式复分,@2 主题标引体系,记录所用主题标引体系的代码,@A 地理名称（规范标目系统规定的地理名称）的假名注音

686　其他分类法号　@a 分类号（记录日本十进分类号或国立国会图书馆分类号,仅适用于套录日本数据源中的保留内容）,@2 分类体系,记录分类体系代码及其版次

690　中国图书馆分类号　@a 中图法分类号,@v 分类法版次

701　等同责任者个人名称　@a 个人名称,@b 名称的其余部分（当名称以倒序方式著录时）,@f 个人名称的生卒年,@A 责任者的假名注音,@4 责任方式

702　次要责任者个人名称　@a 个人名称,@b 名称的其余部分（当名称以倒序方式著录时）,@f 个人名称的生卒年,@A 责任者的假名注音,

@4 责任方式

711 团体责任者 @a 团体名称，记录负主要责任的团体名称标目@4 责任方式团体名称的假名注音

712 团体责任者 @a 团体名称/会议名称，记录负次要责任的团体名称标目/会议名称，@d 会议届次，记录用序数词表示的会议届次，著录格式为：@d（会议届次：@f 会议时间：@e 会议地点），@e 会议地点，@f 会议日期，@4 责任方式，@A 团体名称/会议名称的假名注音

801 记录来源 @a 国家代码，@b 机构代码

905 馆藏信息@a 馆藏代码@s 索书号

3. 校对、修改、审校

对套录和原始编目的每条书目数据，逐条进行认真地校对和修改，以保证书目数据的质量。

四、回溯建库应注意的问题及采取的措施

在日文文献分编工作中，由于日义的文字、读音以及日文文献记载形式等客观因素，影响了日文文献分编工作的质量。下面就本馆日文文献的回溯建库工作应注意的问题及采取的措施做简要的分析探讨。

（一）采用规范的日本文字著录

日本汉字看似和中国汉字差不多，人们以为一看便能懂。但实际上日本汉字具有汉字的特殊性，不能望文生义。许多看似相同的汉字，实际上意思是完全不同的。如日文的"勉强"是"学习"的意思，而不是中文的"勉强"意思；日文的"走"是"跑"的意思，而不是中文的"走"的意思等。

另外，日语中有许多相同的汉字却有多种读音，例如："日本"可以读成"にほん"、"にっぽん"；姓"神代"，可读成为"かくみ"、"かしろ"、"かみくみ"等。由此可见，对于日本汉字一字多音，特别是日本人姓名和中国人姓名日译读音的多样性特点，严重影响了日文文献数据库的质量。日文文献的回溯建库是实现图书馆日文文献自动化的关键，它的质量好坏直接关系到日文文献的共知、共建、共享以及图书馆自动化、网络化的水平和服务质量。因此笔者认为，著录所用的汉字必须是以1981年日本政府公布的《常用汉字表》中的现行汉字为著录规范。

（二）按照日文文献著录规则著录

本馆在加入CALIS日文联合目录数据库的成员馆之前，对日文文献的

著录是按照中文的著录规则著录的，存在着许多局限性，不仅不能有效地揭示日文文献特征，甚至还存在着许多错误。笔者认为，应按照《CALIS联合目录日文联机编目工作手册》对日文文献进行著录。该手册由CALIS联合目录日文书目数据库建设项目组编写，是目前我国比较有权威性的一部日文文献著录规则手册。该手册对日文图书著录、主题标引等都作了比较详细、明确的规定，为CALIS成员馆日文文献编目提供了一个较好的依据。

（三）拥有较高水平的日文编目员

在日文书目数据库建设中，编目人员除了需要具备编目员应有的业务水平外，还需要具有一定的日语水平。只有这样，才能保证在日文文献编目中及时发现错误用字，正确使用日本文字，才能准确无误地做好日文文献的分类、标引和著录工作，从而保证日文图书书目数据库的质量。

参考文献：

[1] CALIS日文联合目录日文书目数据库建设项目组. CALIS联合目录日文联机编目工作手册 [M]. 北京：CALIS日文联合目录日文书目数据库建设项目组，2006：10.

[2] 陈登岳. 怎样分编日文文献 [J]. 图书馆界，2008（03）：71-75.

[3] 刘哲，郭宁. 日文文献书目数据回溯建库中的问题和措施 [J]. 山东图书馆季刊，2005（03）：43-44；65.

[4] 尤蓉锦. 日文图书目录规则的规范化与标准化 [J]. 四川图书馆学报，1997（03）：71-75.

[5] 尤冬青. NII与建立日文文献书目数据库 [J]. 图书馆界，2006（2）：28；31；43.

谈规范我国出版西文图书归属问题的具体策略
——以四川大学图书馆为例

王瑞荣

摘 要：国内出版西文图书的编目归属，即入库原则，目前仍没有相应的细化标准来规范此类图书的归属认定。在简要分析图书归属问题的原因和现状的基础上，作者指出，通过工作中对图书归属案例的记录积累、整理和分类，建立规范本馆此类图书归属的一些细则和具体措施，才是不断规范和改善图书归属混乱状况的有效对策。

关键词：西文图书；归属；细则；CALIS 联合目录数据库

随着出版市场的不断繁荣，我国图书出版的内容和形式日趋丰富和多样化。国内出版的西文图书的品种和数量也不断增加。由于国内出版西文图书在内容和形式上具有一定的特殊性和复杂性，一直以来，对于国内出版西文图书的著录归属（本文简称为"图书归属"），即究竟是归属至中文图书还是西文图书，采取何种图书著录格式进行著录和入藏，各编目机构或人员存在着不同的判断，因此图书归属不一致的情况一直存在。

一、图书归属问题存在的原因和现状

（一）图书归属问题存在的原因

笔者曾在《国内出版西文图书编目归属问题探讨》一文中，对造成目前图书归属混乱的原因进行过探讨。图书归属问题一直存在的主要原因有以下4点：

1. 图书本身的出版形态具有复杂性

此类图书的正文内容为西文或以西文为主，有少许中文内容，如带有部分中文注释等；正文内容本身就是中西文兼而有之。图书的外部出版特征也

有一定的迷惑性,例如有与中文图书特征极其相似的中文题名信息(如并列中文题名)、中文目录信息等,使得这类图书的归属比较难以甄别和判断。

2. 各个图书馆的入藏惯例和要求不尽相同

目前,国内没有关于国内出版西文图书归属的硬性标准和细化要求,各图书馆都是按各自的惯例来执行的。例如,有的图书馆根据本馆的入藏规定,将国内出版的西文图书全部作为中文图书来处理。

3. 人为因素

由于有没有明确的归属标准可以遵循,加之图书形态的复杂性,编目员在进行图书的归属判断时常常感觉障碍重重,有时也会因编目员的个人判断而导致对此类图书的归属产生不一致的判断和决定。

4. 现有规定存在的不足

现有的解决图书归属的相关规定存在一定的问题和不足,缺乏指导性,实际编目过程中遇到的归属问题难以轻易判清辨明。

(二)图书归属问题的现状

目前,大多数图书馆沿袭自己图书馆的历史惯例和要求,故有时违背了CALIS联合目录数据库的基本标准和要求,导致联合目录数据库中出现图书归属不一,导致"一书二入",同时,给其他成员馆判定这类图书的归属问题制造困惑;还有的图书馆对此类图书的归属无明确规定,无疑更会导致本馆图书归属的混乱和随意。

目前,各图书馆也有各自图书馆对此类图书归属的判断标准,但并没有专门的细则规定来约束,存在着同类型的图书,因不同编目员的判断,书的归属就不同的问题,随意性较大。同时,CALIS对国内出版的西文文献做了一系列的归属规定,使得很多图书馆在此类图书的归属问题上有了一定的依据和标准,起到了一定的指导作用。但有些规定还比较笼统,在具体实施中有不少问题。有的规定本身就不是特别严格,执行起来就会产生混乱。例如,CALIS对国内出版的某些类型的西文图书,如双语教材等其他相关的国内出版物尚未做出详细明文规定,要求各成员馆按各馆要求来执行。同时,CALIS就成员馆提出的某些疑难图书的界定归属问题,界定标准也比较模糊。由于缺乏明确而严格的统一标准,无法从根源上解决图书归属上"一书二入"的问题。

二、建立本馆图书归属细则和具体操作标准的意义

鉴于目前CALIS联合编目体系和各图书馆在此类图书归属问题上,现

有的相关规定或约定比较粗浅、宽泛，有时在实际工作中难以操作，还缺乏严格的图书归属细化标准，因此，当前图书归属问题混乱的情况没有根本改观。要彻底解决图书归属存在的问题，应从制定细化的规范条款和具体实施细则上着手。遵循编目的相关著录标准，依据 CALIS 相关规定的要求，制定各图书馆自己的归属细则和具体操作标准，以保持各自图书馆图书归属的一致性和延续性就显得更为重要。

  国内出版的西文图书，尤其这类图书本身的复杂性，其归属究竟应入中文库还是西文库，不同的编目员在判断上有所不同。碰到此类图书，经常需要花精力进行图书的甄别和判断，势必浪费时间和人力。制定一个规范的本馆图书归属的标准和细则，才能保证本馆此类图书著录标准的一致性，使本馆此类图书的归属入库做到有据可查，从而保持工作的历史延续性。就四川大学图书馆而言，笔者以为：应在现有 CALIS 之归属标准和规定的基础上，就我馆某些归属容易混乱的图书、某些 CALIS 标准和规定还不能囊括的图书进行收集、积累和总结梳理，建立起我馆疑难图书的归属档案，并不断完善，从而进一步形成我馆的图书归属细则。通过执行此细则，保证图书归属工作的前后一致性，杜绝随意，保持工作上的延续、规范和科学发展。

三、建立四川大学图书馆归属细则和具体操作标准的具体策略

1. 记录和积累本馆图书归属存在的问题

  针对图书归属问题，虽然各个图书馆有自己的判定标准，CALIS 联合目录也有一定的规定，但"一书二入"、模棱两可的情况经常出现。图书馆入藏的同类型图书，前后入藏的去向不一，混乱不堪。我馆也同样存在着入藏图书标准选取不一致的问题。例如，曾出现某图书在中文库，而其配套使用的图书却在外文库的情况，造成读者使用上的不便，大大降低了图书的利用价值。近两年，笔者基于我馆编目实践和 CALIS 现有的一些规定，对我馆此类图书的归属进行了跟踪，对有归属疑问和存在不一致的情况（即与本馆历史馆藏是否一致，与 CALIS 联合目录的归属是否一致）进行了记录和积累。主要记录以下信息：该类图书的主要内容和形式特征、CALIS 联合目录中该图书的归属状况（注：主要记录在 CALIS 联合目录中存在两种归属的图书）。将有归属疑问的图书不断积累起来，方便下一步对我馆的图书归属问题进行梳理。

2. 对有归属问题的图书类型进行梳理和分类

  在对容易出现归属混乱的若干图书类型进行积累的基础上，根据图书的

内容和形式等特征,对搜集的图书案例进行分析整理,分门别类地按图书内容罗列出一系列图书的类型,然后再对各种类型进行细分,并给出图书案例。通过对我馆情况的梳理,整理出若干主要类型。如文学作品类、外文语言学习类、文化类、其他专业的英语类读物或教材等一级图书类型。再根据某一类型图书的具体情况再行细分,例如,在"文学作品类"下面再列出不同归属去向的图书子类别。这样梳理之后,图书归属就比较清晰,方便日后在做图书归属判断时随时备查。

3. 确定各图书类型的归属去向,形成本馆图书归属的操作标准和细则

对这些图书类型的梳理分类完毕之后,然后分析本馆历年入藏的此类型图书的入藏标准和CALIS的标准,对容易造成不一致的情况进行判断和修正完善,针对某些图书类型的归属疑难问题,结合本馆实际做出一些硬性规定。针对每一类别图书,确定图书的归属去向,并进行标注,这样,就形成了图书归属的档案,方便以后进行图书归属判断时有备案可查,保持本馆图书归属去向的规范性和一致性。不断整理和完善的图书归属档案,实际就成为了本馆判断此类图书归属的基本标准和细则。

图书归属的基本标准和细则的建立和完善,不但使本馆的图书归属有据可查,可操作性更强,而且能有效避免因人为判断造成的偏差,避免因CALIS成员馆入藏不一致所带来的困扰,能够保持本馆图书入藏标准的连贯性。各图书馆在建立归属档案和操作细则的过程中,针对CALIS数据库中存在的不同成员馆同类图书存在不同归属的情况提出建议,必将不断促进联合目录数据的各项标准不断向规范性、一致性和标准化迈进。

参考文献:

[1] CALIS管理中心联合目录部. CALIS西文重印版图书著录要点 [Z]. 2002.5.

[2] CALIS联机合作编目中心中西文文献界定原则 [Z]. 2006.

[3] 陈利. 浅谈中西文图书的界定方法 [J]. 图书馆论坛, 2007 (2): 137-138转102.

[4] 王瑞荣. 国内出版西文图书编目归属问题探讨 [A]. 数字时代图书馆建设的理论与实践, 2010: 39-41.

读者工作

唐詩名句賞析

高校图书馆基础服务弱化趋势与突围发展

刘裴裴　李荣慧

摘　要：本文回顾了高校图书馆业务重心的变化，指出基础服务存在不断弱化的趋势。基础服务要树立平等服务、以人为本的信念；以创新服务迎接挑战；加强管理，提升工作人员素质，才能为读者提供优质、高效、专业的服务，实现基础服务的突围式发展。

关键词：高校图书馆；基础服务；弱化趋势

2008年2月15日，中国图书馆学会七届四次理事会通过了"图书馆服务宣言"。宣言明确提出了"平等服务、以人为本的基本原则"，要求"以服务创新应对时代的挑战"，从而为读者提供"优质、高效、专业的服务"。[①]"图书馆服务宣言"将图书馆人多年来的探索和基本理念以服务承诺的方式固定下来，成为审视高校图书馆基础服务工作的重要标尺。

一、高校图书馆业务重心变化与基础服务弱化趋势

（一）高校图书馆业务重心变化

高校图书馆发展至今，其业务重心发生了三次变化。20世纪90年代以前，高校图书馆以纸质文献为主要收藏对象。纸本文献的收集整理、加工分类、标引编目等共同构成了图书馆主要业务的链条。其中，采编起到了重要的作用，成为当时的业务重心。20世纪90年代以后，随着自动化技术及信息技术的发展，自动化管理进入图书馆业务视野，对图书馆工作产生了前所未有的影响。自动化工作取代采编工作成为业务重心。进入21世纪以后，

[①]《践行〈图书馆服务宣言〉推动图书馆事业发展》，2009年1月5日，http://www.lsc.org.cn/CN/News/2009-01/EnableSite_ReadNews167827711231084800.html，2013年2月26日。

信息化时代全面到来,图书馆被推向数字化与网络化的新境地。参考咨询、多元载体文献提供及提供保障的技术支持成为新的业务重点。

(二)高校图书馆基础服务工作的弱化

业务重心总以人才聚集、资源聚集的方式存在。相对而言,业务重心以外的其他业务工作就存在弱化趋势。特别是阅览、流通等基础服务工作,被认为知识和技术含量都较低,因而其弱化趋势越来越明显。图书馆新进的高学历人才大部分都进入了参考咨询部门或技术部,而基础服务部门中临退职工比例不断增加,各种资源也不断向参考部咨询部或技术部门聚集,同时,对基础服务的相关研究也逐渐减少。这些现象在高校图书馆中屡见不鲜,成为了不可回避的问题。高校图书馆基础服务工作陷入了不断弱化的"怪圈"。与此同时,读者对基础服务的要求却在不断提高。

二、高校图书馆基础服务工作的重要性

(一)图书馆文化传承功能实现的重要方式

造纸术发明以来,纸质文献就承担了保存人类文明的重任。基础服务部门保存纸质文献资源,为读者提供纸质文献借阅服务,从而成为图书馆实现文化传承功能的重要方式。同时,纸质文献资源也是人文素质教育的重要资源。

(二)与读者密切沟通的重要途径

基础服务部是高校图书馆读者服务的首要窗口,是广大师生了解、认识图书馆的主要途径之一;读者对图书馆形成的第一印象与基础服务部门密切相关。同时,基础服务部门与读者直接联系,面对面沟通,在读者与图书馆之间起着桥梁、纽带作用。基础服务的好坏,直接影响到读者对图书馆的评价。

(三)满足读者资源需求的重要保障

多年的发展使纸质文献资源成为馆藏资源的重要组成部分。纸质文献资源为教学科研提供了不可缺少的文献保障。近年来,电子文献资源发展迅速,分流了纸质文献资源的使用量。但绝大部分读者仍然保留了纸质文献资源的使用习惯。纸质文献,特别是纸质图书仍是他们的第一选择。以四川大学图书馆为例,2011年纸本图书借还量200万册次。2012年为171万册次。虽然我馆纸本图书借还量呈下降趋势,但仍维持在一个较高值,而读者对纸质图书的使用习惯将长期存在。

三、高校图书馆基础服务突围发展

目前,对高校图书馆基础服务而言,日益显著的弱化趋势是一种隐性危机,如同温水煮青蛙一般,这种危机初期没有剧烈的动荡感,若遵循旧业,工作仍可日复一日,安稳度日,但外在环境和随之而来的读者需求却已经发生了巨大的变化。对此,图书馆界已敏锐感知并积极应对。数字图书馆迅速发展,数据挖掘、云计算等新技术加入图书馆应用,移动服务平台大大拓展了图书馆服务,知识发现揭示资源利用……高校图书馆正在经历一次与时俱进的事业发展高峰期。基础服务如果不能融入其中,其弱化趋势必然不断加剧,发展前景十分堪忧。因此,寻求一次"突围"式发展势在必行。

(一)树立"平等服务、以人为本"的信念

在"图书馆学四定理"中,程焕文教授提出了"用户永远都是正确的"。此观点一出,就引起了大量讨论。针对人们的疑惑,程焕文教授特别指出,"用户永远都是正确的"是作为信念而存在和加以理解的。所谓信念,为自身确信的看法。"当一种信念成为一个行业的理念时,它就会成为'信条'(信守的准则),并被业内'信奉'(信仰并崇奉,或者相信并奉行),进而成为达成目标和实现理想的前提"。[①]

在提到基础服务时,"读者第一""读者至上"常与之伴随出现。这些说法描述了基础服务对读者的重视,但并未指出如何实现,因而略显空泛。基础服务缺乏一种明确的信念作为引导。"平等服务、以人为本"鲜明地指出了基础服务工作人员内心应该遵循的准则和工作行为方式,同时也是对"读者第一"的具体诠释。

"平等服务"指向读者提供平等的服务。体现在高校图书馆基础服务中,可以用"读者视角"的方式加以解读。读者视角要求基础服务工作人员转换身份认知,以读者的视野去观察、选择、体验、评价、要求基础服务各环节。在这个过程中,工作人员可以实现对读者各种身份的认同。无论读者是资深教授或大一新生,工作人员都不会进行身份区分,从而避免了差别服务。"以人为本"指对读者的重视。在高校图书馆基础服务中,可以说明为"以读者需求为本"。"图书馆服务宣言"也指出,"以读者需求为一切工作的

---

① 程焕文:《用户永远都是正确的》,载《图书情报知识》2007 年第 1 期。

出发点"①。读者需求不仅指文献需求,还包含情感需求。基础服务工作人员应熟知读者需求及其变化,并加以积极回应。开展人性化的服务,将繁琐的工作流程隐于幕后,减少对读者的各种限制,满足读者的多种需求。"平等服务""以人为本"相辅相成,共同构成基础服务工作者的职业信念。

(二)以创新服务迎接挑战

弱化趋势为高校图书馆基础服务敲响了警钟,不进则退的挑战关乎其生存和发展。"简单借还"是对基础服务工作的常见误解,也从一个侧面反映了基础服务缺乏创新的现状。创新服务是基础服务部门融入高校图书馆事业发展、迎接挑战的最佳方式。多部门协作已经成为高校图书馆服务的特点。以往部门间的业务界限不再泾渭分明。基础服务在进行服务创新时,要拓展思路,不能仅限于本部门的常规工作。

1. 资源推介

文献资源和服务资源是高校图书馆服务于人才培养的重要保障。如何将资源和服务全面、有效地展示出来,是高校图书馆的工作重心。基础服务部门读者流量大,是进行资源推介的优质场所。对于文献资源,可在出纳台、基础服务部门进出口等区域展示到馆新书信息、增订和停订纸质期刊目录、最新电子资源介绍等。同时可设新书、新刊展架,集中展示,方便读者借阅。还可进行针对性文献推介。四川大学图书馆江安分馆就专门为新生制作了《四川大学学生应读书书目(100本)》,并每周推荐一本好书,在读者借阅区大屏幕上滚动播放。对于馆内各种服务,可制作服务指南,进行展示和资料分发。

2. 引导培训

纸质资源和电子资源共同组成了图书馆文献资源,单一地使用其中一种资源都不能完整地获取文献资料。基础服务部门直接面对读者,可通过现场解答的方式进行引导。以便在复本限制、购买限制、馆藏地限制的情况下,馆藏纸本不能满足需要时,读者能转向查询电子资源,从而养成纸质资源和电子资源互为补充的资源利用习惯。

读者培训常以参考咨询部门工作人员为主。实际上,基础服务部门工作人员由于长期、大量接触读者,了解各类读者的特点及需求,清楚资源、服务利用实践环节易发问题及解决方法,能进行更有针对性地讲解和指导。如

---

① 《践行〈图书馆服务宣言〉推动图书馆事业发展》,2009年1月5日,http://www.lsc.org.cn/CN/News/2009-01/EnableSite_ReadNews167827711231084800.html,2013年2月26日。

新生入馆培训、中外文图书及中外文期刊数据库使用培训等。

3. 互动沟通

网络时代的来临深刻影响了图书馆服务的理念和方式，也为图书馆和读者间的沟通提供了多种方式。除了和读者面对面交流外，基础服务工作人员还可以利用QQ、微博、人人网、豆瓣网等与读者进行互动。它们拥有相对成熟的技术、稳定的服务，在读者中使用者众多，信息发布模式便捷，互动性强。可用于宣传资源与服务、解答各种咨询、收集读者建议与意见。同时，还可拓展基础服务的时间。

4. IC（信息共享）空间构建

从空间上来说，基础服务部门占据了图书馆的绝大部分。在这个空间里，不仅要为读者提供传统的借阅服务，还应该致力于信息共享空间的构建。例如利用绿色植物美化环境，精选名言名画营造文化氛围；调整馆舍布局、资源分布，设置读者研讨专用区域；工作人员隐于幕后，把空间最大程度让位给读者；覆盖无线网络，放置多媒体及PC设备；提供文献借阅、电子资源查询、参考咨询的一站式整体服务等。

（三）加强管理，提升工作人员素质

由于历史原因，基础服务工作人员在年龄、学历等方面都与参考咨询、信息技术等部门存有差距。其自我定位和职业期待相对消极。要想真正树立"平等服务、以人为本"的职业信念，以创新服务迎接挑战，就要加强管理，提升工作人员素质。

1. 规范化管理

针对服务，规范化可以使基础服务保持整体性、统一性和连续性。在基础服务中应明确服务细则，规范流程，细化到点。包括服务行为、技术规范等内容。针对人员，规范化可使职责明晰、考核定量化。包括岗位职责、考核办法等内容。制定相关规章制度并根据服务环境的变化加以补充，可帮助工作人员形成习惯性规范工作行为，明确工作职责，适应环境变化。

2. 提高业务素质，鼓励创新

在基础服务弱化的"怪圈"中，基础服务工作人员一个突出的表现就是自我定位过低，从而影响了工作的积极性与创造性。应鼓励基础服务工作人员参与馆内各种资源宣传、技术应用讲座，创造机会为其提供各种馆内外交流学习机会，拓展其业务视野。部门内部可组织定期业务学习，专门针对各种创新服务和日常服务中遇到的问题进行案例分析，剖析处理得当的案例，可提高工作人员深层次服务和处理问题的能力。同时，基础服务工作人员最为熟悉读者服务一线工作,提出的工作新方法往往针对性、操作性都很强。提高工作人员的业务素质,鼓励创新,有利于提升其自我定位,获取职业自信。

3. 整合人力资源,充实基础服务工作

法国里昂图书馆将16位参考馆员全部分布在阅览区一线,直接为读者提供知识导航服务。读者在法国国家图书馆、巴黎蓬皮社文化中心图书馆、罗马意大利国家图书馆的阅览区也可以十分方便地找到参考咨询馆员。实际上,基础服务是读者最为密集的场所,把经验丰富、业务素质过硬的馆员流动到服务一线,可以零距离为读者提供深层次的咨询服务。2011年,四川大学图书馆聘岗时,就专门为流通部设置了高级别的主岗岗位。吸引了拥有副高职称、在信息咨询部工作多年的老师到流通服务一线工作,大大提升了该部门的服务水平。同时,也对其他工作人员起到积极的正面示范作用。

弱化趋势对基础服务既是一次挑战,也是融入高校图书馆事业发展的契机。职业信念指引服务理念,创新服务注入新活力,人员素质的提升是两者实现的保障。"突围"之后,基础服务将获得更为广阔的发展空间。

参考文献:

[1] 龚景兴. 核心业务的迷途与图书馆基础服务弱化走向 [J]. 图书馆建设,2008 (10):40-43.

[2] 程焕文. 用户永远都是正确的 [J]. 图书情报知识,2007 (01):6-8.

[3] 章素洁. 读者服务工作规范化浅谈 [J]. 图书馆理论与实践,2010 (06):92-94.

[4] 王世伟. 法国公共图书馆的参考咨询馆员制度——访欧札记之二 [J]. 图书馆杂志,2002 (10):64-65.

浅析高校图书馆服务及形象提升

刘振娅　李丽娜

摘　要：信息时代的飞速发展带来了读者需求的新变化，高校图书馆传统服务方式、馆员队伍的整体技术素养及服务意识远远不能满足这种变化的要求。信息渠道的多元化给高校图书馆带来了新的挑战，为了自身的发展，高校图书馆必须进行各种服务改善，其中馆员专业素养的提升是至关重要的。

关键词：高校图书馆；读者需求；馆员素养；服务

任何事物都是在矛盾中发展的，高校图书馆亦如此。在从传统借阅式服务到现代一站式服务发展过程中，图书馆矛盾的核心一直存在于提供的服务和读者需求之间。读者是图书馆的生存之本，图书馆的一切工作都是围绕读者展开的，读者的期望和需求是否得到满足，是衡量图书馆服务工作的主要标准。

一、新时期读者的需求与图书馆服务间的矛盾

现代网络技术的突飞猛进，使得读者不仅可以通过"实体图书馆"来获取知识资源信息，也可以通过网络上的"虚拟图书馆"得到所需文献资料，出现了馆藏资源与数字化资源共存的新局面，读者获取信息途径呈现了多元化，读者的需求也发生了变化，要求实体图书馆也要像虚拟图书馆及其他网络途径一样快捷、方便、自由且信息内容更新迅速。近几年来，高校图书馆无论是从内部管理方面还是在外部环境上都有所变化，但仍无法满足读者的需求。如今，高校图书馆面临着几个亟待解决的问题。

（1）无论纸质资源或电子资源利用率都很低。很多高校普遍反映，有的学生大学几年竟然对本校图书馆的格局还不清楚，很多读者对图书馆馆藏纸本资源不了解。对电子资源更是陌生，不知道怎么高效利用。致使高校图书

馆纸本阅览室沦为自习室，电子阅览室沦为网吧。很多来咨询的同学表示不知道怎么使用图书馆资源，经过指导获悉图书馆藏有这么丰富庞大的资源后非常惊喜。可见读者对图书馆馆藏资源不了解，不熟悉，从图书馆获取信息能力差，已经成为读者利用图书馆的主要障碍。图书馆的服务是读者迫切需要的，但获取方法的缺失使读者的需要和提供的资源间形成了大的沟壑，因此培训、宣传和推荐工作迫在眉睫。

（2）阅览室每年都进大量的新书，但据观察，有的图书从上架到下架几乎没有被翻动过，进入阅览室的同学大多是利用图书馆的无线上网或自习，这也从一方面说明了有些图书没有切合读者的需求。知识经济时代的读者的阅读需求越来越具有专业性和实效性，知识更新也越来越快，而图书馆的一部分图书内容过时，早已无人问津，不但占用大量的图书馆空间，造成资源和人力极大浪费，还影响和降低了图书馆的形象和档次。电子阅览室与纸质阅览室的分设，更是与读者的需求背道而驰，为读者多渠道获取信息带来不便。因此加速信息资源的更新换代和整合资源势在必行。

（3）所有变革没有人去实施，都会沦为空谈。图书馆馆员是解决矛盾的关键，是变革的技术支撑力量，是决定图书馆信息服务能力的基础，图书馆的资源、设备及所有信息服务，最终都是通过馆员的服务实现的。美国有这样一种说法：图书馆服务所发挥的作用，5％来自图书馆的建筑物，20％来自文献信息，75％来自图书馆馆员素质。图书馆馆员在发达国家被认为是"知识渊博的人"。可见图书馆馆员素质的高低是为读者服务的关键。但目前的事实是：传统的图书馆服务使大家对图书馆人员配备产生了误区，认为图书馆的工作只是一项简单普通的体力工作，对文化水平要求并不高，更谈不上什么专业知识，在读者眼里，馆员是清洁和管理图书的阿姨。因此，图书馆沦为了学校安置教职工子女及引进人才家属的基地。很多馆员虽有多年的图书馆工作实践经验，但缺乏高层次的计算机技术理论与网络信息检索等技能。鉴于馆员普遍专业技能不过关的情况，图书馆对馆员进行不定期的业务培训，图书馆馆员自觉再学习是必须的和至关重要的。

二、提升图书馆服务的几点措施

为了解决高校图书馆提供的服务和读者需求之间的矛盾，根据以上所存在的问题，笔者提出几点建议。

(一)提高读者利用图书馆资源的能力

1. 加强新读者的入馆培训工作

新生入馆教育要成为新生入学教育的一个不可缺少的重要内容。通过制作多媒体课件介绍图书馆概况、文献检索、借还流程、阅览室简介、借阅规则、图书馆现有电子资源简介等几大部分内容,让学生熟悉图书馆的基本情况、藏书结构和布局、图书的简单分类、图书的排架规律及图书馆的规章制度,教会读者查找文献的方法、检索文献的途径等方面的知识。引导新生了解图书馆的规章制度,做文明读者。读者只有了解了图书馆才能更好使用图书馆资源。

2. 创新推介方式和宣传方式

各高校图书馆可能都会定期或不定期举办一些资源推介的讲座,例如通过在全校范围内广泛开设文献检索课,定期或不定期地举办计算机检索、专业信息通报、馆藏资源介绍、电子资源的利用等专题讲座,实践辅导等多种方式宣传图书馆。虽然图书馆每学期都举办了大量此类讲座与宣传活动,但实际上受惠面还是很小,大部分同学或因为课程安排有冲突或根本没有关注,从而没有被吸引而主动跟踪讲座安排,很多宣传活动因为太形式化也没有取得预期的效果。针对这种情况,结合年轻人的获取信息的偏好和国外的经验,笔者认为把各种讲座、新进纸质资源的推介、宣传(包括入馆教育)做成视频挂在图书馆网页上,并定期做出更新,读者在学习疲劳之余观看不但能作为调剂,同时还提高了利用图书馆的能力,也不会和自己的课程相冲突,更能解放图书馆大量的人力物力以用于其他的服务改善。

3. 营造和谐的图书馆氛围

现代高校图书馆一般追求大规模馆舍,海量藏书。如果不是"借、阅、藏"一体化,还会细分为很多小部门和书库,致使很多读者楼上楼下几个来回都找不到自己要去的地方,获取信息的效率低下也会使读者放弃图书馆的服务。图书馆藏书种类繁多,这点和超市很相似。进入大中型超市,里面的货物虽然数以万计,但是只要根据醒目易懂的导购标识、导购箭头、宣传用语以及热忱周到的专职导购员的引导,顾客很容易就能够找到自己所需的物品。这种超市理货理念很值得各开架库借鉴。图书馆可以充分利用电子资源及大厅、走廊、书库等有效空间来进行亲切又醒目的导读和宣传,营造出一种温馨和谐的知识氛围。读者在导读用语和箭头的指引下,轻松愉悦地找到要去的书库,并且根据醒目的功能区域标识语,就能很快到达划分好的自己所需的功能区。还可以在图书馆大厅设立咨询台,通过现场咨询服务,解答读者遇到的疑难问题，排除读者遇到的技术障碍。

（二）整合资源，提升阅览环境

1. 加速更新，杜绝零利用率书籍占架

信息时代的图书文献老化速度在加快，流通可以定期统计各种图书的借阅率，把握好读者的阅读倾向，对于部分读者利用率很低、时效性很强且已不具备收藏价值的文献资源，图书馆应适时加以剔除，及时放到二线或三线书库。这样做既可以节省书库空间，又可以降低管控费用，提高检索效率，提高图书馆整体藏书质量和文献利用率。同时，阅览室可以不定期进行问卷调查，对读者们的兴趣以及当今前沿知识的图书进行了解，以保证阅览室藏书结构的科学性、知识的新颖性、文献信息的有效性和图书架位的合理性。对于零利用率且没有收藏价值的文献，要及时清除出图书馆，避免占用宝贵的书库空间，我们可以借鉴国外的做法，将此类书籍放在图书馆专门辟出的小区域，让同学们随意取用，也可以随意保留。

2. 加强和各院系读者联系，主推教师和科研人员选书

阅览环境的提升不仅要靠加速更新，重要的还是要靠架上文献资源能够契合读者的需要。图书馆的采访工作是图书馆文献资源建设的重要环节，它的工作方式、效果直接影响图书馆藏书的质量以及馆藏结构，因此为使文献资源更好地为广大师生服务，图书馆应提供多种渠道让读者发表意见，并及时做出回应。现代通讯科技发达，利用 MSN、QQ 和电子邮件等现代通讯工具经常保持联系，通过这些手段让读者把自己所从事的领域里最新的需求信息传递给采访人员。推行教师和科研人员选书制度，图书馆成立图书采访联络小组，由图书馆牵头，各院系分别指派一至两名责任心强的专家教授作为图书采访联络员组成图书采访联络小组。图书采访联络员及时全面地将各自专业需要的图书推荐到图书馆。专业教师参与馆藏建设既弥补图书采访人员的知识结构缺陷，又提高了馆藏文献质量，拓宽了图书的覆盖面。

3. 电子阅览室和纸本阅览室合并

建立满足读者需要的文献资源服务和管理体系，进行纸质文献和电子文献的重新整合。根据大量的国外文献资料显示，发达国家的高校图书馆一般都不会设置专门的电子文献阅览室，都是将电子文献阅览室的多媒体设备或电脑终端分布到各个纸质文献阅览室乃至图书馆的各个地方。在一个开放的大阅览室内，将图书馆信息资源整合成为一个真正完整的体系呈现在读者面前，这样读者在阅览专业图书的同时，还可利用阅览室的专设微机进行光盘检索，对照学习，全新的文献信息氛围不仅能够全方位满足读者的文献信息

需求,还有利于提高读者的信息素养。

(三)提高馆员的技术素质及个人修为

提供多层次的馆员培训,优化馆员队伍。图书馆服务由单一功能向多功能转变,由传统型向现代化型转变,由被动服务向主动服务转变,才能不断满足读者的需要。但转变需要全馆人员给予技术支撑,因此馆员除了需要掌握图书馆学、情报学、目录学等专业知识外,还必须具备计算机和网络知识与技能,鉴于目前的馆员队伍状况,要进行以上服务提升,图书馆就要持之以恒地提供多层次馆员培训,这样才能及时有效地为读者提供高效快捷的信息服务。

(1)为鼓励馆员创新及接受再教育设立相应的激励机制。要鼓励馆员利用图书馆的资源优势进行专项研究,定期或不定期举办学术讨论会,举办各种专题讲座,开展形式活泼的业务技能竞赛活动,鼓励支持馆员参加图书馆界的各种学术交流活动。

(2)举办专业知识的培训班,特别是当图书馆使用了新的服务技术时,通过培训班的学习,使阅览室图书馆馆员能很快掌握新服务技术。高校图书馆一般都购买有几十种数据库,部门每一个馆员都应该熟练掌握各个数据库的链接、检索、查询、下载及其使用环境、使用方法等。为上述目的,图书馆要对馆员进行密集培训,每周都要安排半天时间让馆员们轮流学习,为避免流于形式,上一轮的受训者作为下一轮的讲解者来促进学习。

(3)基于管理与服务的需要,高校图书馆应积极培养和引进具有有关技术的高素质人才。具有计算机技术理论与技能的人员,尤其具有网络知识、懂得数据库、网络信息检索等技能的人员,是高校图书馆服务提升的关键。

面对知识经济时代的信息爆炸,高校图书馆应加强自身技术力量做好应对,馆员也应具备学科专业基础知识,具备熟练运用现代技术手段的能力。图书馆能否改善服务质量及提升自身形象,不是一句"读者第一,服务至上"这样的口号就行了,必须根据自身的实际,找准切实可行的办法,来解决服务和读者需求之间的矛盾。

参考文献:

[1] 侯海鸥. 高校图书馆阅览室管理与服务之我见 [J]. 科技情报开发与经济, 2010, 20 (2): 45-46.

[2] 刘燕. 高校新建图书馆"藏、借、咨、阅、习一体化"服务模式初探——以湖南人文科技学院图书馆为例 [J]. 云梦学刊, 2011, 32 (6): 152-155.

[3] 田亚丽. 网络环境下高校图书馆如何提高阅览室的阅览服务 [J]. 农业图书情报学刊, 2012 (3): 43-46.

[4] 张雪梅, 汝萌. 用户满意度研究——以黑龙江大学图书馆为例 [J]. 江苏科技信息, 2012 (2): 43-46.

[5] 张茂玲. 高校图书馆读者服务工作的改进与创新 [J]. 科技创新导报, 2011 (31): 216-217.

[6] 周宝莲. 浅谈新时期公共图书馆借阅室图书馆员的素质要求 [J]. 贵图学刊, 2012 (1): 51-52.

以人为本,创新高校图书馆阅览服务

王勇 杨辉 沈军卫

摘 要:知识经济时代的发展和读者需求的变化,要求高校图书馆的服务不断创新,本文分析图书馆以人为本的重要意义,从四川大学江安图书馆开展的一系列创新服务出发,探索高校图书馆创新服务的方式、内容、所需保障等重要方面,以期为其他图书馆开展创新服务提供借鉴。

关键词:以人为本;服务;创新

近年来随着计算机和网络技术的飞速发展,图书馆面临着各种跨界竞争服务带来的冲击,例如实际到图书馆来的读者有部分流失,他们会通过网络等手段获取所需信息。面对这种形势,高校图书馆一方面要做好传统服务,另外一方面要不断探索服务模式、不断拓展服务内容,为读者提供优质、全面、便捷、精确的服务,让图书馆积极适应新时代的需求,使图书馆的功能与服务与时俱进,进一步提高综合的服务水平和总体竞争力。

目前,有很多高校图书馆在创新服务方式和服务内容上进行了很多实践,提出了一些新型的服务内容。本文拟通过对四川大学图书馆江安分馆的创新服务进行实证分析,探索高校图书馆创新服务方式和内容,以期为其他图书馆开展创新服务提供借鉴。

一、以人为本,是图书馆实现创新服务的理论基础

图书馆学专家 E.C. 霍利指出:"我们的职业基础上是一种人文职业,我们的目标实质是人。""以人为本"充分体现对服务对象的人文关怀,以美与和谐的形式提供环境温馨、手段科学、高效快捷、读者满意的服务,这应是新时期图书馆开展创新服务的目标。树立"以人为本"的服务理念,开展好创新服务,使高校图书馆具备更强大的生存竞争能力,提升图书馆存在的价值。

高校图书馆的服务创新是一个系统工程，包括了很多方面，其中的理念创新是所有创新行为产生的基础和先导。读者永远是图书馆最积极、最重要的因素之一，牢固树立"始于读者需求，止于读者满意"的服务理念，是图书馆创新服务的关键。图书馆的服务发展趋势，包括读者服务模式、对象、内容、手段、重心等，创新理念一直指导着图书馆馆员的工作。高校图书馆，不仅要发掘图书馆自身所具备的潜力，发挥自身的服务优势，还必须在图书馆的管理制度、服务理念、服务手段等方面进行创新，才能适应全校师生的学习、科研需求，为读者提供更加优质的服务。

二、坚持"以人为本"原则，不断创新阅览服务

"创新是一个民族进步的灵魂，是一个国家兴旺发达的不竭动力"，21世纪是一个创新的世纪，在这个新的世纪中，整个图书馆界面临着激烈的竞争与挑战。任何一成不变、停滞不前的服务都面临着被淘汰，图书馆服务内容和方式的不断发展，关系着图书馆事业的健康、全面发展。高校图书馆的馆藏越来越丰富，而读者的要求也越来越高。为了促进图书馆的发展，各高校图书馆在自己的服务领域都做了开拓创新，不停地思考着发展之路，四川大学江安图书馆也有自己的思考和服务实践，在读者服务工作中坚持"以人为本"的原则，开展了丰富多样的创新服务，得到了广大读者的好评。具体创新工作列举如下：

1. 在图书馆的硬件上下工夫，努力提供优质的人文环境

图书馆的硬件方面，主要包括馆内布局、现代化设施、装饰、绿化等方面。要努力营造一个环境舒适、安静温馨的学习氛围，具体就是馆内布局合理，装饰与园林绿化高雅。

四川大学江安图书馆阅览区在布局上精心布置，在各楼层的标识标引、书架桌椅的搭配布置以及内部的装饰装修和绿化上，都努力为读者提供良好的文化氛围。如在一楼大厅入口右侧悬挂四川大学在校院士的照片，各楼层阅览桌上有各类温馨提示，一楼中厅的"栋梁柱"等文化展示。从2008年起积极筹建川大文库，四川大学文库位于江安图书馆二楼，主要收藏四川大学教职工和校友公开出版的学术著作（含教材），汇集、保存和展示四川大学历代学人的丰硕成果，全面反映四川大学学术历程和现状，弘扬四川大学的优良传统和学风，让同学们在这里受到良好的熏陶。

在校读者拥有的电子产品越来越多，江安图书馆在2005年开馆时就在全馆布设了无线网络，给读者提供免费WIFI，读者在馆内可通过笔记本、

手机等设备无线上网,给读者带来了很大的便利,体验到图书馆先进设备带来的服务。

2. 实行"藏、借、阅、咨"一体化的开架式服务,为读者创造一个良好的信息自由环境

四川大学江安图书馆改变传统的借阅分离、书刊分离的状态,以大开间大开架的形式,按中图法将各学科的图书按楼层分布,根据我馆实际情况略有调整,一楼是A-F类图书,二楼是H-K类图书,三楼设期刊阅览区,包括现刊和过刊,四楼是理工科图书,五楼是农、林、医学专业的图书,另外电子阅览室也在五楼。这样的分布,方便不同专业的同学借阅图书,也实现了入馆人员分流,保障了安全。读者根据需要到相应楼层查找图书,节约了时间。让读者用最少的时间和精力,获得最大量的文献资源信息。

3. 充分利用各种渠道进行资源推荐和导读

资源推荐和导读服务,是各个图书馆长期坚持不懈在做的事情。四川大学江安图书馆在这方面也做了积极探索和实践。馆内每个楼层都设立了新书展示架,到馆新书,先排列在新书展示架上展示,方便读者借阅新书,也提高了书刊的利用率。每层楼都有通过大屏幕电视的PPT展播,为读者提供丰富的内容,如定期推荐新书、好书,每个月的"主题周"宣传活动等。从各个方面提高读者学习的积极性,引导读者多读书、读好书。

另外,积极开展"教授推荐书目"活动,在每年"世界读书日"和"读者宣传周"的主题活动中,请川大知名的教师推荐他们心目中的好书、应读书目等,做成展板长期展示在图书馆门口,吸引了大量同学的关注。通过各种形式多样的活动,积极倡导川大同学养成良好的阅读习惯。

4. 转变服务方式,由被动服务转为主动服务

要实现高校图书馆以人为本的服务,图书馆员首先应变被动服务为主动服务,变"要我服务"为"我要服务"。在每个细节上都要替读者考虑,自觉转变服务观念、提高服务水平。其次要采用各种方法去征求读者意见,对于能满足的,要及时满足读者需求;对于暂时由于条件不成熟而不能满足的,要给读者耐心细致地解释。另外,所有在岗服务的馆员都实行挂牌上岗,接受读者的监督。馆员面对读者的咨询,要以真诚、专业的服务来接待,积极执行"首问负责制",做到有问必答,对于自己不能解决的问题,要给读者指明解决问题的方向。这样既提高了服务质量,也树立了图书馆"以人为本"的良好形象。

为了进一步做好读者服务工作,江安分馆还有很多人性化的做法。例如

由于整个江安分馆是全开放的,当读者在架上找不到所需图书时,可以留下电话,由工作人员协助查找,查找到后保留图书并及时通知读者取书。对于热门图书可以通过预约的方式或馆际互借的方式,最大限度满足读者的需求,努力为读者提供优质的人性化服务。

5. 建设信息共享空间,提供新型服务

作为一种以读者为中心,鼓励协作学习和研究的新型服务模式,信息共享空间在欧美大学图书馆得到了广泛应用。四川大学江安图书馆,结合本校和本馆的特点、实际情况,积极实践信息共享空间的建设,探讨研究型综合大学图书馆信息共享空间的构建。江安图书馆设计时已经参考国外大学构建信息共享空间的理念,在大开放的区间内,有一些相对独立的讨论室,可供团队讨论和小型培训用,目前正考虑添置部分设备,如投影仪、大屏幕电视等,给读者提供更人性化的服务。在电子资源推广和宣传方面,还打算在每个楼层增设自助学习机,供读者查询、检索本馆所有的电子资源。

三、实现以人为本创新服务的关键是人才培养

在数字化、网络化图书馆时代,图书馆馆员扮演的是信息资源管理者、导航员和学科专家,这对图书馆馆员的素质提出新的更高要求。高校图书馆在人才队伍建设中,必须有所建树,图书馆馆员除了要有扎实的理论基础知识,还要熟练掌握现代信息技术,要通过各种渠道,如参加各种研讨会、进修班、参观学习交流等方式,不断充实自我,更新学习观念,提高自身素质,才能适应新形势下图书馆以人为本服务事业发展的需要。将"以人为本"的思想贯通于读者服务工作的每个细节,真正做到"以读者为中心,令读者满意"。只有不停息的图书馆创新服务工作,才会有图书馆事业的健康和全面发展。

近年来,四川大学图书馆严格遵守学校人事制度,打破论资排辈和大锅饭的框框,按照效率优先、兼顾公平的原则,在全馆实行聘任制度,起到了良好的效果。在评价机制方面,图书馆做到科学评价、准确考核,把工作性质、工作内容、工作成效等方面的评价相结合,激活馆员的创新思考,增强馆员的服务意识,激发馆员的工作热情,使图书馆工作运作更协调、高效。

参考文献：

[1] 郭秋霞. 服务读者是高校图书馆人本化管理的精髓 [J]. 宁夏师范学院报（社会科学），2010（31）：156.

[2] 黄纯元. 图书馆与网络信息资源 [J]. 中国图书管理学报，1997（6）：13-19.

[3] 孙翠芹. 高职院校图书管理人本管理探析 [J]. 中国现代教育装备，2010（23）：161.

[4] 俞黎文. 浅谈图书馆的人本管理 [J]. 科技信息，2010（16）：375.

[5] 宗玉梅. 高校图书管理人员素质培养的对策 [J]. 濮阳职业技术学院报，2004（1）：79-80.

高校图书馆流通阅览服务质量考评的实践探索
——以四川大学图书馆江安分馆为例

郑 军 郭素芬 周亚玲

摘 要：服务质量评价和改进是高校图书馆管理工作的重中之重，各高校图书馆都在积极摸索一条适合本馆特色的服务质量考评方法。本文基于成熟的服务质量理论，结合四川大学图书馆江安分馆的实际，从图书馆管理和读者满意两个角度进行实证研究，以期对高校图书馆流通阅览岗位服务质量的科学评价和提升服务质量管理水平有所裨益。

关键词：高校图书馆；流通；阅览；服务质量；考核评价

图书馆服务质量的评价一直是业内学者颇为关注的问题，2000年后相关的研究日益丰富，但存在着重理论轻实践的现象，学者们更多的是从读者服务质量感知角度构建图书馆综合服务质量的评价体系并进行相关的理论研究，却鲜见对图书馆各部门服务质量考评的实证分析，特别是缺乏从图书馆管理角度进行服务质量的考评以提高图书馆服务质量的研究。随着科学技术手段的突飞猛进，以及读者对图书馆要求日益增高，图书馆的重心越来越倾向深层次的、高技术手段的服务，基础服务相对弱化。而流通、阅览部门却是图书馆服务的窗口，其服务质量的满意程度直接影响图书馆的服务形象，因此，江安分馆试图从图书馆管理角度和读者服务质量感知度两个方面探索基础服务质量考评的方法。

一、四川大学图书馆江安分馆概况

四川大学图书馆江安分馆于2005年建成使用，实行以读者为中心的"藏、借、阅、咨一体化"的服务模式，馆藏文献资源以基础性和综合性为特色。江安分馆馆藏文献资源60万册，每年接待读者量达210万人次以上，最低借还量 67 万册次，书刊上架量超过 240 万册次。江安分馆一、二楼收藏人文社科类图书，三楼收藏期刊，四楼收藏理工类图书，五楼收藏农、林、医学类图书，二楼和四楼的图书的读者使用量是其他楼层的 3~5 倍。江安分馆流通、阅览岗位共有工作人员 34 人，其中外聘员工 20 人，面对如此大的工作量，如何科学分配人力资源、提高馆员工作积极性和工作效率、提高服务质量，提高读者服务感知度，成为江安分馆管理者和馆员们思考的问题。2011 年 4 月，江安分馆探索的流通、阅览服务质量考评办法付诸实践。

二、考评组织

（一）考评目的

1. 科学管理

流通、阅览各岗位，工作职责不同，服务方式不同，工作量大小不同，承受的压力各不相同，公平、公正、合理的考核是绩效管理的重要环节，一套科学可行的考核评价系统是图书馆自我约束、自我管理、自我完善、自我发展的有效保证，是保障图书馆事业可持续发展的有力手段。

2. 提高工作人员积极性

让工作人员参与考评过程，实行自评和他评相结合的形式，让馆员在比较中找差距、定措施，进行比、学、赶、帮、超，相互学习、相互交流、相互监督、相互配合，充分调动每一个馆员的积极性、创造性，使图书馆工作纳入到一种严格依照制度管理的良性循环轨道，从而使其成为文明、高效、优质的服务示范窗口。

3. 促进工作人员的协作

只要有考评就会有比较，如果馆员没有正确的态度，管理者没有恰当的引导方法，将会导致馆员之间的恶性竞争，长此以往会使馆员产生消极情绪，或推卸自己的责任，或贬低他人的工作，这将与考评的初衷背道而驰，因此，在多人协作的岗位，如阅览区，我们以楼层为单位进行考评，馆员必须排除嫌隙，同心协力才能在考评中取得好成绩。

（二）考评原则

1. 科学性

考核标准必须在对流通、阅览工作进行全面分析的基础上精心设计与制定，如果考核评价标准不能全面反映馆员的工作实际状况，将会导致考核结果的失真,没有科学的考核机制就无法准确衡量馆员的实际工作状况。此外,考核评价的标准体系不能一成不变,应随着图书馆工作内外部环境及功能的变化而变化。但也绝不是说变就变,人云亦云,应该在一个考核阶段保持相对的稳定性。

2. 可操作性

由于种种原因,高校图书馆的考评工作多停留在"德、能、勤、绩"等一些模糊概念上,考评指标的抽象与不确定性,使考评者对工作人员的考评不得不选取模糊、估计的定性考评的方式,从而造成考评工作的弹性操作,考评结果缺乏体现性和可比性,失去了考评的实际意义。因此,考评办法必须是简洁可行易操作、有具体量化指标、与馆员工作紧密联系的,这样才能保证考评工作的可持续性。

3. 公平性

公平、公正、合理的考核是绩效管理的重要环节。考评方案必须是客观的、公正的,考评一旦掺入考评人员的个人好恶,将使考评缺乏深度和整体性,造成考评结果的失真和片面。同时,考评指标应兼顾各个工作岗位的实际情况,例如,江安馆二楼和四楼的藏书量和使用量相对其他楼层更多,馆员要维护书架整洁的难度更大,如果与其他楼层统一标准,则有失公允,因此我们在针对二楼和四楼制定书架整齐度和顺架率的考核基数时相对放宽一些。另外,考核要有一定的透明度,不能搞暗箱操作,甚至制造神秘感、紧张感。

4. 具体化

考核指标应具体明了,倘若考评指标的条目表述不够具体,或内涵不够明确,就会造成因评价者理解不同而产生对同一问题给分依据不一,或者伸缩性太大,从而扩大数据的偏差,直接影响结果的有效性和可靠性。在读者问卷调查中,对过于抽象或笼统的调查问题,因没有独特性而缺乏明确的判断依据,读者势必只能进行模糊而随意的判断,反映的数据也不可能有高度的可靠性和有效性。

5. 逐步完善

考评应避免急于求成,办法的实施允许一个逐渐适应、逐步摸索、逐渐完善的过程,前期的考评指标制定相对较低,考评内容以容易达到的图书馆的基本服务为主,然后逐步提高考评指标并向深化服务内容推进,引导流通、阅览服务工作向纵深发展。

（三）考评内容

1931年，印度阮冈纳赞博士在其《图书馆学五定律》一书中，为图书馆服务的主要内容作了清晰的阐述，《图书馆学五定律》准确地把握了图书馆作为人类文明的产物与发展工具的载体特征，它从根本上阐明了图书馆应该为之努力的目标。由于信息技术的渗透，《图书馆学五定律》的内容也发生了改变，学者们以《阮氏五定律》为指导，探讨了当今技术手段下图书馆的服务内容（见表1）。

表1　阮氏五定律及其对应图书馆服务内容

五定律	对应图书馆服务内容
书是为了用的	运用各种手段，把馆藏和非馆藏文献信息资源，经过组织、序化、加工，通过各种途径有效地传递给用户，为用户提供有用的书和信息
每本书有其用户	随着社会的发展以及用户需求日新月异的变化，及时针对性地调整自己的馆藏，更新图书和资源以满足用户的需求
每个用户有其书	兼顾用户的多样化和个性化需求
节省用户的时间	利用各种手段，如通过举办展览、开设讲座、布置橱窗等形式，对用户进行文献信息利用方法的辅导和其他各种专题辅导；粘贴醒目的指引、标识和配备现代化的设备使用户能够轻松获取自己所需资源；通过信息咨询为用户解决各种问题等，以节省用户的宝贵时间
图书馆是一个生长着的有机体	用发展的眼光来看待有关图书馆的各种问题，如图书馆的服务质量要能跟上时代发展的步伐，相应的评价方法和层面也要根据实际情况作相应的变动以保证评价的全面性和准确性

根据阮博士的图书馆服务理论，结合流通、阅览岗位特点，江安馆确定了考评内容：

（1）服务环境：维护阅览环境的整洁、舒适、安静，文献及时准确归架，书架整洁有序。

（2）服务态度：佩戴工作牌，礼貌地对待读者，乐意帮助读者，真诚耐心地解答读者咨询，言行举止符合职业规范。

（3）服务技能：具备计算机应用知识并能熟练操作计算机；熟悉馆藏布局，帮助读者方便地找到所需文献；了解馆藏资源，具备解答读者问题的知识和技能；理解读者的需求、关注读者的个性化需求；及时有效地处理读者的意见和建议。

(四) 考评方案

考评包括三种方式：定期检查、不定期抽查、读者评价，每学期期末依据三项考评成绩综合评价馆员的工作情况，其中不定期抽查占30%，定期检查占40%，读者意见调查占30%。根据流通、阅览服务方式的不同，考评分为两部分，阅览区以楼层为单位进行考评，检查内容包括阅览岗位职责的所有要求，并细化到书架整洁度、顺架率、新书陈列、桌椅摆放、阅读后书籍的收集情况等方面。流通岗位的考评内容包括工作纪律、服务态度、设备管理、回答读者咨询和系统工作量统计等。每学期期末进行读者调查，请读者填写测评意见单，对每个岗位的服务质量给出自己的满意度，读者意见测评由部主任组织，志愿者同学协助完成。不定期抽查组人员为部主任和当班组长，定期检查组人员包括部主任、当班的组长和阅览区馆员代表。

三、实践效果

本考评办法实施以来，流通、阅览的服务质量得到了明显提高。从检查的情况来看，本办法的实行引起了馆员的高度重视。书架整齐度较实行前有明显改观，图书倒架现象基本没有了，图书排列整齐，与书架齐平的要求基本达到。顺架率在4月逐次上升，从96.5%上升到98.3%，但在5月有所下降，原因可能是5月有2次检查因为其他工作没有进行，导致工作人员思想松懈了。新书排列因为只要求到2级顺，而且量少，基本符合要求，排列整齐。桌椅摆放原来没有要求时，工作人员很少对乱摆放的桌椅归位，考核后会经常看到工作人员组织勤工和志愿者把桌椅归位。阅览后书刊的收集原来是在下午和晚上集中收书，现在上书高峰期后会有工作人员主动收集书刊，使书刊上架更及时。

流通岗位每月会公布个人工作量统计表，可以看出相同岗位工作人员借还量逐步趋于平均，差距越来越小。考评前借书量最高和最低相差22.6%，到10月后都在10%左右，现金管理岗考评前期馆员工作量最高与最低相差13%左右，9月后不到5%。在与读者的沟通中，工作人员注意方式方法，态度和蔼，基本没有发生与读者冲突的现象。

在检查工作中，部主任和组长与工作人员及时交流，发现问题立即改进，并提醒工作人员应注意的方面，使读者服务工作落实更全面，更细致。

6月对读者发放200份服务质量调查表，收回196张，其中74张填写了具体的读者意见。从这次测评可以看出，读者对读者服务部各工作点的服务满意度较高，均在90%以上。其中，电子阅览室的满意度较低，只有

92.5%，主要原因是电子阅览室设备陈旧，网络速度慢，不能满足读者基本需要。

通过半年试行，我们认为这个考评办法基本可行，能提高工作人员积极性，改进工作方法，能及时了解读者意见为今后工作提供改进方向。但是也存在一些不足的现象，如定期检查结果明显好于不定期抽查；随着时间的延续，工作人员的积极性有所下降等。

四、经验总结

1. 考评内容有待进一步丰富

由于是初期实践，考评内容比较单一，不够全面，有的服务内容并未纳入考评内容，有的考核项目暂时还没找到量化指标，只能以定性的方式对馆员进行考评，如回答读者咨询，向读者推荐文献资源等，因此，江安馆还需在实践的基础上不断摸索、总结，逐步完善考评内容和方式。

2. 加强工作人员业务培训，提高工作人员服务技能

江安馆流通、阅览岗位的工作人员大部分是外聘工，业务技能较低，这也是服务内容和考评内容不能深化的原因之一，称职的馆员除了要具备敬业精神和服务理念，也要具备专业的服务能力。要提供优质服务必须具备专业的知识、技巧与观念，包括技术性与知识性两方面。因此，加强工作人员业务培训，使之熟练掌握计算机应用知识，熟悉馆藏资源的分布，了解馆藏资源及图书馆各项的服务方式，才能在一线岗位最大程度地满足读者需求，提高图书馆整体服务质量。

3. 制定服务规范

在考评过程中我们发现，由于没有明确的服务标准，各岗位工作人员对服务质量理解不同，自我要求不同，导致服务效果不同，因此，图书馆应制订各岗位详细的工作流程和服务标准，使馆员能依据服务标准执行，避免随意性，保证读者和管理人员据此给予监督。通过对服务工作标准的制定和执行，达到服务质量目标化、服务方法规范化、服务过程程序化，从而获得优质的服务过程，取得满意的工作绩效，提高服务效率和服务品质。

4. 考评与激励机制结合，促进管理良性发展

考评体系是一个考评、奖惩、总结和提高的有机联系的过程，其作用的完美发挥，基于每一个环节的有效实施。其中激励机制是考评体系的一个重要环节，有效的激励机制是保证考评制度长期执行的重要手段。目前，考评能顺利开展主要依赖馆员的责任心和荣誉感，图书馆没有相应的激励制度，

或者说激励力度不够，势必会影响馆员的积极性，最终使考评流于形式，失去积极意义。

5. 岗位轮换

考评虽然促进了同楼层工作人员的协作，但也使各楼层之间的工作人员相互比较，出现了一些不和谐现象，可以通过定期的岗位调换来促进不同岗位工作人员的相互了解，进一步提高馆员的协调合作。

参考文献：

[1] 陈喻. 对高校图书馆人力资源管理的几点思考 [J]. 当代图书馆，2010（1）：33-35.

[2] 施国洪，刘慧慧，王治敏. 大学图书馆服务质量测评指标体系构建 [J]. 图书馆工作与研究，2011（6）：8-12.

[3] 王宇. 考核评价——图书馆管理的有效手段 [J]. 图书馆论坛，2002，22（6）：79-81.

图书馆期刊阅览服务存在的问题及对策探讨

唐筱岚 钟卉 王永华

摘 要：本文从期刊阅览管理、服务观念较落后；纸质期刊种类不断缩减；期刊阅览服务人员素质有待提高等方面分析了目前图书馆期刊阅览服务工作的现状和面临的问题。并从深化期刊阅览服务，提高期刊利用率，改善阅览环境，提高读者的阅读效率，提升图书馆期刊阅览管理工作者的素质上提出了解决问题的对策。

关键词：图书馆；期刊阅览

期刊具有信息量大、时效性强、学科覆盖面广的特点，值得是图书馆馆藏文献资源的重要组成部分，历来是高校师生进行教学、科研获取知识信息的重要来源。期刊阅览服务工作的优劣，对提升图书馆读者服务工作的质量与水平有着直接的影响，对学校的教学科研工作也起着举足轻重的作用。因此，强化期刊管理，优化期刊资源配置，提高期刊阅览服务质量与水平，是值得图书馆读者服务部门研究的重要问题。

一、图书馆期刊阅览服务工作存在的问题

随着电子期刊规模的不断扩大，利用网络跨越时空阅读、获取期刊信息已成为读者阅读的主要方式之一。目前，图书馆期刊阅览服务工作存在的问题主要归结如下。

（一）期刊阅览管理、服务观念较落后

期刊阅览管理、服务受传统图书馆模式的影响，观念较落后，主要表现在：首先纸质期刊与电子期刊的阅览服务没能有机地结合起来；其次，为保证其资源的完整性，纸质期刊仍保持以藏阅为主，借阅为辅的管理服务模式，即非特殊情况下期刊不外借；最后，期刊阅览服务工作基本保持原有的状态，工作程序几乎没有新的变化，与期刊文献的发展不同步。

(二) 纸质期刊种类不断缩减

由于纸质期刊尤其是外文原版期刊的持续上涨，图书馆采取的相应措施主要是削减纸质期刊种类。纸质期刊种类不断缩减，难以满足读者多样性需求，对图书馆的阅览服务工作面带来一定的负面影响。

(三) 期刊阅览工作人员的业务素质有待加强与提高

期刊文献由纸质期刊发展到电子期刊（网络期刊），传统的期刊阅览管理、服务理念已不再实用，现有的期刊阅览服务人员的业务素质不能完全满足期刊阅览服务的需求，还有待加强与提高。

二、图书馆期刊阅览服务工作存在问题的对策

解决图书馆期刊阅览服务工作存在的问题，完善、提高图书馆期刊阅览的管理、服务工作，不仅能提升图书馆的服务质量与水平，还可促进图书馆的文献资源建设。

(一) 深化期刊阅览服务，提高期刊利用率

如何有效地深化期刊阅览服务，最大限度地满足读者的信息需求，提高期刊的利用率，是网络信息时代图书馆期刊阅览服务需要做好的主要工作。

1. 更新服务理念，纸质期刊实行开放式服务

开放式服务，是信息时代深化期刊阅览服务工作的发展趋势，就是为读者充分利用纸质期刊提供方便，其精髓是"以读者为中心，想读者之所想，急读者之所急"。以读者为中心的开放式服务，可将纸质期刊全部提供给读者，从过去的"重藏阅"改变为"藏、阅、借"的服务模式，以吸引更多的读者到馆阅览纸质期刊，提高纸质期刊的利用率。

同时，为提高纸质期刊使用的针对性与利用率，可将纸质期刊的订购需求提前向读者搜集意见和建议；新增刊和删减刊以目录形式制作成展板展示，或发布到图书馆主页上及时告之读者，并详细注明削减原因。

2. 加强电子期刊宣传力度，最大限度提高电子期刊利用率

图书馆可利用定期举办的读者服务宣传周、世界读书日、专题讲座等方式宣传有关电子资源，同时将中外文电子期刊数据库的内容简介、涵盖的学科领域、使用方法等采取图文并茂的方式，制作成各种展板或发布在图书馆主页，向读者宣传推介。也可印发《如何利用图书馆》等各种宣传资料，详细介绍图书馆期刊阅览信息服务的各项流程和服务功能。以增强图书馆与读者之间的沟通、交流和互动，最大限度地提高电子期刊利用率。

3. 加强对读者使用电子期刊的辅导

使用电子期刊，需要有相应的检索技术为基础，才能提高电子期刊的使用效率，达到较好的使用效果，进而提升读者对电子期刊的认可度。阅览服务工作人员应主动了解读者对使用电子期刊的需求，对他们进行相关的指导，包括电子期刊数据库的使用方法、馆藏期刊数据库的查找、网络信息资源的索取、馆际互借资源共享服务等。还可帮助他们制定相应的检索策略，引导他们选择、使用各类型的电子文献，其目的就是提高读者使用电子期刊的效率与效果，最大限度地满足读者的信息需求，为教学科研服务。

（二）改善阅览环境，提高读者的阅读效率

改善阅览环境，就是围绕着读者，为读者营造一个安静、整洁、人性化的环境氛围。外界环境通过视觉、听觉和其他感觉器官就会影响读者的阅读效率。优雅的阅览环境可使读者感受到来自人文的关怀，可提高读者的阅读效率，反之，就会影响读者的阅读效率。图书馆环境改善，可包括阅览面积的维护扩建、阅览布局的重新设置、阅览服务功能的提升、阅览桌椅等硬件设施的更新换代等，再摆放一些绿色植物，墙上镶嵌名人字画及名言警句等，给人一种宁静、清新、舒适的感觉，这些为读者提供的优雅的人文关怀举措，对提升阅览管理工作水平和提高期刊阅读使用效率都具有十分重要的意义。

（三）提升图书馆期刊阅览管理工作者的素质

随着科学技术的不断发展，期刊文献呈多载体、多学科发展趋势，读者来源广泛，需求也是多层次的。因此，期刊阅览工作绝非是简单的借、还的重复劳动。根据当前对期刊阅览工作内容与要求，应主要从以下三个方面提升图书馆期刊阅览管理工作者的素质。

1. 职业道德素质

期刊阅览服务工作是图书馆的窗口，是检验图书馆工作的一个很重要的组成部分。阅览工作人员须树立新的服务理念，深刻领会"读者第一、服务至上"的内在含义，具备良好的职业道德素质，才能在工作中做到细心、耐心和专心，表现出友好热情的服务态度，产生快速准确的服务效果。

2. 个人能力素质

随着网络技术的普及与不断提高，人类步入信息时代的进程不断加快，这就要求期刊阅览管理人员要紧跟时代发展步伐，需要加强自身知识拓展与技能的学习。首先要提高与读者进行交流、沟通的能力，与读者建立和谐、融洽的关系,以便更能了解他们的需求,提高服务质量;其次要加强网络信息技能的学习,提高获取网络信息方面的能力,帮助读者解决问题,提高服务水平,以适应网络环境下高校读者对期刊阅览工作的要求。

3. 业务素质

业务素质是在开展期刊阅览工作过程中各环节应具备的知识与技能。期刊阅览管理人员要熟悉阅览工作各环节的业务活动过程,以广博的知识面为前提,以对学校的专业设置、科研课题宏观的了解为基础,提高阅览工作的效率。因此,期刊阅览管理人员应加强继续教育,通过各种业务学习与培训,拓展知识面,并积极参与馆际间的业务交流讨论,参与各种学术研讨等方式提升业务素质。

期刊阅览管理人员的素质,决定了阅览服务质量与水平,而阅览服务质量与水平的高低,会对学校的教学与科研带来一定的影响。从管理层的角度,应根据学校的学科建设发展与馆藏特色引进不同学科的年轻专业人才,充实图书馆期刊阅览管理工作者队伍,改善其人员素质,不断提高期刊阅览服务的质量与水平。

综上所述,图书馆期刊阅览管理工作只有不断提高管理水平和服务质量,认真做好阅览各环节的工作,满足读者的需求,解决读者提出的问题,才能将"以人为本、读者第一、服务至上"的精神和理念贯彻落实到实际工作中,为图书馆事业的发展建设做出贡献。

参考文献:

[1] 贾玲. 论网络环境下的图书馆信息服务 [J]. 四川图书馆学报, 2012 (6): 59-62.

[2] 林君庄. 浅谈高校图书馆阅览室对新生的人本服务 [J]. 图书馆, 2012 (3): 130-131.

[3] 柳敏. 高校图书馆创新管理机制的几点设想 [J]. 图书馆, 2011 (5) 126-127.

[4] 李芳芳. 网络环境下的馆风建设 [J]. 四川图书馆学报, 2013 (1): 19-21.

基于复杂适应系统理论的自治模式图书排架

淳姣 王勇

摘 要：图书乱架已成为阻碍图书馆服务提升的"新顽疾"。通过借鉴复杂适应系统理论，本文提出自治模式图书排架治理乱架。这是因为自治模式图书排架是一个典型复杂适应系统，具有聚集、非线性、流与多样性四类性质和标识、内部建模与积木三类机制，具有自序化的可能。要实现自治模式图书排架，图书馆应采取具体措施包括相信大众智慧，改变读者心理预期，普及排书上架知识，建立志愿者组织和由点及面的实施策略。

关键词：图书乱架治理；自治模式图书排架；复杂适应系统；维基百科

一、引言

开架借阅由于拒借率低、借阅程序简化、激发读者阅读兴趣和便利性等优势而逐渐被图书馆广泛采用。但是，开架借阅模式带来的图书乱架已成为阻碍图书馆服务提升的"新顽疾"。虽有许多研究者提出相应治理措施，但效果并不明显。因此，探索行之有效的方法尤为必要。基于此，本文根据复杂适应系统理论，提出用图书排架自治模式治理该"顽疾"。

二、复杂适应系统理论

复杂适应系统（Complex Adaptive System）由 John Holland 提出，其基本思想是：系统由许多独立主体根据一定规则构成。独立主体（Independent Agent），以无中枢导向、自愿的方式，通过主动学习和经验积累改变自身行为以更好地适应环境。Holland 将复杂适应系统描述为：

（1）由许多平等独立主体构成的网。主体间通过竞争与合作涌现行为的一致性。

（2）由多层次组织构成，例如员工形成工作小组，工作小组组成部门，部门组成公司。

（3）通过自我学习与经验积累实现重构以适应环境，其是系统演化主要动力。

（4）积极预测性。系统通过外界互动形成内部模型对未来积极预测。

（5）动态性。系统永远是动态变化。该系统具有聚集（Aggregation）、非线性（Nonlinearity）、流（Flow）和多样性（Diversity）四类特性。此外，标识（Tagging）机制、内部建模（Internal Modeling）机制和积木（Building Blocks）机制是系统内部交互的三种机制。

Holland复杂适应系统理论因对各种现象良好的解释引起广泛关注。许多有影响力的研究者都认为现实世界很多系统是复杂适应系统，例如万维网、维基百科和各类社团组织。

三、自治模式图书排架是一个典型的复杂适应系统

自治模式图书排架是指在开架借阅环境下读者自愿或者自发地按一定规则（如中图法）将取、阅、还后的图书有序归位到指定书架的自组织模式。与维基百科组织模式类似，馆员主要职责是创建特定规则让读者实现图书排架的自治。

自治模式下图书排架是一个典型的复杂适应系统，因为其具备复杂适应系统的四类性质（Property）和三种机制（Mechanism），具体阐释如下：

（一）自治模式图书排架具备复杂适应系统四类性质

（1）聚集。主体因相似性聚集，形成不同类型复杂聚集体。用户主体即读者会因相同的阅读兴趣或专业背景聚集在不同书籍旁寻找图书，也会因个体交流需要自发组织读书讨论会。

（2）非线性。指主体间交互关系是复杂、多变、意外、偶然的。在自治模式图书排架下，有些读者会把混乱书籍排列整齐而有些读者随意乱放；有些书籍会被乱放在临近书架，而有些被乱放在其他楼层或不易发现的角落。这一切皆因主体间非线性交互变得偶然和复杂。

（3）流。系统内部主体间、主体与系统外部环境间存在的信息流、物质流和能量流。在自治模式图书排架下，读者会因互相学习排书规则、纠正错误、讨论形成信息流；读者取阅图书或将错乱放置的图书归架造成图书移动是物质流；图书志愿者积极整理书籍形成示范效应能对读者起到积极暗示，这是能量流。

（4）多样性。系统主体间的差异性。读者因阅读兴趣、阅读习惯、专业背景、不同书籍需求、取阅书籍习惯不同而有差异；内容主体书籍也因学

科、作者、样式、使用频繁度等因素的不同体现差异。

(二)自治模式图书排架具备复杂适应系统的三种机制

(1) 标识机制：促进聚集过程的机制，为主体选择性的聚集起向导作用。阅读兴趣或专业背景作为标识让读者聚集在不同的书架旁；随意放置图书的行为标识使内容主体书籍混乱聚集；共同的社会需要作为标识形成图书志愿协会、读书会的聚集。

(2) 内部建模机制：主体受信息流、物质流和能量流作用产生的反馈机制。如部分读者或志愿者因接受排书知识的培训而自发形成整理书籍的行为。有些读者则因受书籍乱架造成的"破窗效应"的影响，形成随意放置书籍的行为。这都是个体内部建模体现。

(3) 积木机制：使系统内部主体经过选择学习后，重新构造出适应环境的新结构。例如，自治模式图书排架下，读者通过培训或自身道德意识提高使图书排架得以重构，实现图书排架自序化。

四、自治模式图书排架具有可行性

复杂适应系统具有自我序化的可行性。自治模式图书排架是一个复杂适应系统。这意味着只要通过创建有效规则、激发积极信息流、物质流和能量流，自治模式图书排架也具有自序化的可能性。

一方面，读者有主动参与图书排架的潜在动力。王丹丹发现，维基百科是一个平等、开放、共享和协作的平台。该平台能激励用户主动参与是因为能满足用户一部分精神层面的需要，如乐趣、理解、知识共享、价值观认同感、社交关系和行善意义。自治模式图书排架作为一个平等、开放、协作和非营利的复杂适应系统平台。这种纯公益性公共事务参与能满足读者特定的社会需要，如乐趣、协作、奉献、共享甚至社会情感归属等。事实上，四川大学图志项目的成功也是对此最好的证明与阐释。此外，罗伯特·马休斯也指出：激励维基百科用户编写条目动力可能源自无偿公益能提升自我形象，这种行为虽不能带来直接明显的回报，但"好人"的人格面貌可为在其他场合可以带来利益，如寻找伴侣或得到工作。

另一方面，图书排架自治模式仅需一部分读者参与。谢伟聪和杨建梅从人类动力学模式角度研究维基百科发现约"4.17%用户贡献了73.85%词条解释"，即少部分用户对维基百科词条有绝大部分贡献的帕累托效应。以此类推，在帕累托效应作用下，自治模式图书排架或许仅需20%~30%主动参与即可实现系统内的良性竞争大于恶性竞争，实现80%甚至90%的书架序化。该推理具有一定可靠性。以四川大学江安图书馆为例,每天进馆借阅量约 7000 余人次。如此庞大的读者群体产生的书籍乱架每天仅需 10 余位馆员和小部分志愿者即可实现图书排架自序化。

五、自治模式图书排架的措施

马费成和夏永红认为复杂适应系统存在主体间竞争协作关系。一个有序演化的复杂适应系统一定是系统内部主体间的良性竞争大于恶性竞争,促成主体间良好的协作关系。因此,实现自治模式图书排架的关键是读者主动、自发或自组织地参与排书。如果这种良性竞争者的协作行为一旦形成并大于随意乱放或藏匿书籍的恶性竞争行为,那么这一复杂适应系统就能有序演化。具体讲,促成读者主动参与图书排架至少应做到以下五点(以高校图书馆为例)。

(一)高校图书馆管理者应有"相信大众智慧的思想"

马费成和夏永红指出维基百科自我序化实现关键之一"相信大众智慧的思想"。在自治模式图书排架下,管理者可能会囿于自身经验和对读者缺乏排书知识的担忧,难免顾虑图书排架自序化难以实现。此担心不无道理,但作为管理者更应以变革创新勇气,拥抱新的管理理念如"相信大众智慧的思想"。在维基百科诞生前,鲜有人相信网络用户能实现知识自组织序化。同样,高校图书馆无妨抱以"相信大众智慧的思想",采取适宜措施推动图书排架自序化发展。

(二)提高读者德育水平,改变读者心理预期

改变读者心理预期至关重要。图书乱架的主要根源为读者不规范借阅行为,如有意识藏匿图书和随意放置书籍的习惯。依郝朝军的观点,其本质上都是读者缺乏道德的表现。读者没有自助服务的心理预期。其实,要改变读者(大学生)心理预期,培养其自助服务行为并非不能。现实生活中,此类例子比比皆是。例如,自助餐厅消费者习惯性地自助用餐。在很多大学食堂,学生在用餐后会主动将餐具送到回收处。同样,高校图书馆可通过宣传培训影响读者,让其心理预期从随意放置书籍的被动享受转变为主动排书上架自我服务。试想,当读者不断被重复告知图书馆不提供排书上架服务,而需读者自行将取阅书籍归位时,读者心理预期往往就会发生变化。这种变化本质上是读者德育水平的提高,并逐渐影响甚至改变他们的借阅行为。

（三）普及排书上架知识

缺乏排书上架知识是导致图书乱架的重要原因，因此普及排书上架知识显得尤为必要。需要说明是：首先，排书上架知识并不复杂，笔者曾将其编制成朗朗上口的顺口溜，通俗易懂，再加之大学生学习能力强、易于接受新事物，在实际操作中稍加点拨，大部分同学即能熟练掌握。其次，排书上架知识普及有利于方便读者。开放借阅环境下读者需熟稔排书上架知识，方能利用索书号按图索骥，从而在书海中快速找到所需书籍。其三，图书馆应建立配套制度和措施促进排书上架知识普及。这包括读者培训，每个书架设置醒目导航标识和排书操作提示，甚至包括强制考试取证制度等。排书上架知识普及本质是提高读者智育水平，是图书排架自我序化的关键点之一。

（四）志愿者组织的建立

志愿者组织建立是图书排架自我序化必要的一环。维基百科有一个强大的以多层级权限分配为特征的志愿者组织。其角色包括匿名编撰者、注册用户、忠实用户和仲裁委员会。其不仅贡献了维基百科主要内容，更重要的是促成了知识的正确与序化。同样的，自治模式图书排架最好能建立以学生用户为主体的志愿者组织，形成对学生用户良好引导、示范和宣传效应。以四川大学图书馆为例，图书馆志愿者组织的主要使命是协助馆员图书排架自我序化和书籍维护，其在日常工作中发挥重要作用。

（五）由点及面的实施策略

自治模式图书排架的实施应采用由点及面、不断总结和逐步推进策略。可以将某层楼的一排书架设为"点"做试验，待达到效果后再推广到半层楼、进而一层楼，最终推广到整馆。这是因为自治模式下图书排架，作为一种新的服务管理思想，虽其可行性得到论证，但仍需实践检验。纵观历史，公共治理的诸多管理创新如家庭联产承包责任制和经济特区政策无不是由点及面的过程。因此，由点及面实施策略尤为必要。这一方面是"纸上得来终觉浅，绝知此事要躬行"的要求；另一方面更是"大胆假设、小心求证"的逻辑体现。

六、结语

在众多图书乱架治理策略皆失效的背景下，自治模式图书排架是值得尝试的新管理模式。这种模式能引导读者主动参与排书，并在标识机制、内部建模机制和积木机制的作用下而实现自序化。图书馆在实施该管理模式时，应遵循"大胆假设、小心求证"的逻辑,相信读者,改变读者心理预期,普及排书上架知识,建立志愿者组织,并由点及面、逐步推进。

参考文献:

[1] Elizabeth McMillan. Complexity, organizations and change [M]. New York, Routledge, 2004.

[2] John Holland. Hidden order how adaptation builds complexity [M]. New York, Helix Books/Addison-Wesley, 1995.

[3] James Hite. Jr. Learning in Chaos: improving human performance in today's fast-changing, volatile organization [M]. Houston, Gulf Publishing Company, 1999.

[4] Sherry Yu-Hua Chen, Nigel J. Ford. Towards adaptive information systems: individual differences and hypermedia [J]. Information Research, 1997 (2), http://informationr. net/ir/3-2/paper37. html.

[5] Schein, E. Organizational psychology [M]. Englewood Cliffs, Prentice Hall, 1980.

[6] 段小娇. 图书馆开架服务中的乱架与治理 [J]. 贵图学刊, 2012 (3): 33-34.

[7] 郝朝军. 高校图书馆开架书库错乱架问题深层次原因分析及对策新探 [J]. 农业图书情报学刊, 2009 (1): 91-96.

[8] 蒋鸿标. 多彩书标在图书排架上的应用 [J]. 图书情报工作, 1994 (3): 57.

[9] 罗志成, 关婉湫, 张勤. 维基百科与百度百科比较分析 [J]. 情报理论与实践, 2009 (4), 71-74.

[10] 罗伯特·马休斯. 维基百科是怎样"炼"成的? [N]. 青年记者, 2006-8-3.

[11] 马费成, 夏永红. 基于CAS理论的维基百科序化机制研究 [J]. 图书馆论坛, 2008 (6): 85-92.

[12] 王丹丹. 维基百科生产者特征分析及其启示 [J]. 情报科学, 2012 (1): 121-124.

[13] 谢伟聪, 杨建梅. 维基百科贡献者中的人类动力学模式 [J]. 科学学研究, 2010 (10): 1454-1458.

[14] 尹开国. 维基百科社群发展策略研究 [J]. 图书情报知识, 2007 (5): 95-98.

无微不至

——古籍阅览服务经验谈

邹 艳

摘 要：本文分析了高校图书馆馆藏古籍、读者和一线馆员的特殊性，并从一个普通一线馆员的读者阅览工作角度，论述如何在现有客观条件下，从细微处做好古籍阅览服务。

关键词：高校图书馆；一线馆员；古籍；阅览服务

随着计算机、网络、多媒体等现代技术的发展，图书馆也在由传统向现代转变，馆藏资源的流通阅览模式也在发生着转变，各馆实际情况不同，其现代化进程的深度和广度也不尽相同。但不论图书馆怎样转变，传统的书籍阅览服务依然存在，传统的"读者第一，服务至上"的服务理念也仍需秉承。作为普通的一线馆员，从宏观上改变图书馆的力量是有限的，但可以在现有条件下，坚持从本职工作做起，在细微处用心，积极参与到图书馆现代化变革中。就此问题，笔者拟结合自身工作实践从古籍阅览服务方面论述之。

一、高校图书馆古籍阅览服务的特殊性

高校图书馆古籍阅览服务的特殊性是由古籍的特殊性、读者的特殊性和一线馆员的特殊性共同决定的。

（一）古籍的特殊性

在中华数千年文明史中，书籍的数量可谓浩如烟海，然而流传至今的却少之又少，可谓"沧海一粟"，且这些"沧海一粟"都是不可再生的文化资源，它们不仅具有文献价值，同时又具备文物价值，一旦损坏或丢失，便不复再现。同时，古籍存放条件又相当挑剔，对光照、空气、灰尘、温度、湿

度等都有特殊要求，霉菌、害虫、鼠类等常见生物又是古籍收藏的大忌。此外，作为一种文化资源，必然为人所使用。在使用过程中，不当的使用方法也必然会使古籍遭到破坏。古籍这种身兼文献、文物双重价值的特殊性使其相较于现代书籍，既需要得到精心保护，又需要大力开发，解决好"藏"与"用"的矛盾。

（二）高校图书馆古籍读者的特殊性

有学者曾就图书馆读者类型做过研究，以不同标准、不同角度将读者进行分类。其中，从"读者—藏书"角度而言，分为学习型读者（以文献知识充实头脑的读者）、研究型读者（开拓新的知识领域，进行创造性探索的读者）、应用型读者（以解决各种具体社会性任务为阅览目的的读者）和消遣型读者（将阅读作为消遣和文化享受的读者）；从"读者—馆员"角度而言，分为自我服务型读者（基本不需要馆员帮助，自主完全检索的读者）、"拐棍型"读者（指需要完全依赖馆员帮助才能进行阅览的读者）、互助型读者（能与馆员产生良性互动的读者）；从"读者—图书馆"角度而言，分为现实读者和潜在读者，潜在读者有多种情况，例如：暂时不具备阅读能力，有阅读能力而缺乏阅读愿望，有阅读能力和愿望，但不具备利用图书馆的条件（如办不到借书证或离图书馆较远等），仅利用私人藏书进行阅读等。

高校图书馆的读者主要是教师和学生，古籍阅览所接待的读者又主要是文史类专业的教师和学生，上述分类方法对高校图书馆古籍读者仍然适用。其中，学习型、研究型、应用型读者居多，消遣型读者相对较少。由于大多数读者具备一定的古籍阅读基础和古文献知识，纯"拐棍型"读者几乎没有。在以教师和学生为主的读者群中，学生读者的阅览频率呈现出明显的阶段性和周期性，即多集中于学期初和学期末，阅览目的性强，多为完成课堂作业或论文，所借阅的古籍也与专业课程和论文方向有很大联系。这是高校图书馆古籍阅览不同于公共图书馆的地方。

（三）一线馆员的特殊性

图书馆系统中，习惯性将流通、阅览、期刊、参考咨询等直接面对读者的服务工作称为一线，把采访、编目、信息加工等内部业务工作称为二线。一线馆员每天与读者直接接触，最了解读者的需求和意见，也最直观地向读者传递着图书馆的精神面貌和文化氛围。图书馆要把"读者第一，服务至上"的理念落到实处，一线馆员的服务水平和态度是至关重要的一环。对于高校图书馆古籍阅览一线馆员，如何从细微处着手，切实做好古籍管理和阅

览服务工作,正确处理古籍"藏"与"用"的矛盾,顺利实现"为读者找书,为书找读者"的服务目标,提高古籍阅览服务质量,这些都是考验工作能力之所在。

二、从细微处做好古籍阅览服务

高校图书馆作为我国古籍收藏的主要单位之一,就全国范围而言,目前馆藏古籍保护情况还存在着大量问题,大致可归纳为"四缺":缺宏观管理、缺技术设备、缺专业人才、缺资金支持。要解决这一系列问题,并非一朝一夕就可以完成。作为普通的高校图书馆古籍阅览服务一线馆员,从细微处着手,爱岗敬业,做好本职工作,无疑是更加切实可行之举。

(一)端正工作态度,正确认识自己

长期以来,外界对图书馆及图书馆工作人员的认识一直存在种种误解和偏见,认为图书馆只是借书还书、提供消遣的地方,图书馆人只是单纯负责借书还书。导致人们有这种认识的原因主要有两个方面:一方面是由于外界对图书馆及图书馆工作的了解和认识不足,这是可以理解的,但这只是一个次要原因。更重要的原因在于近现代以来的很长时间,部分图书馆人、尤其是一线馆员确实存在"失职"行为,在工作中缺乏主动性和创造性。正是这样的"失职"行为在很大程度上加深了社会大众对图书馆人的误解。尽管近年来图书馆人已开始不断地自省和反思,探讨图书馆人的身份意识,解读图书馆人的思维误区,但不可否认的是,这样的"失职"行为仍部分存在着,图书馆人的自我意识和责任担当意识还有待进一步提高。思想是行动的先导,消极的思想必然会影响到图书馆人的服务质量。因此,正确认识自己,调整工作心态,加强工作中的自省、自律,转换主体意识,是做好本职工作的首要任务,也是图书馆人必备的专业素质。高校图书馆古籍阅览服务一线馆员也不能因为读者相对其他阅览室较少,而产生懈怠情绪,降低服务质量。相反,正是由于古籍阅览的特殊性,才要求一线馆员在古籍管理和阅览中付出更多心血。

(二)防范重于救治,随时随地惜书、护书

古籍阅览服务馆员的职责不仅局限于看好书库,防止古籍丢失,同时还在于爱惜古籍、保护古籍,减少古籍破损。目前,无论是高校图书馆还是国内各公共图书馆,都十分缺乏专业的古籍保护修复人才。在高校图书馆从事古籍阅览一线服务的馆员,与古籍距离最近,与读者距离也最近,但因缺乏

古籍保护修复的专业背景,在古籍存放和阅览过程中很容易忽视古籍保护,加速古籍破损,这样的情况也不可避免地客观存在着。没有了古籍,古籍阅览服务又从何谈起?因此,本着"防范重于救治"的古籍保护原则,一线馆员利用空余时间主动并积极学习古籍保护的相关知识,是做好古籍阅览服务的重要前提。可从以下两个方面做好。

1. 加强书库巡察,改善古籍保存条件

国家对于古籍保存条件,从温度、湿度、照明、防紫外线、空气净化、通风、防虫防鼠、消防安防等方面作了严格规定。馆员根据图书馆情况,除最大限度保证上述客观标准达标外,还应加强书库巡察工作。因古籍读者相对较少,许多古籍都会存在长时间甚至数年不曾翻动一次的情况。这就需要馆员定期进库将这些经久不用的古籍翻动一下,使其能够透气,从而减少书页粘连。同时,在巡察过程中,遇有受损古籍图书,需及时与修复人员联系,保证受损古籍能够得到及时修复。

2. 馆员与读者均需严格遵守古籍阅览的规章制度

俗话说,无规矩不成方圆。古籍阅览也有其自己的规章制度。如取书前需保持双手洁净,取还书时需轻拿轻放、双手平捧,不可随意在书上勾画,做笔记时用铅笔或电脑,不能随意移动古籍内的浮签位置等。不仅是馆员自己在使用古籍时要严格遵守,同时还需细心和耐心地指导读者,并做好监督工作。例如可在阅览室的醒目位置张贴有关古籍阅览和复制的相关规定和说明,使读者明确古籍借阅流程及行为规范;提醒读者(尤其是新生和外单位读者)在阅览书籍之前仔细阅读规定;在阅览过程中及时制止读者的不规范行为。

(三)听其"言",察其"行",观其"心",提高读者检索效率,提升服务质量

一线馆员对前来阅览图书的读者,既要一视同仁,又要根据读者类型的不同,提供有针对性的服务,摒弃"你不问,我不答"的陈旧观念。可以从听其"言"、察其"行"、观其"心"三方面入手。如笔者曾遇有读者要查阅《十三经》,当问及需要其中哪一经时,读者回答"随便"。由此推测该读者可能是缺乏文献常识,可能是出于好奇。经过进一步询问,了解到该读者只是出于好奇,想看看《十三经》内容。这时可向读者简单解释"十三经"内容,并可推荐他使用现代点校本或通过《中国古籍基本数据库》等电子资源进行查阅。又如,有读者借阅了多册骆成骧诗文集,但均是查看目录之后便迅速归还。笔者上前询问方知,该读者是想查阅骆成骧被钦点状元的那篇科

考文章。这时可提醒读者一般科考制艺文章不会收入作者别集,避免读者徒劳无功,并可告知此篇文章内容在互联网上很容易搜到,如果不是需要查看版本信息的话,可在互联网上搜索。再如,有读者前来查阅某单刻本,但或因为我馆未藏有此书,或我馆所藏此书损毁严重、亟待修复,这时就绝不能以"没有"或"坏了"等语言简单回答读者,而需耐心细致向读者解释楚不能阅览的原因。其中,有的单刻本可向读者推荐使用电子资源或丛书查阅。如我馆藏乾隆凌云亭刻本《吴诗集览》损坏程度较高,已不便于阅览,一线馆员一方面可及时通知古籍修复人员,另一方面则可推荐读者利用《续修四库全书》进行查阅。又如,有读者想查阅嘉兴、余姚两地的方志,但对方志编纂时代并没有明确要求。我馆线装古籍暂无专门的嘉兴、余姚两地方志,但可推荐读者使用《浙江省方志集成》《浙江图书馆藏稀见方志丛刊》《上海图书馆馆藏稀见方志丛刊》等影印古籍,既解决了读者找书的问题,又同时将一些影印资源介绍给了读者。当然,这就要求一线馆员既熟悉馆藏资源,又对古籍版本有一定了解,才能将电子资源、古籍图书、影印古籍相结合,将单刻本、丛书相结合,从而较好地解决古籍"藏""用"矛盾,针对读者不同的需求,实现"为读者找书,为书找读者"的服务目标。

听其"言",察其"行",观其"心",不仅是体察读者的阅览对象需求,即读者需要什么书,还在于体察读者对图书馆服务的意见和建议,从而改进馆员服务方法。例如,在一篇专门研究读者抱怨的文章中提到,即使读者对图书馆服务不满意,绝大多数读者并没有直接明确表达不满,有的图书馆馆员甚至采取"不抱怨不处理"原则。一项针对读者的调查显示,如果读者的抱怨得到及时处理,图书馆可以留住95%的读者,相反,如果拖拖拉拉,即使问题最终得到了解决,也只能留住65%的读者。这就需要馆员一方面能够主动与读者沟通,鼓励读者表达看法。另一方面,由于图书馆服务不满意的读者中,有95%的读者并没有直接投诉,这就更加需要馆员通过听其言、察其行,以达到"观其心"的目的,及时发现工作问题,有效开展古籍阅读服务失误的预防和补救,改进服务方法,消除读者的不满,提升古籍阅览服务质量。

(四)做好细节服务,营造温馨氛围

细节服务能够体现服务的魅力,在服务中关注细节是服务艺术的最好体现。以我馆为例,在古籍阅览室中备有已裁切好的专用宣纸书签、便笺纸、笔,提醒读者可自行取用;备有《四川大学电子资源一览表》《中国丛书综录》《中国历史年代简表》等工具书和诸如《中国地方志集成》类的使用频率较高的丛书子目目录，以便读者查询。此外，由于阅读环境与阅读质量息息相关，除图书馆已为读者配备了仿古风格的桌椅外，馆员还专门选用了图案古色古香、能展示中国深厚传统文化内涵的台历，真正努力做到了从细节处营造出温馨、典雅、舒适的古籍阅读氛围。

三、结语

陈誉先生曾言："一个人如果在事业上要取得成功，首先必须对自己选择的职业和从事的事业有一个正确的认识，这样才能热爱、执着，获得成功。任何职业，如果在事业上要取得成功，都需要具备一定的牺牲、奉献精神，但是，有些职业却要求有更多的奉献，例如教师、农业工作者、图书馆员、一般行政人员等，都属于这类职业。……图书馆学教师和图书馆员都要求具有更多的奉献精神，这是由学科的服务性、公益性……所决定的。"① 敬惜古籍，尊重读者，从细微处着手，完善古籍阅览服务，建立起读者与古籍之间的"一座桥"，而不是"一堵墙"。这样的服务工作，虽然"善小"，但在图书馆事业的现代进程中，却是应有可为，且大有可为的。

参考文献：

[1] 程仁桃，杨健. 高校图书馆古籍保护的现状与展望 [J]. 图书馆工作与研究，2009（8）：61-63.

[2] 刘培俊，张惠梅. 论图书馆的服务补救 [J]. 图书馆杂志，2003（1）：30-32.

[3] 罗冬. 图书馆服务补救的有效开展 [J]. 湖南第一师范学报（哲学与社会科学版）[J]，2009（3）：122-124.

[4] 李漫. 高校图书馆一线馆员提高服务质量和途径的探讨 [J]. 科协论坛（下半月），2010（5）：178-179.

[5] 荣朝艳. 论高校图书馆"一站式"服务模式对一线馆员的要求 [J]. 山东行政学院山东省经济管理干部学院学报. 2009（4）：143-145.

[6] 于鸣镝，那春光. 图书馆读者类型研究 [J]. 图书情报知识，1993（3）：8-10.

[7] 朱若红. 试论图书馆读者权益的维护与管理——以对读者抱怨的解决方法为例 [J]. 图书馆工作与研究，2012（9）：52-54,68.

---

① 叶继元：《中国百年图书馆精神探寻》，载《图书·情报·知识》2004年第5期，第21-25页。

大学图书馆免费开放的路径设计

胡 芬

摘 要：在公共图书馆全面推行免费开放的大形势下，社会公众对大学图书馆免费开放的期许也与日俱增，大学图书馆免费开放已是大势所趋。本文拟就大学图书馆试行免费开放提出具体可操作的渐进措施。

关键词：大学图书馆；图书馆服务；免费开放

随着2011年文化部和财政部联合发布《关于推进全国美术馆公共图书馆（站）免费开放工作的意见》，全国各地公共图书馆相继推行面向社会大众免费开放。作为同样具有公益属性和文化传承功能的大学图书馆，进一步在全社会范围内实现资源共享，既为公众所期盼，同时对大学图书馆本身而言，也是一次拓展服务范围、提升自我发展的机遇。

一、免费开放的内容

在《关于推进全国美术馆公共图书馆（站）免费开放工作的意见》（以下简称《意见》）中，明确了公共图书馆免费开放包括两个方面：一是指公共空间设施场地的免费开放，二是指与其职能相适应的基本公共文化服务项目健全并免费向群众提供。具体包括：一般阅览室、电子阅览室、自修室等公共空间设施场地免费开放，文献资源借阅、检索与咨询、公益性讲座和展览等基本文化服务项目健全并免费提供，为保障基本职能实现的一些辅助性服务如办证、验证及存包等全部免费。参照《意见》要求，大学图书馆免费开放的基本内容可概略为两个：馆藏资源的免费开放和馆舍空间的免费开放。

二、免费开放的担忧——馆藏与空间

大学图书馆首先是服务于本校师生，为本校的教学科研提供文献保障。

这就决定了其馆藏资源的专业性和学科性较强，如果面向社会开放，则馆藏文献并不具广泛的针对性和适用性。事实上，也正因如此，大学图书馆免费开放并没有像公共图书馆一样引起读者量"井喷"——而这即使对公共图书馆而言，也只是最开初的现象，事实已证明并非常态——而是给需要查找专业文献资料的少部分校外人士提供到真正的帮助，进一步扩大文献信息资源共享人群范围。

另外一个令高校图书馆界忧虑的是，在"占座"现象频发的大学校园，图书馆的馆舍面积和所能提供的阅览座位对于本校师生已是捉襟见肘[①]，如果向社会开放，势必加大阅读空间不足的矛盾，极可能造成校内师生怨声载道、校外读者亦不尽如意的双输局面。那么，应该怎样设计才能既充分发挥大学图书馆的社会功能，又不致减弱对本校的文献保障，从而达到双赢呢？

三、路径设计

在讨论如何免费开放以前，先尝试梳理出大学图书馆的潜在社会读者群，以便于有针对性地制定开放政策、设计开放路径。从馆藏资源类型来看，大学图书馆藏书的受众并非"大众"，其潜在的社会读者人群主要是与高等教育相关的教学和科研人员，包括教师、大学生、科研机构研究人员、企业研发人员等。从馆舍场地利用来看，希望到大学图书馆内自修、向往学术氛围下的读书环境的，则多为学生和考研、考证一族。这两类读者中，超过半数为在职上班人士，多系利用工作之余进馆查阅或自修，如此看来，大学图书馆的潜在社会读者总量并没有想象中那么多。

尽管如此，受限于资源和空间，同时也为保障其首要服务对象，大学图书馆并不能完全像公共图书馆那样向公众敞开大门，在现阶段需要迈出的第一步是有计划地逐步向公众开放。

（一）错时设计

首先纳入考虑的时间是大学的寒暑假。每年的寒暑假加起来大约有三个月左右的时间，在此期间不论是进馆人次、阅览人次还是外借图书量都大幅减少。以我馆文理分馆 2012 年暑期前后的进馆人次统计数据为例：5 月 36999 人次，6 月 27863 人次，到 7 月开始放暑假降至 5589 人次，8 月降至最低仅 1134 人次，9 月开学又恢复到 28012 人次，10 月 45232 人次，其中

---

① 李华，张晨子：《大学图书馆只能"有限"开放？》，载《广州日报》2012 年 8 月 28 日第 8 版。

7、8月暑假期间的进馆人次约为平时的十分之一。因此,在寒暑假这段空闲时间,可以让大学图书馆的馆藏资源和馆舍场地充分地利用起来,全面向社会读者开放。具体施行措施:公众凭身份证件免费登记领取临时图书证(在免费开放施行之初,临时图书证的用途在于掌握进馆人次、了解读者类型及需求,以便为后续的开放措施提供参考数据),临时图书证的有效期截止至假期结束前,若读者需外借图书则事先缴纳一定数量押金。如此错时开放,既不致影响本校师生,又为同样在假期中的那部分校外学生读者提供了学习的场所,也给查阅文献资源的人群提供了更多的时间选择。

(二)权限限制

在非假期时段,可以试行预约进馆、限制外借等有条件地开放的措施。各个馆根据本馆实际情况设定每日校外读者接待人次,公众可通过网上预约或到馆领取临时图书证,证件有效期为当日,权限可限定为仅馆内阅览。日发放临时图书证数量不超过设定的读者人次数。这样既为公众利用大学图书馆提供了一个路径,又不致对本校读者造成明显的影响。

(三)开设公众外借窗口

大学图书馆藏书量浩大,据不完全统计,约占社会总文献的60%,然而馆藏资源利用率普遍低于40%,有的还不足20%[1]。如此大量的闲置资源未能开发利用,实为可惜。对于这部分长期"沉睡"的馆藏文献,可向公众试行开通外借窗口。具体施行措施如下:

(1)和公共图书馆建立服务协作关系,通过馆际互借的方式让这一部分文献被利用起来。

(2)面向公众免费办理外借图书证,在缴纳押金后,校外读者通过网上提交外借申请,经图书馆审核判断为非校内常用文献后,在专门外借窗口即可办理外借手续。当然,所有的外借图书如有本校读者预约使用,可强制要求校外读者及时返还。

四、准备工作和制度保障

大学图书馆要按照上述开放路径施行,还有很多的前期准备工作需加强完善,同时在施行过程中也需要更多的制度保障。

---

[1] 周国忠:《高校图书馆该不该向社会免费开放》,载《中国文化报》2008年4月27日第4版。

首先,应加强图书馆宣传力度,让公众更多地了解大学图书馆,了解其丰富的馆藏资源。大学图书馆将不再是"养在深闺无人识"。

其次,完善规章制度并做到充分公示,细化各类标识标牌,有针对性地开设利用图书馆的讲座,制作讲座视频以便于读者在网上点播学习。

第三,开发完善现有图书馆信息管理系统,增加对校外读者的科学管理模块;加强后台网络管理平台和技术支持;加强馆内工作人员的培训和校外读者的引导工作。

第四,建立校外读者诚信档案,对不能遵守图书馆规章制度的读者可给予暂停乃至冻结借阅权限的处理。

最后也是最重要的,大学图书馆向公众免费开放,还需要国家政策上的引导和财政上的支持,才能使这项工作得以可持续地、稳定地进行,为社会主义文化强国添砖加瓦。

参考文献:

[1]丁黎微.高校图书馆占座现象初探[J].科技情报开发与经济,2012(3):59-61.

[2]耿银平.大学无偿开放图书馆是积极的文化担当[N].人民日报:海外版,2012-8-29(7).

[3]李晓霞.行业图书馆向大众开放距离我们还有多远?[N].兰州日报,2012-10-8(6).

[4]廖君.文博馆免费开放:从"看热闹"到"品文化"[N].中国税务报,2012-6-22(8).

[5]于曦蒸.博物馆免费开放对高校图书馆向社会开放的启示[J].四川图书馆学报,2011(5):68-72.

[6]张凤巧.高校图书馆免费开放存在的问题及对策[J].中国报业,2012(2):43-44.

从服务学习的维度探析高校图书馆志愿服务
——以四川大学图书馆志愿者队为例

黄 欢

摘 要：本文从服务学习的纬度，初探了服务学习的内涵，国内外对服务学习的研究，将志愿服务和服务学习进行对比，以四川大学图书馆志愿者为例，阐述了其队伍架构、工作内容和发展构架，剖析了用服务学习的理论指导高校图书馆志愿者队发展的实践探索。

关键词：图书馆；志愿者；服务学习

一、服务学习的内涵

服务学习在20世纪60年代产生于美国，源于经验教育，它通过把有意义的社区服务和教育反思结合起来，丰富学生的学习经验，培养学生的公民意识，获得了良好的社会认可。从80年代开始，服务教育在美国获得了迅速发展，随后在我国台湾地区受到广泛关注，不少高校都学习美国高校服务学习的运行机制。在素质教育、创新教育的背景下，服务学习在我国其他地区的中小学、高校也受到了越来越多的关注。

二、国内外对服务学习的研究

根据笔者搜集的资料，从2000年至2011年，我国对服务学习的研究，还未形成专著，只有若干关于服务学习的论文散见于各种刊物，对服务学习的研究，主要集中在对其内涵、特征、运行模式的介绍，实施服务性学习的作用和意义，服务性学习的应用和启示几个方面。

（一）国内对服务学习的研究

关于国内学者对服务学习的研究，主要从服务学习的概念、特征、类型、作用和影响等纬度进行探析，也有学者结合自己的专业学科，探寻服务学习在各行各业的实践意义。

1. 对服务学习概念、特征、运行模式的研究

关于服务学习的研究，几乎都涉及了对其内涵的阐述和特点的归纳。其中，郝运、张荷皎、崔随庆、刘宝存、王维、马存根和郑菊萍分别发表论文《美国高校服务学习研究》《美国服务学习研究》等，介绍了服务学习的理论基础、特征和实施原则。房慧、张翠凤、李顺碧和张旺等，介绍了服务学习的产生背景、发展阶段和作用影响。董鹏中、堪启标、胡蕙芳等，结合实际案例，通过对服务学习运行机制的研究，阐述了服务学习的类型和实践，探寻服务学习运行机制所依赖的基本理念，分析运行机制的制度规范，梳理运行机制所需要的组织系统。

2. 对开展服务学习的作用和意义的研究

佘远富、沈全发表论文《服务性学习——深化大学生社会实践的关键》《服务性学习德育功能研究》，认为服务学习有利于促进高校教学与学生社会实践的衔接，激发学生社会实践的积极性，培养学生的综合素质和创新能力，是深化大学生社会实践的新途径和新突破。服务学习也是德育的有效载体之一，具有显著的德育功能，服务学习的过程也是实现德育目标的过程。

3. 对服务学习在学科专业中的教学与实践研究

服务学习的理论已经开始应用于部分学科领域和社会实践。李惠英、舒勤、方顾、杨玲、陈敏、王秋芳、童乃诚和郭素丽等，通过结合实际案例，分别发表论文《服务性学习应用于外科护理学教学研究》《让服务性学习走进信息技术课程》《服务性学习：语文学习的新模式》等，探讨了服务学习在医学、信息技术等学科领域，在高职教育和高等教育中的教学意义和教学效果。他们认为服务学习对构建应用型教学体系具有重大的借鉴意义，对培养受教育者沟通能力、团队协作能力和解决问题的能力，能够取得较好的效果。

（二）国外对服务学习的研究

国外对服务学习的研究，可以追溯到19世纪，早期的研究侧重于理论探源。1830年托克奎威尔在其著作《教育中的民主》中，把公民的服务行为称为"心的习惯"，这一术语在最近几十年里又重新出现在美国的教育文献中，它有助于人们重新思考服务问题，提醒人们互助互爱。20世纪初，丹恩开发"社会公民"和"民主的问题"两门课程，将好公民定义为"为他所处的社区谋利益的人"。随后杜威主张在"做中学"，提出经验教育，这

一观点成为服务学习的主要思想来源。克伯屈在第一次世界大战后,提出"设计教学法",提倡校外情境中的学习。从20世纪80年代始,美国教育界在服务性学习的发展历程、运行机制、教育价值等方面做了大量研究。到20世纪90年代,服务学习进驻全美各级各类高校,成为教育主流,众多的个案研究和实证性调查报告涌现。经过一个世纪的发展,理论与实践相辅相成,服务教育站在了美国高等教育的前沿。

综上,虽然国内外已有不少关于服务学习的研究成果,但大多都是探讨其理论根源、介绍其概念、特征和运行机制、分析其在教学中的作用、意义和启示,鲜有结合高校图书馆志愿服务,探析服务学习的教育价值的研究。

三、服务学习与志愿服务的区别

服务学习和志愿服务都源于经验教育,两者都是非盈利性质的服务,但又有所区别。高校图书馆志愿服务更侧重于服务学习而非局限于志愿服务。

1. 服务学习中师生是学习共同体

普通的志愿服务仅仅是以爱心奉献为宗旨,自发组织服务,是社会或社区单方面受益。在高校图书馆志愿服务中,师生是学习共同体,成长共同体,通过图书馆和志愿者共同的工作、活动和交流,既推进了图书馆的工作,又提高了学生的学业成绩,促进个性发展,使双方受益。

2. 服务学习注重反思发展

普通的志愿服务仅仅为工作而工作,在高校图书馆志愿服务中,除了做好日常工作和活动,老师还重视引导志愿者就工作成效和活动结果进行反思,促使学生体会思考的过程,加深对队伍的认知,促进团队和个人发展。互惠和反思,正是服务学习特有的内涵。

四、以服务学习理论指导高校图书馆志愿者队

(一)图书馆是素质教育的基地

在素质教育背景下,在学校大力加强对高等教育规律的探索与实践,确立现代教育教学理念,树立现代教育观、人才观,不断深化教育教学改革,创新人才培养机制,努力培养高素质创新型人才的教育方针指引下,作为集学校教育、科研、管理、服务为一体的高校图书馆,在传授创新知识,孵化高新技术,培养高层次人才和推进素质教育方面具有重要作用,是高校创新性人才素质教育的重要基地。

（二）四川大学图书馆志愿者队建设

1. 四川大学图书馆志愿者队的构架

四川大学图书馆志愿者队（以下简称"图志"）隶属四川大学青年志愿者队下设的四支特色服务队，组织庞大，体系明晰，在充分结合图书馆工作需求和队员作息时间的前提下，形成了一套高效的组织机构体系——总队、分队及小组相结合。总队领导整支志愿者队伍，统筹全队各项事务；总队内部设置办公室、组织部和宣传部三个部门，部门间相互协调，分工合作；总队下分设了八支分队，其中七支分队各自负责每周七天中一天的服务工作，另外一支分队——思源社分队的队员则分布在七支分队的各个时段中；七支分队下设五个小组，对应每天工作的五个时段。总分结合，权责明晰，使得志愿者可以合理地利用课余时间为图书馆和读者服务。

2. 四川大学图书馆志愿者队的现状

（1）服务内容。从2006年至今，图志始终坚持"服务图书馆，服务读者"的宗旨，以排书上架、整理书架、帮助读者、上传随书光盘等为主要服务内容，累计服务时间超过十万小时，协助图书馆老师服务读者平均每日3000余人次。550余名图志队员通过志愿工作协助老师管理图书馆，为读者借阅提供便利，受到了读者与校内外老师的高度赞扬。

（2）队内外活动。日常志愿工作之余，图志还面向全校开展了各类主题活动，如"四川大学大学生读书节"和"四川大学图书馆读者服务宣传周"。这些活动增进了读者对图书馆的了解，引导读者形成读书、爱书、护书的良好习惯，受到了读者的广泛赞誉。"四川大学大学生读书节"也在2010年荣获"校团委青年志愿者优秀行动项目""学校第二届校园文化建设精品项目"。

图书馆志愿者经过七年的发展，师生共同摸索出一套较为科学的运行机制，受到越来越多的兄弟院校图书馆的关注，在建设大学生服务学习实践基地方面作了积极尝试。

五、结语

服务学习是在世界课程改革综合化的趋势下出现的一种开放式的学习方式。其核心是通过组织学生参与各种各样真实的服务活动，让学生从自己的服务体验中学习知识、反思知识，同时帮助学生在关注社会和关心他人的过程中成长为一个富有责任感并有能力服务于社会的人。高校图书馆志愿者队的建立，是服务学习理论的实际应用。在服务学习教育理论的指导下，志愿者们在社会实践中学习,在学习中反思,在反思中成长,领会专业技能,领悟团队精神,从而自我学习和自我管理能力得到提升。同时图书馆深入实现育人职能,真正成为大学生素质教育的基地,成为培养创新性人才的摇篮,在探索高校图书馆成为大学生创新性人才培养途径和渠道方面作了有益尝试。

参考文献:

[1] 董鹏中. 美国高校服务学习运行机制的探究 [J]. 比较教育, 2012 (6): 93-95.

[2] 郝运, 饶从满. 美国高校服务学习的特点、实施程序及对我国的启示 [J]. 东北师大学报 (哲学社会科学版), 2010 (1): 163-167.

[3] 郝运, 饶从满. 美国高校服务学习理论模式初探 [J]. 外国教育研究, 2009 (11): 59-63.

[4] 郝运, 饶从满. 美国高校服务学习发展的阶段特征及其影响因素探析 [J]. 外国教育研究, 2009 (6): 67-72.

[5] 敬鹏飞, 刘长海. 论服务学习与开放式高等教育的契合 [J]. 高教研究, 2008 (6): 11-14.

[6] 刘长海. 大学"服务学习"的综合教育价值研究 [J]. 江苏高教, 2008 (2): 140-142.

[7] 谢丽娟, 郑春厚, 吴庆伟. 中美高校图书馆社会服务比较研究 [J]. 图书馆建设, 2009 (2): 64-67.

[8] 赵明刚. 美国高校的实践教学模式评析 [J]. 教育评论, 2011 (1): 156-158.

高校图书馆志愿者队伍可持续发展探讨

李 红

摘 要：图书馆志愿者队伍逐渐成为高校图书馆服务重要力量。其在大学人才培养支撑体系中起着重要作用。为保证高校图书馆志愿者队伍可持续发展，本文提出了四项具体措施。其分别是进一步完善管理，提高志愿者队伍信息素养，加强对志愿者队伍培训和积极鼓励志愿者。

关键词：图书馆志愿者队；大学生信息素养；可持续发展

一、引言

随着高校图书馆志愿者队伍不断发展壮大，它已成为高校图书馆服务一支不可缺少的生力军，并在图书馆的基础性服务工作中发挥了重要作用。但是就目前的现状而言，志愿者队伍组成人员主要为每年从大一新生中招募而来，而到了大二时，队员就会因为学业、课外实践、社团活动等缘由开始陆续退出，大三、大四的学生中担任志愿者的是少之又少，就更谈不上研究生及以上学历者进入志愿者队伍了。由于志愿者服务队队员大都是新生，只能从事单一的上书排架等较为简单的工作。在管理上以志愿者自治为主，图书馆辅助管理，社团的组织、活动、服务纪律等得不到充分保证，志愿者队伍的可持续发展成为各高校图书馆面临的一大难题。

二、图书馆志愿者队伍可持续发展的意义

图书馆在大学人才培养支撑体系中起着重要的作用。图书馆作为学校重要的学术性服务机构，坚持以学生为本，为学生服务，努力为学生的发展提供多样化的学习支持，成为学生学习、研究和交流的综合性服务中心。目前，图书馆志愿者队伍越来越成为图书馆不可或缺的一部分，队员们通过图书馆的培养和教育以及在图书馆服务工作中的实践，对图书馆提供多种学习

支持功能有了更深刻的认知和了解。这样不仅提高了图书馆志愿者服务队队员自身的信息素养，更为重要的是通过他们在其他学生中的宣传教育，使广大学生的信息素养不断得到同步提升。

三、高校图书馆志愿者队伍可持续发展措施

要使图书馆志愿者队伍得到可持续的发展，我们认为应从以下三方面进行努力。

（一）进一步完善管理

首先，应加强图书馆志愿者队伍的自治管理。志愿者服务体制应该在图书馆老师的指导下不断完善，在组织结构、队员分配等方面应保证机构和人员的正常运行。

其次，在人员结构上应做到新老交替，各专业、各年级、性别间的有机组合，尽量实现每支分队都由新老队员相互搭配组成，以期在图书馆的服务工作中发挥应有的作用。

最后，高校图书馆应加强对图书馆志愿者队伍的监管。具体而言，应由专人负责志愿者队伍的日常管理，指导志愿者们的工作，关心他们的学习和生活，为他们排忧解难，及时解决出现的各种突发性问题，并组织他们开展各种活动。同时应注意把人才培养融入其中，通过培训和实践的锻炼，队员们能够在老师的帮助下了解和熟悉图书馆各个部门的工作，而不再局限于简单的上书排架工作，逐步形成在图书馆的各个服务岗位都能见到图书馆志愿者队员的身影，同时这些队员又在工作中得到了培养和教育并把他们学到的新知识及时传播给其他同学的可持续良性发展局面。

（二）不断提高志愿者队伍的信息素养

图书馆现代服务功能的实现程度由很多因素决定。无论图书馆提供的服务多么出色，如果得不到读者的认同、理解和真正利用，其服务说到底也只是空中楼阁而已。如今有很多高校图书馆开始向读者提供各种信息化、个性化的服务项目，例如手机图书馆、网上图书馆、数据信息共享空间、学科化服务、个性化服务、阅读推广等。然而现实却是，大多数学生对于这些新兴的服务内容知之甚少，因为很多学生从未有意识地去学习新知识、获取新途径、信息素养低下，这就造成了图书馆信息服务资源的大量浪费，许多基于现代理念设置的服务种类无法真正得到实现。所以，信息素养是大学生未来生存和发展的基础，信息素养的提升是传统文化素养的延续和拓展，可使受

教育者达到独立自学和终身学习的目的。充满好奇和求知欲望的大学生每天都要接触海量信息，他们需要从浩瀚的信息海洋中鉴别对自己真正有益的信息，并加以整理和吸收。因此，多渠道获取、传递、分析和利用各类信息是现代大学生的必备能力，图书馆应对志愿者队员进行信息素养教育，提高他们的各种信息技能，针对不同专业、不同年级、不同程度的队员，进行最合理适度的培养和教育，让他们能够认识到信息对个人及社会的重要性，使他们能够在高度发展的信息化时代对信息资源和信息工具得到及时的了解和运用。

在对图书馆志愿者服务队队员进行信息素养教育的同时，图书馆还应把不同程度的队员分配到相应的岗位进行学习实践，如有些队员对图书馆日常工作流程和相关知识非常了解，也有帮助其他同学解决问题的意愿和知识储备，就可以将其安排到咨询岗协助老师的工作；有些队员能对信息源如数据库等资源以及信息工具有着很深的了解并能熟练运用，就可将其安排至电子阅览室协助工作；还有些队的培训，具备一定的信息评估能力，就可让其跟随学科馆员进行专业化学科化的服务等。这样，图书馆志愿者队伍在高校图书馆中的服务就由单一的模式化服务变为多样化的创新型服务，队员们在服务于读者的同时也得到了培养和学习，提高了自身的信息素养和信息技能，为将来的学习和工作打下了坚实的基础。

（三）加强对志愿者队伍的培训

加强对志愿者队伍的培训，其宗旨是提高其业务技能。如前所述，高校图书馆志愿者队伍存在的一个重要问题是队伍流动性极大。以四川大学江安图书馆为例，志愿者队伍的主要成员是大一、大二学生。由于四川大学绝大部分大三、大四的学生需要迁至望江校区学习，所以志愿者队伍在江安校区图书馆的服务大多仅两年。因此，校图书馆需要每年都招募一次志愿者成员，极大的队伍流动性导致志愿服务技能不能有效提高，当务之急是解决志愿者队伍的技能培训问题。张田吉认为接受系统培训是志愿者上岗的前提，这种培训包括图书馆基础知识和岗位技能技巧的提高，其中，图书馆基础知识培训包括服务理念、工作流程、借阅规则和规章制度等。此外，培训形式应该多样化，如讲座、案例分析、影像观摩、以老带新等。通过加强对志愿者队伍的培训，提高其业务技能，才能有效保障图书馆志愿者队伍工作的有效性和可持续性。

（四）积极鼓励志愿者

积极鼓励志愿者也十分必要。马斯洛的需求层次理论认为每一个人都有五种需求，他们分别由低到高是生理需求、安全需求、社交需求、尊重需求和自我实现需求，积极鼓励志愿者是满足其社交需求和尊重需求的体现。在工作中，由于图书馆馆员的学历背景、知识面或者语言沟通技巧的差异，在与志愿者沟通过程中，并不一定能有效传递正面信息。例如志愿者新成员在学习图书排架知识时，每个志愿者对掌握图书排架知识所需时间有快慢之别，对于掌握图书排架知识较慢的同学，某些馆员可能会无意识且习惯性的对该志愿者做出负面评价，如"怎么这么笨""好笨"之类的语言。虽然这是馆员无心一句话，但也许就会伤到志愿者的自尊心。尤其是现在，志愿者成员都是90后，这代群体更强调自尊心和个性。因此，馆员在与志愿者交流和工作时，对于其在工作中出现的缺点或者错误，应积极鼓励志愿者并在尊重个体的前提下善意提醒他们。毕竟，每个人都应有自己的尊严，都渴望得到尊重。而这种心理，在90后这一代身上体现得更为明显。

四、结语

图书馆志愿者队伍的健康可持续发展，不仅对图书馆各项服务工作的顺利开展起到了极为重要的作用，而且也有利于广大志愿者在服务过程中信息素养的提高和社会实践能力的提升，同时队员们又能把在图书馆学到的各种新的服务内容和新兴知识传播到广大学生当中，使学校的人才培养计划更加完善。

参考文献：

[1] 吕芳，刘宏军. 大学生信息素养教育研究 [J]. 大学图书情报学刊，2012（2）：11-14.

[2] 李玉兰，吕俊杰，彭晓东. 图书馆在大学人才培养支撑体系中的作用 [J]. 大学图书馆学报，2012（2）：118-119.

[3] 张维赞. 高校图书馆服务创新的启示 [J]. 大学图书情报学刊，2012（4）：7-9，21.

[4] 张田吉. 高校图书馆志愿者管理与服务创新 [J]. 大学图书馆学报，2012（4）：83-86.

[5] 周三多. 管理学原理 [M]. 上海：复旦大学出版社，2009.

大学生占座现象及占座心理探析

张 丽　蒋真明

摘 要：本文仔细分析了校园占座现象极其可能带来的不良影响，并从心理层面对校园占座进行探析，分析占座行为的心理，以期对占座有更深层次的认识，从而真正有效地解决这个难题，以促进资源的高效率利用，促进和谐校园的建设，促进大学教育的发展。

关键词：图书馆占座；不良影响；心埋分析

占座，就是去教室或图书馆等一些公共场所占领座位。占座现象由来已久，在许多高校已是习以为常的现象，无论是烈日酷暑，还是三九严寒，总有很多学生守候在教学楼、图书馆前，等到大门一开，争先恐后地涌入以占得一席之地。尤其临近期末考试之时，自习室和图书馆的占座现象就变得尤为突出。

针对目前越演越烈的占座现象，笔者极为关注。作为高校图书馆工作人员，每每目睹同学清晨早早站在图书馆门前排着的长长队伍，看到进门后一个个飞奔的身影，看到那些早早来到教室却发现书无虚席后只能悻悻地离开，甚至一些同学之间因座位而起争执的现象，心中总是不忍，同时促使我观察和思考抢座、占座问题，思考着自己该尽的那份责任。

本文试图对大学生占座现象及占座过程中的各种心理进行分析，以期对这个问题有一个更深的认识，从而能启发学校相关部门对症下药，有效解决这个难题，以促进现有教学资源的高效率利用，促进和谐校园的建设。

一、大学生占座现象

大学里，占座意味着你可以拥有令你满意的座位，上课时可以不必伸长脖子去捕捉老师的动作和眼神，可以不必竖着耳朵生怕漏听了什么，可以不必端起眼镜费力辨认黑板上的板书，意味着你可以更容易集中精神，获得

更好的听课效果，最终得到更优异的成绩；当然，对于不爱学习的人，上课也要占座，占个后排座位是理想的，意味着可以做自己想做的事不被老师发现。对于上自习的人，提前占座意味着去了就有位置可坐，可以安心上自习，意味着不必经历在一间间教室一层层楼里寻找座位的痛苦，意味着获得较好的自习效果。

大学校园占座主要是上课占座和自习占座。平时的占座行为主要是集中在一些热门课程所在教室里；而临近期末考试，占座就更普遍了，因为很多学生平时较少认真学习课程内容而在考前进行突击复习以通过考试，再加上公务员、研究生等各类考试扎堆，自习室和图书馆的占座现象就变得极其严重，尤其具有明显环境优势的图书馆在期末时更是成了学生抢座占座的必争之地。

（一）占座的几种情况

大学校园里占座盛行，占座的情况多种多样，有自己排队抢座占座，有托人占座，有隔堂占座、隔夜占座，还有长期占座，都很常见。

（1）自己占座，是自己给自己抢个座位。大学里经常见到学生早早排队守候在教学楼、教室、图书馆前，等到大门一开，争先恐后地涌入，迅速将书本等物置于桌上，占得一席之地。在正常情况下，早起早去往往能很容易抢个称心的座位。但是，有些时候早起早去不一定能达到这个目的，例如早早赶往教室，但还有人在上课，还是要跟大家一样等门开之后逆着人潮勇敢前进，凭经验和实力去争抢座位，往往是速度和体力佳者胜出；挤进去之后，若稍犹豫，大部分空位转眼就被人抢占了。遇到这样的情况，部分同学就会觉得早起早到没有意义。对此，有些人依然会坚持早起早去抢占座位，有些人则会另想途径。

（2）托人占座或替人占座。有些人不愿早起去抢座位，尤其是那些不习惯早起的同学。于是，委托早起早去的同学或室友占座的现象就出现了。那些替别人占座的同学往往用一本书放一个空座位的方法，同时占上几个座位。还有的同学在上一个课间前赶到，委托上课的同学帮自己占个座位。替人占座，是真正意义上的一种占座。这种是互帮互助型的。

（3）隔夜占座。不必早起、不必着急也有位可坐的另一种方法就是隔夜占座，就是在前一天晚上在座位上放些书本等占座。这也是真正意义上的一种占座。这种占座对那些早起排队的同学很不公平，导致排队的不一定有座、不排队的反倒有座，因此在很多高校是不允许的，图书馆更是禁止的。尽管每晚关门或闭馆前管理人员都会收书、清位，但是这种现象仍是屡禁不止。

（4）长期占座。一些同学用成堆的书本或个人物品长期占据某些位置，往往一占就是几个月、一学期，甚至更长时间。考研占座尤为突出。大部分高校没有为考研和参加各种考试的学生提供专门的自习室，而备考学生都需要一个稳定的环境，希望得到固定的座位安心复习，并且大量考试资料也不易搬动，于是占座甚至占个教室是他们的愿望。很多有经验的考研同学都知道，只要开学的时候找到一个合适的座位把书堆上塞满，相当于整个一学期那个位子都是自己的了。于是，不少学校出现学生在开学时连夜排队抢占座位的情况。每年，川大望江校区东三教都会聚集很多准备考研的学生，有些教室被考研同学占领，成了同学们之间默认的考研教室。临近期末，自习座位紧张，有的教室直接被贴上"考研教室已占满""考研教室，谢绝生人"等字样。这就苦了那些虽不考研，但需要上自习的同学，往往要辗转几个教室或几层楼才能找到一个或许暂时未被占的座位。

前两种占座，学校图书馆里都很常见，隔夜占座也时有发生，至于长期占座，由于管理严格，图书馆里尚不存在。

（二）占座的方式、物品

用来占座的物品可谓是五花八门，花样百出。占座同学发明各式各样的占座物品，传统占座物有：课本、书包、笔盒、笔袋、水杯、眼镜等；新发明的占座物有：纸巾、药片、围巾、手套、坐垫、衣服、雨伞等，各种信手拈来的物品都能成为占座用具，还有甚者故意放些看上去很恶心别人不会碰的东西。

占座的方式也从放置个人物品发展到铺放报纸、贴条留言、桌上留言等。例如，有的座位贴上了小纸条，纸条上一般写诸如"此座有人""占座复习，请勿扰！""考研占座，谢谢配合"等字样，还有直接拿笔在课桌上写字占座。据报道，山东师大等高校还有同学用铁链把桌椅锁在一起或者把书包和桌椅锁在一起占座。

（三）为人所诟病的占座

对于早起早到排队抢个座位自习，大家都能理解和接受，甚至替人占座也不是很让人反感，可是隔夜占座、长期占座以及一人多座、占而不坐的现象却引起公愤，校园微博、校园BBS上对此的"口诛笔伐"也日益升级。

一人多座。有些学生学习时容易被干扰，担心身边有人会影响自己学习，自习时就会在可能的情况下想在身边多占一两个座位；有些人由于不喜

欢跟陌生人紧贴在一起坐而想多占一两个座位；还有些就只是为了让自己能坐的舒服些而想要多占座位。还有些同学占座后，半天、一整天甚至几天都不到自习室学习，造成物在人不在，让座位空置，这是占而不坐。

一人多座和占而不坐是大家反感和声讨的对象，因为它们不仅体现出极大的不公平，而且造成了大量宝贵资源的白白浪费，造成了大学自习室常见的"座无虚席，人不过半""人满为患"的假象。这样，其他想上自习的同学也会因为自习座位"紧张"而开始占座，结果是恶性循环，占座情况越演越烈。

其实，替人占座也会导致座位资源浪费，在别人因为种种原因没有有效利用座位时被白白浪费；另外，替人占座对那些早起早到为自己抢座位却稍稍晚到的同学也不公平。

诚然，很多高校里占座盛行的确是因为座位资源本身有限，人多位少，位不够用，可是，从上面的分析，不难看出，有时并不是座位资源本身不够充沛，而是因为存在大量浪费，座位资源才显得紧张、不够用。这是管理上的问题。

二、占座可能带来的不良影响

占座在高校成为普遍现象，已经成为当代大学生校园学习生活中极其重要的一部分，也成为令各大高校头痛的问题。虽然占座在一定程度上反映了学生的学习热情，但是，占座的负面影响、造成的可能后果是不可以忽视的。

（1）排队占座、抢座，会因为人数过多造成拥挤，挤坏门窗玻璃等，例如号称苏北最大的文科图书馆——淮阴师范学院王营校区图书馆的玻璃门就曾惨遭不幸；还有可能因拥堵发生踩踏事件，造成人员受伤的可能。笔者所在图书馆就不得不在期末自习高峰期加派人员维持进出馆秩序，以防拥堵发生事故。

（2）占座引起的争端频频出现。同学因为占座、争座位而发生口角甚至动手打架现象也不断发生。湖南农大两名学生因为图书馆占座问题，一方把另一方的右手打断了；山东师大还发生过自习室占座群殴事件等。此类例子不胜枚举。

（3）造成宝贵资源的浪费。如前所述，占座，尤其是一人多座和占而不坐都直接导致座位资源的浪费，而这更会导致恶性循环，破坏正常的教学秩序。

(4) 占座也给学校管理带来更大的难度。对于占座，校方不管理，学生抱怨、不满意，对学校的满意度降低；校方进行管理，管理不力，学生也会抱怨、不满意，对学校的满意度也会降低。就图书馆隔夜占座来说，不治理，对早起排队抢座的同学不公平，学生抱怨；治理，就要在每晚闭馆前清理学生隔夜占座所放的书、包等物品，这不仅增加了工作人员的负担，也会引起争执，因为个别被收了书的同学素质不高，没了位置，又找不到书，就会跟工作人员起争执。

在图书馆占座，尤其是在"借、藏、阅、咨"一体化全开放的图书馆上自习占座，除了会出现上述问题和后果以外，还会出现涉及馆藏书籍的保护和赔偿等问题。同时，过多的自习学生占用了图书馆大量的空间，这也会影响到需要查阅资料的同学。我们图书馆经常会出现同学找到了自己想要的资料，却找不到阅览座位的情况。另外，图书馆应该是一个文明、安静、整洁的阅览场所，但随着越来越多的学生涌向图书馆上自习，不遵守阅览规则的情况也越来越多，随意接打手机、乱丢垃圾、破坏桌椅，把图书馆里的书籍拿来当垫板、当枕头……各种不文明行为不仅影响了图书馆的形象，更给图书馆增添了很大的管理压力。

(5) 高校里越演越烈的抢座占座现象还催生出"占座卖座""占座出租"的现象，出现以占座为业的人。据报道，在一些占座激烈的高校，如沈阳、重庆等地的个别高校，校园出现了收费代人占座、占座出租，通过占座来赚钱的现象。

占座引起的这一系列不和谐的现象不仅不利于学生学习，对和谐的学习环境、和谐图书馆、和谐校园的建设都很不利。同时，导致学生对学校的满意度降低，另外，一旦出现相关报道，还有损学校的形象和声誉。

高校占座日益严重，很大部分原因是近几年高校扩招，学生人数增加，而很多高校校舍建设跟不上，导致教学资源紧张；还有是因为管理不严，存在资源浪费。这些原因，很多同仁已有分析，本文就不再赘述。笔者欲从心理层面上分析学生的占座行为，即分析学生占座的心理，探究现象反映出来的更深层次的问题。

三、占座现象的心理探究

人的行为是受其内在心理活动支配的，人在做出某一行为前都会有一定的心理活动。所以，通过对人的行为的观察和描述，我们可以探讨其内部心理活动，从而找到影响人的行为的心理方面的原因。占座，是占座者在一定的心理活动支配下完成的。占座的心理活动有很多种。

（一）心理需求与矛盾

学生占座都是从自身的心理需求出发，想学习的人上课时想占前排的座位，不想学习的人要占后排；喜欢的课程想要占前排，不喜欢的课程需要后排；一些小型考试时需要占中间座位；为巩固同学关系，帮同学占座；不想身边有人打扰，想要一人占多个座；不想挪来挪去的人想要固定的座位，想长期占座等。这些是占座前的一些心理，带有目的心理需求。

实际上，大学生普遍认为占座是不好的行为，但同时又在进行占座并宽容他人的行为，存在矛盾心理，即认知与行为的矛盾。可以说他们占座是明知故犯，于是就要克服违反社会公德给自己带来的内心不安，就需要找到可以解释和解脱的借口。只是，这些矛盾和不安感几次以后就会减小，直至消失，最后对占座心安理得，甚至习以为常。

（二）自私心理

当个体同他人、社会发生利益关系时，他首先考虑和看重的是自己的利益，当他认为自己的利益同他人、社会的利益相矛盾时，这种为自己利益考虑的动机就表现为牺牲他人、社会的利益来维护发展自己的利益的行为，这就是自私。自私的核心是利己。

无论哪种占座，都是出于占座者的自私心理。早起早去或排队抢座，在大众眼里是很正常的。但对这种抢占座位进行分析，我们不难发现行为反映出来的自私心理。当他们认为自己同他人的利益有冲突时，他们只考虑自己的利益，一般不会顾及别人。

当个体认为自己同他人的利益不产生冲突时，这种为自己利益考虑的动机即可指导客观上利人利己的行为。替人占座就是这样一种行为。常人眼里，替人占座是一种互帮互助，无可厚非的，但仔细分析，我们不难发现自私心理的存在：首先是保证自己有座位可坐，然后才会给人占座；另外，这一行为可以增进感情巩固双方间的关系，可以提高受惠同学对替人占座者的评价，甚至获得一定形式的回报，例如下次替自己占座。于是，这种替人占座在校园里就极为常见了。

一人多座、长期占座和隔夜占座，则非常明显反映出个体的自私心理：只考虑自己的利益，并且牺牲他人利益来维护发展自己的利益。

（三）公德心和公共意识不足

公德是一个国家或民族在历史长河中积淀下来的公共道德准则、文化观和思想传统。社会公德作为一种无形的力量，约束着人们的行为。"先来后到"的规矩谁都知道，本来是每个人都愿意遵守的。可是有人占座，就打破了这个规矩，扰乱了秩序，规矩的约束力减小，于是越来越多的人不遵守这个规矩，去抢占座位，这个规矩就没有了约束力。

"不知者不罪"。然而，作为受过良好教育的大学生，从道德和社会公德上，他们心里应该清楚学校座位资源是公共资源，占座破坏了"先来后到"的规矩，损害了他人的权益，一人多座、占而不坐还浪费了原本就宝贵稀缺的公共资源，不符合社会道德，可是，种种原因让他们仍然要去占座，去破坏公共秩序，违反社会公德。校园占座反映出目前很多大学生公共意识和道德素质与他们的知识层次不相称，反映一些大学生在重视维护和保障自己权益的同时，却对是否损害了他人的权益显得无意识。

由此可见，目前大学生社会公德心和公共意识不足，有待提高。

（四）价值观问题

占座，是因为自己需要，并判断出这一行为带来的结果对自己有利，反映出人"趋利"这一本能心理。对利和害的认识属于价值观的范畴。价值观是社会成员用来评价行为、事物以及从各种可能的目标中选择自己合意目标的准则，并在社会活动中指导自己的行为。抢座、占座、一人多座、占而不坐的人不考虑自己为一己私利侵犯了他人对公共资源的使用权，不考虑自己造成了公共资源的浪费，充分反映出当代大学生的价值观出现了问题。

代人占座收取费用、占座出租卖钱等更反映出占座者不正确的价值观。占座占的是公共的座位资源，并不属于某一个人所有，但是在一些占座者眼里，放了自己物品的空座位就是自己的，于是他们理直气壮用来出租或卖给他人，认为自己为占座付出劳动而收取报酬是合理的。这种以侵占公共资源为自己谋利益的方式，极其恶劣。

个人的价值观一旦确立，便具有相对的稳定性，形成一定的价值取向和行为定势，是不易改变的，甚至从道德角度和心理培养进行导向也是没有效的。所以，一些学校不断进行的反占座宣传和倡议最终也以失败而告终。

（五）从众心理

从众，是一种普遍存在的心理现象，是人的一种直接、感性的心理反应。指在社会情境影响或群体压力下，个人改变自己原有的态度和意见，而产生和大多数人一致的行为。从众行为对于一个人或者一个社会有积极的意义，它可以使一个人的认知和行为合乎群体的社会的规范。当然，从众心理有时也会产生消极影响。

就大学生占座行为而言，在一般情况下，每个人都希望与群体保持一致，不愿意与大众不同，在看到大家都没占座时往往不会想到去占座，即使自己想要占座，心理也会有所迟疑，这就是从众心理对他们的影响。但是，在看到所有的人都占座时就毫不犹豫地占座了，或者有犹豫，但想到自己可能没有座位也会去占座，这也是从众心理对他们的影响。

从众心理让很多人默认了占座的合理性，于是很多人在无意识下仿效占座者的行为。所以，占座越来越普遍。

（六）习惯思维

由于校园里占座现象十分常见，在不断的耳濡目染中，很多学生加入占座队伍，他们逐渐习惯了占座给自己带来的便利，养成占座的习惯和思维。习惯一旦形成了就很难改变，即使他们心里很清楚占座是对公共资源的不合理占据，是不道德的。

看到座位上放着书或水杯等物品，你就明白这个座位已经有人占了，一般不会去坐这个座位，而是另外找座位；即使你会因为找不到座位而气愤，一般也不会轻易去坐别人占的座，不会轻易打破占座的规则。因为你一旦打破了这个规则，下次你占座时，别人也可以随便坐你占的座，而尊重这个习惯，以后你也会得到相应的尊重。这是游戏规则，也是一种习惯效力。习惯不容易改变，尤其成为了越来越多人的习惯，改变就更难。所以，占座在各高校屡禁不止。

通过对高校占座现象的分析，我们知道，高校占座日益严重，不仅是因为高校扩招，学生人数增加，不仅是因为很多高校校舍建设和基础设施跟不上而致教学资源紧张；也不仅是因为管理不严，存在长期占座、一人多座、占而不用等导致的有限资源的浪费，还有更深层面的原因是，目前很多大学生的价值观、品德素质、公共意识等方面有待提高，这是不容忽视的。

四、治理措施与对策

针对越来越烈的占座现象，一些高校也都根据自身情况，制定对策、加强管理、加强宣传、进行倡议等。笔者通过认真思考，尝试从学校、学生两方面提出一些可行性的解决措施，以供参考。

（一）学校方面

(1) 公德教育是维护社会文明的有力手段。学校要尽力弘扬积极向上、公平、合理的公德意识,加强学生思想道德素质教育,通过学校的广播、校报、宣传栏等依法进行广泛的宣传教育,宣传"侵占和浪费公共资源可耻""与人方便,与己方便"等;要坚持在每学期开学和期末考试前进行"反占座"倡议,宣传"人人不占座,时时都有座";要尽力弘扬相互尊重、相互谦让、相互帮助的集体主义精神,引导同学共同营造一个合理、文明、舒适的公共读书环境,使校园充满良好的学习与生活气氛。

(2)学校要扬善惩恶,引导大学生树立正确的价值观;要加强纪律教育,使学生自觉遵纪守法。对于占座行为,在教育的前提下,采取必要的惩罚手段,尤其对于代人收费占座、占座出租、占座卖座的同学,学校要严肃处理,坚决杜绝此类现象,以保证校纪校风良好。

(3)座位资源紧张的学校要统筹规划,加大校舍建设资金投入,加快校舍建设步伐,增加有效供给,缓解紧张局面;座位资源充裕的学校要完善教室的配套设施,改善教室条件和教学楼的自习环境。

(4)学校要尽力协调各方力量切实解决好座位紧张问题,协调各院系开辟出专业自习室和考研自习室;协同图书馆整合座位资源,进行有效管理,让更多的学生自习有座位,使教学楼、图书馆的资源得以合理、有序的利用。

(5)学校和相关单位要制定合理的管理制度,并长期坚持严格执行。有条件的学校要派专人巡视,制止占座行为;没有条件的学校可以发挥学生的能动作用,引导建立反占座联盟等组织,专门巡视、监督和制止占座现象。每天定期或不定期巡视检查,坚决制止隔夜占座、一人多座、占而不坐的行为,使公共资源得以最大化利用。

(6)学校和相关单位要积极摸索合理的座位管理模式。例如,实行座位使用登记管理、建立座位管理档案、进行时间管理(离开座位不得超过20分钟或半小时)、实行相应处罚管理(如违规两次取消一个月使用资格等)等。

(7)学校要努力提高现代化管理水平,有条件的学校可以根据自身情况开发一套合理的基于计算机系统的座位管理系统,找到一种适合自己的座位管理方式。不少高校或高校图书馆已经在努力,厦门大学、东南大学、西安交大、哈尔滨理工大学、东北林业大学、华北电力大学、安徽理工大学等图书馆都纷纷研究设计出自己的座位管理系统,以解决座位的使用和管理问题。

(8)学校公德教育要从新生抓起,使学生养成遵守校纪校规的良好习

惯。图书馆可以利用每年新生教育培训机会，通过课件做好文明使用图书馆的宣传、反占座教育工作；可以利用现代技术手段、网络平台等多种形式，进行日常教育宣传，以缓解占座问题。

（二）学生方面

解决占座现象，学校要积极行动，学生也要行动。从一定意义上来说，解决问题最终需要学生转变想法和习惯，提高个人思想道德素质。

首先，大学生要努力提高自身修养，培养树立"与人方便，与己方便"的观念，增强自己的公德意识，提升自己的道德水平和境界。要真正意识到学校的座位资源属于公共资源，不应浪费，意识到占座是侵占了别人的权益，是不道德的行为，真正转变占座的想法和习惯，消除占座观念和行为，尽量公平、合理、充分地使用学校公共资源，不多占、不霸占。

其次，大学生要增强自己的大局意识、集体意识；要增强纪律观念，遵守规章制度，文明使用教室、自习室或图书馆，不抢座，不占座，自觉维护学校、图书馆的正常秩序。

再次，大学生要发挥"朋辈教育"优势，要相互进行监督指导，表扬好人好事，批评侵害同学公平使用公共资源的不良行为；通过多种形式开展对占座问题的讨论，使大家明白"人人不占座，时时都有座"的道理，使更多的学生了解占座的不良影响，从而以减少甚至消除占座现象，使整个校园形成一个健康、和谐、文明的学习风貌。

五、思考、结语

占座，在社会上也很常见。汽车上、火车上、地铁上，人多的时候也会有占座现象，可是，不会出现占着空位不让人坐的现象；另外，那是普通民众所为，犹且会遭人鄙视，而大学自习室、图书馆到处是被占着的空位，占座者理直气壮、心安理得，而另外一些需要座位的同学却要四处寻找。社会上的占座，如果占座者过了一段时间不来，别人就可以使用那个位置，即使占座者后来出现了，也不会有话说。可是大学校园里，如果你坐了别人占的位置，别人来了你就得离开，有的还会怒目而视、理直气壮地说你几句，甚至打架都有可能。我们不禁要问，这些接受高等教育的大学生，国家的栋梁之才，素质为何不如普通民众？为何会如此肆无忌惮地霸占公共资源、浪费公共资源而不知羞耻？在校园里随意占座，用一本书一张纸宣称自己的不义之权，到社会上就可能动用公共资源为自己谋利，就可能会侵占国家财产、获取不义之利。这就是国家培养的人才？这就是国家的未来？这不仅反映出占座大学生的人品和素质问题,更反映出大学在这方面的教育存在问题。

因此,对于高校来说,要积极解决、多管齐下解决占座问题,就要加快校舍建设和基础配套设施建设以缓解资源紧张,完善制度,加强管理,减少资源浪费。更要认真反思我们的教育的同时,加强对大学生的思想道德教育,从而培养真正品学兼优的高素质人才。

参考文献:

[1] 黄希庭,等. 心理学大辞典 [M]. 上海:上海教育出版社,2003:165.

[2] 罗国杰. 伦理学名词解释 [M]. 北京:人民出版社,1984:149.

近年来关于高校图书馆读者服务工作的研究综述

杨雲舒

摘　要：进入 21 世纪以来，随着信息社会和知识经济的深入发展，高校图书馆读者服务工作也呈现出了一些新的发展趋势。在新形势下如何适应网络环境的新变化，如何运用新兴的技术手段人性化、高效率地为读者提供全面的服务，已成为目前高校图书馆读者服务工作研究与实践的重要内容。本文主要以 CNKI 中国期刊全文数据库为对象，对 2002—2011 年发表的我国高校图书馆读者服务工作的相关论文进行内容分析，分析了网络环境对读者服务工作的影响，探讨了新时期高校图书馆读者服务工作的改进与创新以及对此论题的其他创新性研究。

关键词：网络环境；高校图书馆；读者服务；变化；创新

读者服务工作是整个图书馆工作中最活跃、最富有生命力的因素，从概念上而言，是指图书馆为了满足读者知识获取和精神建设的需要，在纸本文献、电子资源、信息技术以及相应设备的帮助下，提供适合读者的相关服务的过程及结果。随着信息时代的到来，人们对知识、信息的需求日益高涨，新技术、新设备在图书馆开始广泛应用，图书馆读者服务工作经历了由封闭到开放、由"单一"到"多元"、由被动向主动、由手工到计算机管理、由"重藏轻用"到"读者为本、利用至上"的发展过程。

进入 21 世纪以来，随着计算机、网络技术在图书馆工作中应用得越来越广泛，读者服务工作也发生了相应的变化，而人们对读者服务工作重要性的认识亦逐渐加深，如何作好新形势新变化下的读者服务工作，将成为摆在每个馆员面前的全新课题，因而对高校图书馆读者服务工作的研究成了新时代图书馆相关研究中的一个重要方向，这方面的论文较之以往有了较大幅度的增长。本文试图以近年来我国报刊所载论文为资料来源，对 2002—2011 年高校图书馆读者服务工作的研究成果作一个探讨与分析，以期为以后的研究和实践提供借鉴。

一、研究文献述略

笔者于2012年11月进入CNKI数据库,以"检索项:(主题)—匹配:(模糊)—从:(2002)到:(2011)—检索词:(高校图书馆 读者服务工作)"在"中国学术期刊全文数据库"中进行检索,发现2002—2011年共收录相关论文2084篇。发表的论文数量能够在一定程度上反映出相关课题研究水平和发展情况,近十年所发表的高校图书馆读者服务工作相关论文数量是2002年以前所发表的相关论文数量的两倍(以"期刊年限:不限－2001年"进行检索共命中974条记录),通过逐一浏览各篇论文的题名、关键词、摘要等信息,发现其中有很多文章所研究的内容都有相近或重复之处,故而笔者将"匹配"选项设定为"精确",用同样的方法进行检索,命中论文525篇,拟主要以这525篇论文所述内容作为本文研究的基础和重点。这些文章反映的不一定就是我国高校图书馆读者服务工作的动态全貌,但基本上还是可以反映出近十年来学界在这一研究领域里的基本状况,从一定程度上反映了该领域的研究趋势。

二、论文内容综述

这些论文延续了前几年的研究成果,涉及高校图书馆读者服务工作的方方面面,包括读者服务工作的模式、观念、对象、范围、内容等,从更深更广的层面研究了高校图书馆的读者服务工作。据笔者分析发现,国内学者对于这一论题的研究主要集中在以下几个方面:网络环境对读者服务工作的影响、新时期高校图书馆读者服务工作的改进与创新以及对此论题的其他创新性研究。

(一)网络环境对读者服务工作的影响

随着新的信息时代的来临,各种现代化的技术手段在高校图书馆中应用得越来越广泛,这对图书馆的传统工作产生了极大影响,读者服务工作也因此发生了深刻的变革,出现了许多新的内容、方式和方法,这些变化也引起了学界的广泛关注,国内图书馆界的学者和图书馆工作人员对读者服务工作重要性的认识进一步加深并催生了大量针对此类影响和变化的学术研究。据笔者初步统计,在篇名或主题中含有网络环境或者信息时代之类的文章多达175篇,约占论文总量525篇的33.5%,所占比例最大,而且还有很多论文虽然篇名和主题词中没有将网络环境明确列出,但文章内容却是以网络信息

时代为写作背景和出发点的。

1. 服务理念的变化

在传统的读者服务理念中,"以书为本"始终占据着中心的位置,图书馆的主要工作和职责不是围绕着读者出发,而是一切以藏书的保有和保存作为工作的基础和重点。这就致使读者服务工作一直处于被动状态,注重经验性服务,长时间徘徊在"借借还还"的低层次服务上,服务理念没有跟上信息化时代发展的要求,读者服务在本质上没有得到明显的改善。

但随着社会信息化和网络化的程度不断提高,信息获取的渠道日趋增多,获取的成本也大幅度降低,图书馆拥有的传统文献资源不再是读者的唯一选择。高校图书馆要转变服务观念,就要真正做到以"读者为中心",应当变被动服务为主动服务,把满足读者的需求作为工作的出发点,从细节入手,用真诚的微笑和周到的服务让每一位读者都能体会到图书馆的温馨和用心。

2. 服务模式的变化

现代信息技术的发展和网络信息资源的出现,使得图书馆的内外环境都发生了重大的变化,图书馆服务工作逐渐从满足书刊借阅的文献需求为主的被动模式,转移到以满足读者知识信息需求和知识开发服务为主的主动模式。学者富平就将传统服务模式与网络服务模式之间的特点对比总结为:封闭型服务模式与开放型服务模式,公益性服务与有偿服务和无偿服务相结合,被动型服务与主动型服务,单型服务对象与针对性服务,浅层次文献服务与深加工的信息服务,劳动密集型文献管理与知识密集型劳动,机关型结构与产业型服务机构。张厚生和王启云则形象化地将传统图书馆的服务归结为"1→N"模式,而在网络环境下图书馆的服务模式则是"N→1"或"N→N"。"1→N"模式即一个图书馆同时对应无数个读者,致使在馆藏资源有限的条件下很难有效满足每位读者的需求,而"N→1"或"N→N"模式则可以有效规避上述的服务瓶颈,可以利用四通八达的网络环境,将各个分散的资源有机整合起来,共同对应一个或多个用户,例如中国高等教育文献保障系统就是采用的此等模式,以中国高等教育数字图书馆为核心将中国高校丰富的文献资源和信息资源集合在一起,实现了信息资源的共建、共知、共享。柳夏在《近年来关于图书馆读者服务工作的研究综述》中则总结了当下学术刊物上最为普遍的几种服务模式的提法,即"流、阅一体化"的服务模式,"藏、阅、借、咨一体化"的服务模式,指导自助式的用户服务模式,"以用户为中心"的服务模式以及主动资讯服务模式。

3. 服务方式的变化

传统高校图书馆的读者服务方式主要停留在借阅和简单的参考咨询这样浅层次的服务层面上。但是，随着网络时代的来临和信息技术的广泛使用，文献资料不再局限于印刷文献，其类型和数量的发展超乎人们的想象，读者获取知识的方式也不再受到时空的限制，因而传统的读者服务方式也随之发生了重大的转变：由收集整理实体文献向搜集网上信息和馆藏文献上网传递信息转变，由被动服务向主动服务转变，由盲目提供文献向准确提供信息转变，由低水平文献提供向深度信息服务转变。

4. 服务对象和读者需求的变化

与传统的图书馆相比，网络环境下的高校图书馆面对的不再只是身处于馆内的读者，而是更多的馆外读者，他们希望能突破时空的界限，在任何时间、任何地点都能和图书馆的馆内资源实现无缝链接、自由利用，在海量知识的世界里畅游。

随着服务对象的扩展，读者的需求也呈现出多方面的形态，读者不仅要求图书馆提供文献服务，而且要求图书馆提供更深层次的知识服务，读者服务以为读者解决了什么问题作为衡量工作质量的标准，形式上既要有正式出版发行的纸本资源，又需要电子邮件、微博、多媒体工具等电子信息；形态上既要有文字符号类信息，还要有声音、影像等多媒体信息；内容上既要有专业性、科研性的，也要有社会性、大众性的；时效上既有最新动态、最新成果，也要有历史的、回溯的；范围上既要有本国、本地区的，也要涵盖海外的等。

（二）新变化带来的创新举措

如何适应网络环境，针对现有读者服务工作的不足和问题，开展相应的创新对策，已成为高校图书馆读者服务工作研究的一个重要方面。据笔者初步统计，在这 524 篇文章中，有关改进和创新对策的大约有 100 余篇，约占论文总量的 20%，其中大多数是作者在自己所从事的实际工作中遇到的问题和困难，以及对工作经验的总结，或在此基础上进行理论的进一步探讨。为了适应网络环境下高校图书馆读者服务工作出现的新变化，学者们提出的改进和创新措施主要集中在以下五个方面。

1. 观念的创新——确立"以人为本"的服务理念

图书馆学专家 E.C. 霍利曾指出，图书馆这一职业实质上是一种人文职业。随着图书馆服务由"书"到"人"的转变，高校图书馆应转变既有观念，改变一直以来的单一、被动的服务理念，充分认识"以人为本"在管理和服务中的主导地位,满足人的合理需求,将"一切为读者着想"的思想落实到每一次为读者服务的过程中,真正做到"读者第一、服务至上"。

2. 对象的创新——扩大服务对象的范围

远程教育是目前深受公众关注的一种新兴的教育模式,近年来随着信息化的进展而发展势头迅猛,借助于高速发展的网络信息技术,身处不同地点的远程学习者能够跨时空地针对自身的实际情况选择最适合自己的学习课程,并量身打造属于自己的学习计划表,高效灵活地实现了因材施教的教育目的,实现了资源的有效共享。这也对高校图书馆提出了更新更高的要求,应当建立方便的沟通渠道,加强与公众读者的沟通和交流,了解他们所需和所想,对浩如烟海的众多的网络信息资源和自身丰富的馆藏资源进行深层次的筛选、加工和重组,使读者在使用的过程中更为省时和高效。

3. 资源的创新——加强数字化资源的建设

在数字信息时代,高校图书馆的馆藏资源除了指狭义上的馆内所藏的纸本文献资源以及所拥有的电子资源和数据库外,还包括网络上海量的信息资源。所以,作为高校信息资源集散地的图书馆,必须对广义上的馆藏资源进行多元化、深层次地加工,加强以下数字化资源的建设,才能满足读者对知识现代化信息化的高需求:

(1) 加强馆藏书目数据库建设。
(2) 对电子资源进行编目整合。
(3) 加强馆藏特色数据库建设。
(4) 加强馆藏图书的数字化建设。
(5) 构建网络学术资源导航系统。

4. 方式的创新——提供一站式服务

一站式服务(First Stop Service)源于超市服务模式,指为消费者提供最便捷、最方便、最贴心的"一站式购物",将其运用到图书馆的服务理念中,则是改变了过去一个服务窗口只能单一提供一种服务的模式,集成图书馆的资源和服务,实行"藏、借、阅、咨"一体化的读者服务模式,使用户用最少的步骤,就能获得所需要的多种分散的服务。因而,为了给读者提供最方便快捷的服务,最大限度地满足读者多元化的要求,很多高校图书馆都纷纷进行了机构的重组和精简,资源的优化和整合,服务的升级和集合,除了在传统的流通阅览环节提升服务内容,例如一站式公共书刊目录查询、开架借阅、网上预约续借、各个分馆之间通借通还以及馆际互借等服务外,还进一步以数字资源建设为支撑,增加了各种文献载体的信息服务,例如随书光盘索取、科技查新、学科信息门户、特色数据库、门类齐全的电子数据库访问、网络免费学术资源下载等多样化的服务方式，为读者提供了一个最为快捷有效、方便统一的资源获取服务平台。

5. 内容的创新——提供丰富便捷的多样化服务

随着信息化的不断普及，传统印刷型资源已经逐渐被电子出版物所取代，相应的，图书馆的服务途径和服务手段也与过去相比必然出现巨大变化，即已从传统的满足书刊借阅的文献需求为主，转移到现代化的以满足知识信息需求为主，以知识开发服务为主，其服务内容也呈现出以下多种形式：

（1）便捷的信息导航系统服务。
（2）人性化的导读服务。
（3）方便快捷的电子邮件服务。
（4）个性化主动定制服务。
（5）专业化的课题服务。
（6）开展虚拟参考咨询服务。

（三）若干创新思路

在对高校图书馆读者服务工作进行的一系列研究中，很多学者引入了很多新理论、新思路，对这一主题进行了跨学科、跨专业的创新性研究。

（1）心理学理论：如吴国蓉的《积极心理暗示法在高校图书馆读者服务中的运用》，杰晶的《情绪动机理论在高校图书馆读者服务工作中的应用》等引入心理学相关理论和研究方法对读者心理和读者服务工作进行的积极有益的探讨；

（2）经济学理论：如孙岩的《高校图书馆读者服务工作中的信息不对称及其对策》，陈喜红的《超市化管理模式在高校图书馆读者服务中的应用》等则是将经济学中的经典理论创造性地运用到高校读者服务工作的研究之中，并针对当前读者服务工作中的问题提出了若干对策；

（3）比较法研究：如郭明蓉的《中外高校图书馆读者服务工作比较研究》和于静、杨雪晶的《IC服务：高校图书馆的新服务模式》，从服务意识、服务内容、服务方式等方面对中外高校图书馆的读者服务工作进行了对比研究，为我国高校图书馆的读者服务工作提供了借鉴。

三、结语

进入21世纪后，现代信息技术在文献信息处理工作中应用得越来越广泛，图书馆传统的服务内容和方式随之发生了重大变革，如何顺应新时代的这些转变和革新，如何正确认识未来高校图书馆读者服务的发展趋势，有效提高读者服务工作的质量和水平，是高校图书馆读者服务工作理论和实践面临的一个重要课题。在这样的时代背景下，学界对高校图书馆的读者服务工作进行了比较全面的研究，既有理论研究，又有具体实践措施研究，相较于2002年以前该领域经验描述阶段的研究而言，2002—2011年的研究不仅在论文数量上猛增，而且在研究对象、研究范围、新理论的运用以及跨学科研究和比较研究方面都有了历史性的突破和创新，取得了有目共睹的成绩。笔者坚信随着理论研究和经验总结的深入，高校图书馆一定能在新环境中积极应对各种新的挑战和困难，做好网络信息时代的读者服务工作。

参考文献：

[1] 程亚男. 图书馆文明服务手册［M］. 北京：北京图书馆出版社，2004：2-3.

[2] 陈孔屏. 高校图书馆"一站式"服务模式探讨［J］. 医学信息学杂志，2011，32（6）：79-81.

[3] 蔡冰. 图书馆读者服务的艺术［M］. 北京：国家图书馆出版社，2009：9-10.

[4] 富平. 网络环境下我国图书馆服务模式的演变［J］. 医学论坛，2003（8）：53-57.

[5] 范洪明. 试论新时期高校图书馆读者服务工作的创新［J］. 赤峰学院学报（汉文哲学社会科学版），2006，27（5）：85-86.

[6] 刘金玲，叶艳鸣，宋洵. 高校图书馆读者服务模式的演变与发展［J］. 图书情报工作，2007，51（12）：66-69.

[7] 柳夏. 近年来关于图书馆读者服务工作的研究综述［J］. 铜陵学院学报，2005（3）：74-76.

[8] 盛剑锋. 现阶段高校图书馆读者服务工作研究［J］. 科技情报开发与经济，2006，16（16）：19-21.

[9] 吴立志，彭桃英. 网络环境下高校图书馆读者服务工作研究［J］. 现代情报，2003（3）：127-128.

[10] 吴慰慈，张久珍. 当代图书馆学情报学前沿探寻［M］. 北京：北京图书馆出版社，2002：138-139.

[11] 薛晶. 新视野下"以人为本"高校图书馆读者服务工作的思考［J］. 西域图书馆论坛，2011（1）：30-34.

[12] 袁新华. 网络环境下高校图书馆读者服务的创新［J］. 吉林工商学院学报，2010，26（4）：121-128.

[13] 张玉. 浅析网络环境下高校图书馆读者服务工作的现状与对策［J］. 2007，17

(19): 21-22.

[14] 张群策. 浅论高校图书馆读者服务工作的创新 [J]. 重庆文理学院学报（自然科学版），2008，27（1）：106-107.

[15] 张雪贞. 数字化网络环境下高校图书馆读者服务工作研究 [J]. 科技情报开发与经济，2008，18（21）：9-11.

[16] 张厚生，王启云. 数字化网络化环境下图书馆读者服务模式研究 [J]. 东南大学学报（哲学社会科学版），2005，7（1）：110-116.

[17] 刘金玲，叶艳鸣，宋洵. 高校图书馆读者服务模式的演变与发展 [J]. 图书情报工作，2007，51（12）：66-69.

[18] 臧鸿妹. 高校图书馆读者服务新探 [M]. 合肥：安徽大学出版社，2009：1-2.

日本大学图书馆读者服务特色与启示

苟雪梅 陈国强 李廷源

摘 要：本文简要介绍了日本大学图书馆的概况和读者服务特色，并对国内大学图书馆服务工作的发展与创新进行了思考。

关键词：日本；大学图书馆；读者服务；启示

日本是世界上图书馆事业比较发达的国家。日本图书馆经过第二次世界大战后的标准化和规范化的发展阶段，20世纪90年代末期步入了以计算机管理为核心的现代图书馆时代，在运营方式和管理理念、新技术应用、内涵建设及读者服务等方面体现出其特有的图书馆文化特色。本文重点介绍日本大学图书馆读者服务特色，并结合目前国内图书馆服务工作的现状提出一些启示。

一、日本大学图书馆的概况

（一）文献资源

日本图书馆协会2011年的统计资料显示，日本现有各类大学图书馆1404馆。其中国立大学图书馆292馆、公立大学图书馆124馆、私立大学图书馆988馆。其中1351家大学图书馆收藏的图书总量达到3亿多册。各大学图书馆的规模、藏书量和设施差异较大。学生人数多、历史悠久的大学其图书馆的收藏量相应地比较大。据2008年度日本《朝日周刊》的统计，日本一流大学——东京大学图书馆藏书880万册，位居日本高校图书馆之首，京都大学图书馆藏书636万册，位居第二，著名私立大学早稻田大学图书馆藏书508万册，庆应大学图书馆藏书458万册，分别位居第三和第四。

（二）运行机制

1966年由日本文部省颁发的《大学图书馆设施计划要项》中规定了大

学图书馆的管理模式。各国立、公立大学设立图书馆委员会，私立大学设立图书馆运营委员会，由馆长、副馆长和各院所教授代表组成的委员会担任图书馆的全面规划、运营决策及组织协调工作。规模比较大的大学图书馆通常由中央图书馆（总馆）和各院所的图书馆（分馆）组成。各院所的图书馆隶属中央图书馆管辖。

二、日本大学图书馆的服务特色

（一）细致入微的人性化服务

1. 馆内环境安静舒适

日本各大学图书馆内部四季恒温，地板多由先进的隔音塑胶材料或地毯铺成，听不到来来往往的脚步声，让读者始终置身于无噪音的宁静环境。馆内书架及阅览桌椅的布局、阅览区里隔板构成的个人阅读空间、辅助设施的配置等都使读者感受到幽雅便利的阅读氛围。

2. 馆内设备自动化程度高

密集书库的书架都采用了电动驱动型，下面配有滑道，读者可根据需要开启电动开关使其前后滑行，轻松便利地进行查阅。书库内一般采用了感应照明系统，当书架分开读者跨入两排书架间走廊时，照明灯自动启亮，取完书走出走廊后，电灯自动关闭。

在图书馆各部读者方便之处放置有卡式或投币式复印机，读者可根据需要自行操作，随时复印资料。

3. 方便的借还手续

日本各大学图书馆基本实行全开架服务。凭学生证借阅，无需再办理借阅证。近年来一些新建的大学图书馆导入新技术开展自助服务，以2005年投入使用的武藏工业大学世田谷校园图书馆为例，读者凭校园IC卡和装在图书资料中的RFID芯片可自行办理借还手续。各图书馆都设有还书箱，供读者在开馆时间以外可以随时还书，读者只需将书放入还书口即可完成还书。

4. 免费服务

图书馆作为一个非营利性部门，所有的服务项目几乎都是免费的。读者借出的图书或声像资料若逾期未还，绝不罚款，只是不能再借，待归还后方能再借；若图书丢失或损坏，只需买一本类似的新书交还给图书馆；馆内的设施设备如多媒体电脑、学习室等均为免费使用。部分大学还向读者提供一定额度的免费复印。

5. 重视利用图书馆的宣传

各大学图书馆几乎都免费向读者提供详尽的图书馆简介、使用手册之类的资料，一般摆放在图书馆的进门处。为了方便外国留学生，这些资料还翻译成英文、中文或者韩国语。图书馆还经常举办各种讲座，利用视频资料或编印系列辅导材料，对学生尤其是入校新生进行辅导，指导他们如何利用馆藏资源，高效地找到相关的资料。此外，如东京大学图书馆主办的彩色小报《图书馆之窗》，除刊登图书馆新闻外，还插入漫画，图文并茂，向读者宣传利用图书馆的行为规范和遇到火灾地震时的应对措施。

(二) "以人为本" 的多样化服务

1. 多媒体服务

日本各大学图书馆配合教学需要，都收藏有CD、唱片、DVD、影视录像带、幻灯、磁带、缩微胶卷等知识载体以及电影机、录像机、显微阅读机等设备。声像资料一般可以外借，借期一般为一周，不可续借，如果逾期未还，图书馆将通过读者办证时登记的联系方式主动联系，请求尽快归还。

大多数图书馆都设有多媒体阅览室和视听教室，如东京大学的视听中心设有语言学、文艺等视听资料，可提供约50多个国家的录像、录音资料。武藏工业大学图书馆还配置了远程会议等最新系统，读者可以凭IC卡自助借还笔记本电脑。

2. 特殊服务

各大学图书馆都设有个人研究室和公共学习室。个人研究室是为本校师生设立的个人研究和学习的空间；在公共学习室里，读者可以使用现代化设施举办各种专题研讨会、辩论会，进行集体学习和讨论。通过图书馆的网页提前预约即可使用这些场所。日本筑波大学中央图书馆就有59个个人研究室和9个公共学习室。部分大学图书馆还设有读者心理咨询室。

3. 社会化服务

各大学图书馆不仅为校内的师生教学、科研服务，而且面向社会开放。在市内居住、工作、就学的人，可以随时凭有效身份证件办理借书证。

一般对社会提供的服务以阅览、图书外借、文献资料的复印等为主，有些大学图书馆也提供网络数据库和电子期刊等的使用，还设有儿童阅览室或面向本地市民开设各种知识讲座。为了方便残障者，特别设置了供残疾人使用的盲文点字图书、轮椅、特制书桌、特制通道、专用卫生间等便利设施。筑波大学图书馆还在书架上同时用盲文标识图书分类，体现出对不同层次、不同类型读者的尽心服务。

(三) 科学严谨的文献资源管理

日本的图书馆无论是阅览室还是书库，图书都排放整齐干净，即使是长期无人阅读的书也没有灰尘。图书维护状况好，对破损书刊及时修复，书架上看不到破损图书。

图书的索书号和条码号都采用塑料压膜贴附在图书的封面，既方便查看也不易被磨损和出现脱落现象，避免了因条码模糊不清或无条码而造成图书不能外借的问题。

对贵重图书采取一系列保护措施，一些大学图书馆通过控制书库内的温度、湿度和对虫害进行监测来科学地管理书库。但是，目前由于日本多数大学还不具备对书库内的环境进行有效监控的条件，一般都采用复制、缩微、电子化等媒体转换手段进行保存或收藏。随着信息技术的发展，各大学图书馆积极推进馆藏图书的数字图像化工作。

(四) 完善的参考咨询服务

参考咨询服务是日本大学图书馆读者服务的主要内容之一，各大学图书馆都设有参考咨询服务台，一般由熟悉图书馆业务的馆员担任此项工作。对读者进行查找和利用文献资料方法的指导；代为读者查询本馆缺藏资料，开展馆际借阅服务；为读者提供研究课题的专题学术情报资料及最新研究动态。

(五) 资源共享

日本各大学内部对全校的文献资源的配置实行"藏、借、阅、咨"一体化统一管理，避免了各学科之间因封闭自守、信息不畅导致的文献资源的重复购买，分散使用。1981年制订了《国立大学图书馆间相互利用资料实施办法》，各国立大学教师和研究生，只要持其所在大学图书馆签发的"国立大学图书馆通用借书证"，就可以到全国任何一所国立大学图书馆查阅和复制文献资料。1999年日本实施了日美两国馆际互借计划，为读者提供了极大便利。

20世纪90年代末期日本图书馆进入了数字图书馆时代，各大学图书馆都建立了自己的网页，开展网络服务，同时还提供传真、电话等查询服务。读者可在校园内任何有互联网的地方查阅图书馆提供的书刊情报资料、文献目录、国内外多数情报源的介绍资料等。各大学在国立情报学研究所NACSIS的组织下，构建了以国立情报学研究所为中心，以国立、公立、私立大学图书馆以及其他国内外图书馆共同参与的馆际互借系统（NACSIS-

ILL），积极推进馆际协作。

（六）购书制度合理

日本各大学图书馆设有选书科，各学院也设有选书委员会。如京都大学图书的选定先经馆里的选书科讨论后，再提交各院所由熟悉馆藏和本学科动态的教授、专家组成的图书商议会审核。重要的、特殊的图书以各院所的推荐、介绍为基础；若读者所需资料馆藏没有时，可向选书科提交申请单，由选书科综合判断，统一订购。

（七）馆员和读者的良性互动

"读者至上"的服务意识，在日本图书馆的工作人员身上表现得淋漓尽致。对读者的各种咨询问题，百问不厌，耐心解答。即使碰到难以解释的问题时，他们也会通过查阅各种资料，尽力给予满意答复。日本人工作认真，公私分明，上班时间不做与工作无关的事情，也没有与读者发生争执的情况。同时读者也很注意维护图书馆安静有序的环境，大家离开后，桌面很干净，都自觉地将图书及椅子放回原位。读者都很爱护图书，勾画撕扯等破坏图书现象几乎没有。馆员与读者之间的良好互动关系保证了各项服务工作顺利有序地进行。

三、启迪与思考

（一）坚持"读者至上"服务宗旨，体现"以人为本"服务理念

图书馆学家施莱格曾说："人本价值观念是图书馆职业的核心"。倡导"以人为本，重视人文关怀，提供人性化服务"是现代图书馆发展方向。

近年来随着我国图书馆事业的发展，大学图书馆从馆舍建设和藏书量都有很大提升，但在管理和服务上与日本图书馆相比仍有差距。由于国情不同，相对于读者需求，我国大学图书馆的文献资源和馆内容纳率还很不充分，因此，学生藏匿图书和抢占座位等现象时有发生，给管理和服务带来难度。这需要我们馆员要以平等、真诚、友善的态度对待每一位读者，真正做到急读者所急，想读者所想，加强与读者的沟通，使所有的读者平等地拥有图书馆文献信息资源，共同分享服务空间，从而与读者建立起一种相互信任的和谐关系。

（二）满足读者多层次需求，提供个性化特色服务

社会信息化的发展，使大学图书馆的传统服务模式面临着新的挑战，也营造出创新发展的巨大空间和技术环境。大学读者的知识结构和层次呈现多

元化状态，如何根据读者的知识需求差异和特点，推行个性化服务，真正实现基于读者需求的主动服务模式成为图书馆服务工作的重要课题和着力点。同时大学图书馆应该拓宽服务范围，为社会输送智力资源，为社会进步和经济发展发挥应有的作用。

目前，我国大学图书馆正积极开展多元化特色服务，如建立读者图书荐购制度；为方便读者，提高图书利用率，提供图书通借通还服务，延长学生假期借书时间；开展网络图书预约服务及检索服务；建立学科馆员制度等，使服务层次得以深化。但服务细节的人性化，服务方式的多样化还有待提升，同时大学图书馆的社会化服务工作刚刚起步，还需不断探索和积极推进。

（三）加大数字图书馆的建设，改善基础设施，促进读者服务现代化

随着数字图书馆的发展，图书馆正成为信息中心，充分提高馆藏资源的利用率，实现资源共享，使文献资源建设更加科学化、系统化；加强视听资料和数据信息的开发利用，应用现代化手段为读者提供多功能的服务，这是现代图书馆发展的必然要求。

现代化设备的配置是构建图书馆信息服务网络体系的前提，是提高读者服务工作质量的保障。目前我国大学图书馆在硬件设施上有了很大的改善，一些重点大学的新建图书馆无论是馆舍的设计布局、馆内设施的硬件配备、自助服务的全面启用、软件信息资源的扩充等都已经达到或赶超了日本图书馆的水平，但大部分图书馆馆内自动化设施相对较少，因设备故障或网络不畅而停止服务的现象时有发生；硬件方面人性化管理设计的细节上也有待增强。因此，在不断完善硬件设备的同时，更应注意硬件的配置与维护，避免因硬件原因影响读者服务的效果。

综上所述，日本图书馆的现代化运行模式，先进的经营管理理念以及"以人为本"细致周到的服务模式，对我国大学图书馆的发展与创新有着重要的借鉴意义。

参考文献：

[1] 蔡春花，宋爱芳. 浅谈日本图书馆事业的发展及其现状 [J]. 消费导刊，2009 (8)：239.

[2] 東京大学附属図書館 [EB/OL]. http：//www.libu-tokyo.ac.jp/index.html.

[3] 顾莉娟. 日本大学图书馆现状初探 [J]. 科技情报开发与经济，2006 (17)：33-34.

[4] 高咏彤. 日本图书馆的流通服务特色的启示 [J]. 农业图书情报学刊，2012 (4)：191-194.

[5] 梁学敏，汪英姿，吴昭. 浅谈面向社会开放的日本大学图书馆 [J]. 科技情报开发与经济，2010 (31)：39-40.

[6] 温荣娓. 中日大学图书馆之比较 [J]. 日本问题研究，2006 (1)：63-65.

[7] 晏凌. 日本的大学图书馆及其启示 [J]. 四川图书馆学报，2008 (2)：71-75.

[8] 尤冬青. 日本京都大学图书馆特色介绍与思考 [J]. 图书馆杂志，2002 (8)：65-66.

[9] 日本図書館協会. 2011年大学図書館集計 [EB/OL]. http：//www.jla.or.jp/図書館調査事業.

[10] 日本朝日週刊. 大学図書館蔵書ランキング（2008年度）[EB/OL]. http：//www2.ttcn.ne.jp/honkawa/3869.html.

信息咨询与读者指导

提升以用户为中心的高校图书馆信息咨询服务

李红霞

摘　要：网络时代的通信技术和现代信息技术正在改变高校图书馆的服务方式和服务理念，高校图书馆通过应用Web 2.0技术或服务，为用户提供更深入、更全面、更及时、更互动的信息咨询服务，因此，充分利用高校图书馆信息资源丰富的优势，可以进一步发挥图书馆在高校教学科研以及社会服务中的重要作用。本文探讨了几种常用的Web 2.0技术在高校图书馆信息咨询服务中的应用。

关键词：图书馆；Web 2.0；信息咨询

随着信息社会的发展、网络技术的应用，高校的发展模式由教育型向研究型转变，作为高校三大支柱之一的图书馆可以定位为"学术性服务机构"。高校图书馆需要为人才培养、科学研究和社会服务提供更加全面、深入、及时的信息咨询服务，而以用户为中心则是提升咨询服务的基础。

传统的高校图书馆是以丰富的馆藏资源和安静的环境吸引读者进入到实体图书馆，而网络技术、计算机技术、信息技术、通信技术以及高密度储存技术在高校图书馆的广泛应用，全面地改变了图书馆的面貌和服务方式，图书馆已经从收集存储文献、传递文献信息为主的模式向着依靠网络传递数字信息、多媒体信息为主的模式发展。Michael Casey 提出基于Web 2.0的图书馆2.0版——Library 2.0。Library 2.0以用户为中心的变革是图书馆的核心，这一新的图书馆服务模式鼓励持续和有意识地变化，邀请用户参与建设他们所需的实体和虚拟服务，而且通过始终如一的服务评估予以支持，与此同时，它也努力吸收新用户，并通过改善现有用户驱动的服务和设施更好地服务于当前用户。基于Web 2.0的技术支持，Library 2.0可以有效促进用户的主动参与，使用户在共享别人的信息资源的同时，还可以参与、交流、创造和衍生出新的信息。

借助 Web 2.0 的技术，可以为高校图书馆的咨询服务工作开创新局面，建设新平台，高校图书馆可以改进完善信息咨询服务，使其服务的方式和内容提升到新的高度，更加个性化，更具互动性，更有广度和深度。

一、Wiki（维基）在高校图书馆信息咨询中的应用

Wiki 是一种共享系统，作为一种全新的网络协同工具，用户可以共同编辑，可以检索编辑历史，可以对内容进行不断地丰富和完善，成为信息资源的使用者和提供者，从而充分调动用户的参与积极性。图书馆的信息咨询服务可以通过 Wiki 构建起图书馆员与馆员、用户与用户、图书馆员与用户之间沟通交流的共享平台，集思广益，通过多方的共同管理和维护建立起可持续的、不断丰富完善的、可共享的信息资源库。图书馆员通过 Wiki 充当信息导航员和知识过滤器，使用户获取和更新知识的效率得到极大程度的提高。

二、RSS（简易信息聚合）在高校图书馆信息咨询中的应用

RSS 用于共享新闻和其他 Web 内容的数据交换规范，是一种基于 XML 标准的 Syndication 技术和在互联网上被广泛采用的用于包装和投递协议。通过 RSS，高校图书馆可以针对所有用户进行最新图书馆各种信息的推送服务，还可以提供读者个性化信息推送——RSS 最重要的内容，可提高基于关键词的个性化搜索订阅。高校图书馆通过建立读者兴趣档案，分析其信息偏好，设定针对性的个性化信息推送服务，对信息源进行搜集和整合，形成 RSS 文档与主题聚合，对信息内容进行集结形成 RSS Feed，读者即可通过订阅使用 RSS 阅读器来获取为其量身定制的个性化信息资源，可以通过几个关键词长期关注某一领域，信息来源多样、聚合个性化使图书馆的信息咨询服务更具针对性，时效性。

三、Blog（博客）在高校图书馆信息咨询中的应用

高校图书馆博客的服务对象主要是教师和学生，是典型的教育型和学术研究型博客，与 FAQ（常见问题解答）、E-mail、QQ 相比，博客更能保证高校图书馆的信息咨询工作的交流和沟通，有更充分的互动性和参与性；图书馆通过博客可以向用户推荐外部专业网站，图书馆内部的数据库，帮助用户快速搜索、浏览、获取所需要的信息资源，使图书馆的各项资源得以充分利用。

四、IM（及时通信）在高校图书馆信息咨询中的应用

IM 是一个终端服务，允许两人或多人使用网络即时地传递文字信息、档案、语音视频交流，实现咨询用户与咨询馆员在网上的"面对面"即时交流，达到"实时提问——实时解答"的咨询效果。国外图书馆提供的 IM 资讯模式主要有三种：一是基于客户端的 IM 咨询；二是基于客户端与基于 Web 相结合的 IM 咨询；三是嵌入式（或聊窗式）的 IM 咨询。而国内图书馆则一般利用 MSN、QQ（或 QQ 群）、在线客服系统等 IM 工具开展 IM 咨询服务。

高校图书馆通过 IM 开展信息咨询服务需要尽可能满足各类 IM 通讯工具用户的需求，并且通过系统功能的可扩展性，应对不断变化的用户需求，还要具有较为方便和统一的后台管理功能。

五、AJAX 在高校图书馆信息咨询中的应用

AJAX 实现信息整合服务。利用 AJAX 技术，将 JavaScript 代码嵌入到图书馆的书目检索系统中，或者电子资源的检索系统中，可以实现图书馆纸质馆藏和电子资源之间的资源整合。

六、SNS 在高校图书馆信息咨询中的应用

SNS 即社交网络服务，它通过将现实生活中的社交圈子复制到网络中，而实现在更大的范围内建立用户的社会关系，创建社会化网络。目前的 SNS 主要有两种类型：一是纯粹的 SNS 网站，例如豆瓣网、友播网、土豆网等；二是原来的门户网站 BBC 等传统网站或其他 Web 2.0 网站加入 SNS 元素形式，如和讯网、新浪网等。基于 SNS，高校图书馆可以培养用户的忠诚度，使图书馆的信息咨询更有广度和深度，其交流平台更具稳定性和延续性。同时，图书馆员必须了解 SNS 的利弊以帮助图书馆在信息咨询服务过程中趋利避害，图书馆员可以更深刻分析理解用户的特点，不断创新，集中资源，形成自己的特色以便在"用户为中心"的时代，通过 SNS 提供更多具有创意的图书馆信息咨询服务。

科技的迅猛发展使科技信息和科研数据海量化，各专业领域又不断地细化，学科交叉日益明显，使得高校图书馆仅依靠具有图情专业背景和文献处理技能的图书馆馆员更好完成信息咨询服务变得力不从心，而且网络环境下的图书馆打破了传统图书馆以馆藏文献为基础的实体机构中心格局，丰富的

电子资源形成虚拟馆藏，馆际界限逐渐模糊，这些改变促使图书馆馆员将过渡成为不同类型的信息专家。图书馆馆员需要为用户提供利用图书馆及馆外信息资源的技能培训及解答相关信息利用方面的疑难问题，引导用户更积极有效地选择利用信息资源；图书馆馆员需要管理图书馆的自动化系统，负责馆藏各种信息资源及参与馆外电子信息资源的管理，建立科学简洁的信息资源发现系统，为用户提供优质全面深入的信息咨询服务。图书馆馆员的这些角色转变要求图书馆必须使用和引进具有专业知识的研究生以上的专业技术人员，他们有较深的专业知识背景，便于有效地从大量的文献中归纳总结有用的专业信息，及时捕捉最新的发展趋势和把握重要的研究成果，使得图书馆的信息咨询服务的专业化程度更高、效率更高，更好地满足用户的要求。

为了更好地服务于高校自身和社会的科研创造工作，高校图书馆不仅需要应用如Web 2.0等现有的网络技术服务于高校师生及社会上的科研工作者，更重要的是还需要有能更好发挥这些技术的工作人员。在人员配置上，高校图书馆要打破传统的人事制度，可以加强与各专业的专家及学科带头人的密切合作，聘请他们作为图书馆咨询服务的顾问，让图书馆的信息咨询服务能真正深入及时地融入到科研队伍中，通过专业人才对专业信息的反馈，让高校的科研更具前瞻性，避免重复研究，能随时捕捉到专业的国际动向。这是从更深层次提高高校图书馆咨询的革新：请专业的高端人才对图书馆进行专业的指导，通过图书馆信息咨询这一个平台，为更多的科研工作服务，将高校图书馆的资源优势更充分地发挥出来，不断创新和完善信息咨询工作，将使高校图书馆的学术功能和社会地位提升到一个更高、更新的层次。

参考文献：

[1] Michael Casey. What Library 2.0 is Not [EB/OL]. 2009-12-25. http：//www. librarycrunch com/2005/10/.

[2] Michael Casey，Laura C Sacastinuk. Library 2.0：service for the next-generation library [EB/OL]. 2009-01-12. Library Journal，http：//www. libraryjournal. Com/article/CA6365200. htm.

[3] 史美静，刘春茂. 基于WIKI的图书馆信息服务模式探析 [J]. 图书馆学研究，2010（5）：76-79.

[4] 王健. 利用WiKi技术提高图书馆信息服务水平 [J]. 图书馆学研究，2006（10）：34-35.

[5] 王思敏. Lib 2.0开创图书馆服务的新领域 [J]. 中国科技信息，2009（17）：172-175.

[6] 王慧,王树乔. SNS 应用于图书馆 2.0 服务初探 [J]. 图书馆学研究,2010(3):71-77.

[7] 谢薇. RSS 技术在高校图书馆个性化信息服务中的应用 [J]. 科技信息,2010(12):250-251.

[8] 叶佩珍. 国内外 IM 咨询服务发展现状及趋势分析 [J]. 现代情报,2010,30(7):83-86.

学科服务平台的构建及实施

徐平 赵萍

摘 要：LibGuides 是由美国 SpringShare 公司融合 Web 2.0 技术开发的基于 Web 的内容管理与发布系统，是一个开源软件系统，是服务器在"云端"，以云计算为背景的学科服务实例应用。该系统融合了浏览、E-mail 提醒、学科标签和分类、RSS 定制、播客、视频嵌入、服务咨询、信息评价、用户评论、社区聊天等特征，它的灵活性和易用性赋予了不同技能水平的图书馆员迅速、轻松地创建内容丰富的 Web 2.0 多媒体指引。本文介绍了如何使用 LibGuides 创建高质量的信息搜寻门户，帮助用户高效获取他们需要的或不知道的信息。

关键词：LibGuides；学科导引；口腔医学

自 1998 年清华大学图书馆在国内率先建立"学科馆员制"以来，国内各高校图书馆相继开展了"学科馆员制"，开展学科服务。学科服务平台是一个提供专业化资源信息服务的手段，资源导引是图书馆实现学科服务的重要体现。LibGuides 是由 SpringShare 推出的学科导引（Guides）工具，目前全球已有 3871 个图书馆的 53908 个馆员利用 LibGuides 创建了 322342 个 Guides，已被较多的学科馆员们作为学科服务平台。本文将以四川大学口腔医学资源导引为例，阐述学科服务平台的设计、构建及实施。

一、背景

四川大学华西口腔医学院前身是成都仁济牙科诊所，始建于 1907 年，是中国第一个高等口腔医学教育基地，是国内一流、国际知名的口腔医学院。华西口腔医学院构建了以口腔基础医学系、口腔内科学系、口腔颌面外科学系、口腔修复学系、口腔正畸学系 5 个学科系，24 个专业教研室组成的学科群，拥有口腔医学一级学科国家重点学科、口腔临床医学和口腔基础医学二级学科国家重点学科,国家"九五""十五""十一五""211 工程"和"985"工程重点建设学科。学科建设需要有优秀的文献资源作为保障,学科服务平台是一个优化资源配置的途径,通过这个途径可以提高资源保障水平。因此口腔医学资源导航(Guides)的宗旨是提供口腔医学各种资源的导引、帮助服务及互动交流平台。

二、设计、构建及实施

(一)设计、构建

由于口腔医学资源导引是以提供口腔医学各种资源的导引和帮助服务及互动交流平台为目的,因而,我们通过广泛征询华西口腔医学院的专家、学生的意见,以及参考国外已建成口腔医学资源导引,认为口腔医学资源导航页面设计应简洁明了,资源揭示充分,能提供一站式服务和互动交流。页面及栏目设置见表 1 和如图 1 所示。

表 1　口腔医学资源导引架构

资源导引	页面	栏目1	栏目2	栏目3	栏目4	栏目5	栏目6
口腔医学	主页	图书馆服务	资源导引简介	最新卷期	学科馆员信息	相关链接	
	学术动态	热点论文	学术会议	热点研究	最新论文		
	数据库	中文常用数据库	外文常用数据库	参考工具数据库	评价数据库	免费数据库	
	电子期刊	中文电子期刊	外文电子期刊	IF 排前 20 的口腔医学期刊	影响因子高于 20 的生物医学类期刊		
	纸本期刊	中文期刊	外文现刊	外文过刊			
	图书	最新中文图书	最新外文图书	外文电子图书			
	学习资源	如何提高临床技能	如何用药	如何提高检索技能	参考文献管理	医学论文写作	……

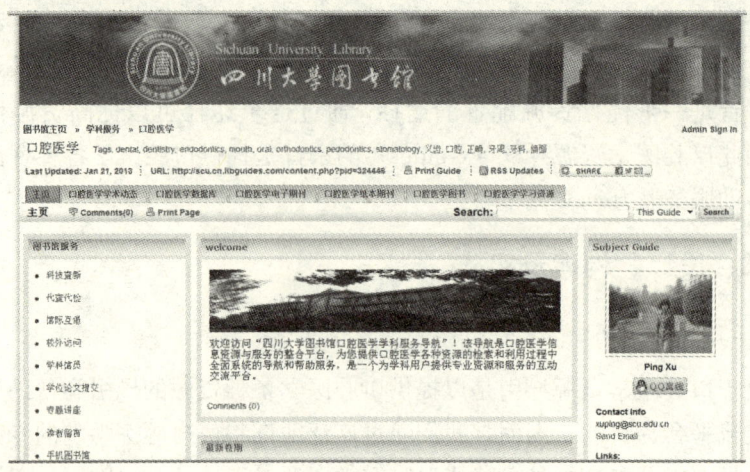

图1 口腔医学资源导引页面

(1) 主页：应充分体现口腔医学资源导引的服务宗旨及图书馆提供的资源服务。同时为便于与用户沟通和咨询，还应包含了学科导引创建者的相关信息（E-mail、QQ、电话等）。

(2) 学术动态：包括热点论文、最新论文和会议信息。热点论文来自 Essential Science Indicators（ESI）、ScienceDirect 的"TOP 25 Hottest"、科学网和口腔医学影响因子排在前 10 的期刊，热点论文的获取原则是以近年来引用次数、下载次数、浏览次数最多的论文以及专家学者推荐的论文。由于 Essential Science Indicators（ESI）的学科分类都是大学科，没有口腔医学，因而口腔医学的内容放入临床医学，通过浏览选取口腔医学相关的热点论文；ScienceDirect 的"TOP 25 Hottest"同样也没有专门的口腔医学这个类别，而是归入医学和口腔医学，通过浏览选取论文。最新论文选自口腔医学影响因子最高的期刊 Journal of Clinical Periodontology。会议信息收集以国内外著名口腔学会或协会的年会为重点。

(3) 数据库：四川大学学科门类覆盖了文、理、工、医、经、管、法、史、哲、农、教、艺 12 个门类，图书馆订购的数据库范围也涵盖了这些学科，目前已有 216 个数据库。如果都予以揭示，界面显得纷乱繁杂，主题不清，与图书馆原有的数字资源门户对资源的发布相比，又不能突出该 Guides 的特色。所以在构建该页时，将电子期刊全文库这部分放入口腔医学电子期刊页面进行揭示，数据库重点选择与口腔医学密切相关的如 MEDLINE、EMBASE、SCI、万方数据等中外文常用书目数据库。同时，四川大学还订购了参考工具型数据库，如 MICROMEDEX、BEST PRACTICE、

Primal Picture 等，这些数据库不以查找期刊或图书中的文献信息为最终目的，而是考虑到临床医药专业人员的实际需要，提供临床医学相关的疾病的基础、预防、诊断、治疗和随访等各个关键环节的内容以及药物咨询、急救咨询和毒理学咨询的事实型信息。另在职称晋升、成果申报、优秀人才评价等时，常常要根据相关部门的要求选择相应的数据库进行评价，如发表的论文被 SCI 收录及应用情况、期刊的影响因子、论文的引用情况等，用户常常不知怎么选择，也是本页面考虑的栏目之一。绝大部分数据库在访问时均有访问控制，离开校园网后许多数据库无法访问，而一些免费数据库如包含 MEDLINE 的书目数据库 PubMed 以及可以公开获得 DNA 的序列及其注释的数据库 Genbank 等都是生物医学研究常用的数据库，也是获取口腔医学信息重要的来源途径之一，因而提供免费数据库链接，为用户提供不同网络环境下的多重选择。

（4）电子期刊：电子全文期刊是用户需求最多的，也是本 Guides 构建的核心之一。通过本页全面揭示四川大学所订购或可以免费访问的口腔医学类电子期刊，同时考虑到学科的交叉渗透，设置了中文电子期刊、外文电子期刊、影响因子（IF）排在前 20 名的口腔医学期刊、影响因子高于 20 的生物医学类期刊等栏目。

（5）纸本期刊：网络技术、信息存储与检索技术的发展，为资源的数字化建设及网络共享提供了技术支持，丰富了图书馆信息资源存储和获取的途径与方式，用户足不出户即可利用图书馆的信息资源。用户在获取原文服务时，一般选择电子资源，如果没有检索到所需文献，就通过馆际互借来获取或放弃该文，作为传统的纸本资源反而被人遗忘。同时，由于有的电子期刊全文数据库在订购时常与纸本期刊的订购进行绑定，有的重要外文期刊又因各种原因只能订购纸本，这些纸本期刊均未能被用户全面知晓、深刻了解和充分利用。如 The Journal of the American Dental Association，通过馆际互借来获取该刊的论文时，被告知我校订购了该纸本，用户常惊诧于图书馆还有纸本。因而通过纸本期刊的揭示，使用户全面、深入了解和使用图书馆订购的资源。

（6）图书：通过本页面的揭示，使用户充分了解本学科的最新图书，增加图书流通、阅览、下载量。栏目设置为最新馆藏中文图书、最新馆藏外文图书、外文电子图书。

（7）学习资源：本页面从提高临床技能、写作能力、信息素养能力等几个方面进行考虑，对图书馆相关资源进行整合，以如何提高临床技能、如何用药、如何提高检索技能、参考文献管理、医学论文写作等栏目予以揭示。

（二）实施

1. 创建新的导引（Guides）

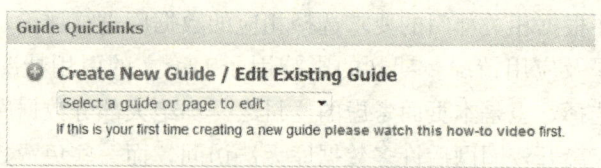

图 2　创建/编辑导引（Guide）

登录进入 LibGuides 主页后，点击"Create New Guides"创建一个新的资源导引（Guides）。

2. 页面

图 3　添加/编辑页面

如图 2 所示，通过 LibGuides 导航栏的"ADD/EDIT PAGES"来增加、再利用或删除一个页面，同时也可用通过修改页面信息、改变页面位置及页面各栏的大小来修改、调整页面的内容、顺序及大小。

3. 栏目

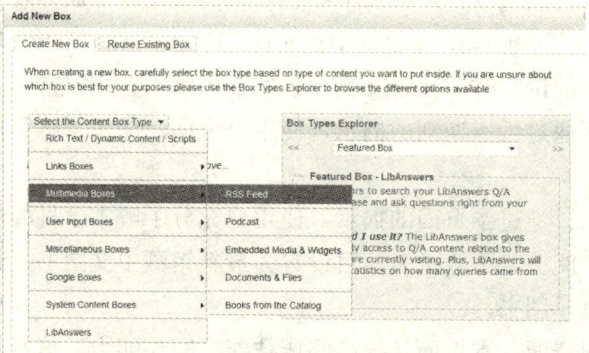

图 4　添加栏目及类型

LibGuides 提供了 RICH Text、Link Boxes、Multimedia Boxes 等 8 种栏目类型（图 3），带 "▶" 表示有下位类型，如 Multimedia Boxes 有 RSS Feed、Podcast、Embedded Media & Widgets、Documents & Files、Books from the Catalog 等 5 种，其中 RSS Feed 可用于订阅最新期刊内容等，Documents & Files 可以上传小于 5M 的文件，如讲座课件等。通过添加栏目来创建新的栏目或再利用不同页面或不同 Guides 下的栏目。

3. 设置 Guides 风格

通过导航栏的 "Guide Look & Feel"（如图 2 所示）下的 "Change Guide Style" 对 Guide 页面或栏目的风格进行设置，如颜色、形状等。

4. 发布

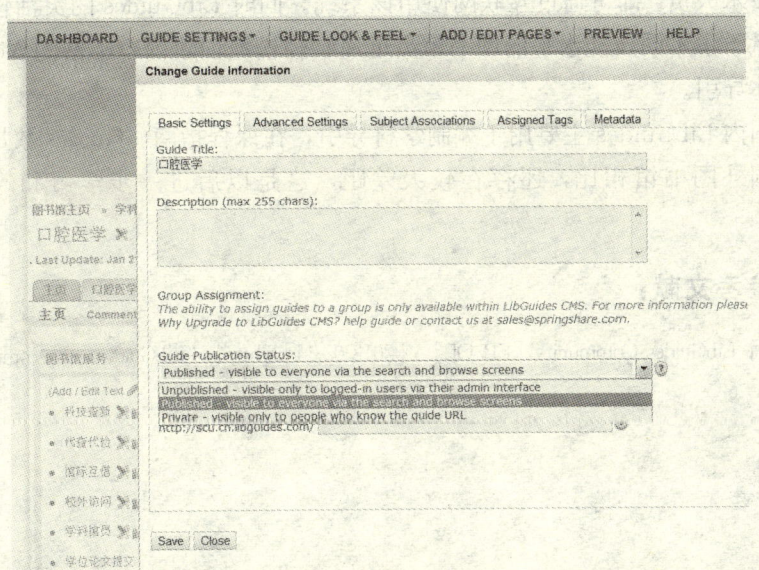

图 5　发布界面

点击 "GUIDE SETTINGS" 下的 "Change Guide Information" 进入发布界面（如图 4 所示），点击 "Guide Publication Status" 的下拉菜单，选择 "Published" 即可发布该学科资源导引。

三、讨论

LibGuides 是一个开源软件系统，是服务器在 "云端"，以云计算为背景的学科服务实例应用。该系统融合了浏览、E-mail 提醒、学科标签和分类、RSS 定制、播客、视频嵌入、服务咨询、信息评价、用户评论、社区聊天等特征，Spring Share 公司称其为"Lib 2.0 知识共享系统"。它拥有 LibGuides Widgets 和应用程序接口，馆员可以创建动态学科指引，将知识、信息发布到其他的网站、博客和课程系统，吸引各处的用户更多的使用图书馆资源和服务。借助 LibGuides，图书馆可以编制综合学科指南、课程指南、与各种服务相关的指南，开展图书馆教育和信息素养教育，协助用户进行研究和教学，用作图书馆网站以及馆员协作与交流等。

LibGuides 系统由 SpringShare 公司提供 Web 服务器和后台数据处理服务，是基于 SaaS（Software-as-a-Service）的软件服务托管模式。系统为图书馆搭建信息化所需要的所有网络基础设施及软硬件运行平台，并负责所有前期的实施、后期的维护等一系列服务，图书馆无需购买软硬件、建设机房、聘用技术人员，即可通过互联网使用该系统。同时 LibGuides 的灵活性和易用性赋予了不同技能水平的图书馆员迅速、轻松地创建内容丰富的 Web 2.0 多媒体导引。

国内 LibGuides 主要用于编制学科导引，在课程指南、Guides 数量等方面与国外图书馆相比，还存在较大差距，这是以后进一步学习和改进的地方。

参考文献：

[1] LibGuides Community [EB/OL]. [2013-02-14]. http：//LibGuides.com/community.php? m=i.

基于图书馆信息推送服务的博弈

蒋 旭

摘 要：在信息化时代，传统图书馆迎来了新的挑战。在图书馆数字化建设中，信息推送服务成为一大主题。但是用户是否成全图书馆的新变革还是未知数，图书馆和用户之间的博弈为解决图书馆推送服务中的各种问题提供了条件。

关键字：图书馆；信息推送；博弈

一、引言

随着社会信息化程度的加深，传统图书馆服务受到新的挑战。为了适应新环境，满足用户的新需求，图书馆必须调整服务战略，变被动为主动，以积极的姿态迎接信息化带来的变革，并利用信息技术为图书馆的转型做出贡献。及时主动地为用户提供个性化内容的信息推送服务，并结合信息网络技术的快捷优势和"以读者为本"的人本主义原则，已成为图书馆数字化建设中的重头戏，是图书馆改革的一大主题。

二、信息推送服务中的博弈

信息推送技术是一种网络信息服务技术，它以固定的频道向用户发送信息，是高度智能化、专业化的系统。最初信息推送技术主要应用于商业网站为其用户提供商品信息，在大多数情况下，服务商根本不会考虑到用户的喜好问题，而是强行的将商品广告推给用户，从而达到宣传与推销的目的。由于这种服务引起用户的不满，网络服务商们开始探索在满足用户潜在需求的基础上为用户推送信息，既达到宣传的目的，又改善服务质量，提高商业效益。

由于信息需求的日益增长，各种类型的信息提供者大量出现，传统图书馆因其僵化的服务方式和工作效率受到了广大用户的责难。在这种机遇与挑战并存的情况下，图书馆应该主动出击，把握信息技术前沿脉搏，充分利用资源优势，实现社会效益与经济效益的双赢。信息推送服务作为图书馆的新举措，需要得到更多的关注与研究。图书馆的信息推送服务必须建立在个性化服务的基础之上，利用积累的用户相关信息了解用户喜好与需求，无需用户主动要求获取，就将用户可能感兴趣的信息推送给用户，从而提高用户获取信息的效率。信息推送服务主要参与者是图书馆和用户，用户对推送服务的认可程度直接决定其发展和建设情况。因此分析图书馆和用户之间的相互作用和影响，探索他们的决策态度，能为信息推送服务的顺利实施提供前提和基础。

博弈论本是经济学领域研究的范畴，但它作为一种分析工具对两个对立对象进行分析有着积极的意义。博弈论以理性认知为前提，通过个人决策以求实现个体利益的最大化。为信息推送服务建立博弈模型，在讨论图书馆和用户二者利益最大的同时，反映出期间影响参与者决策的决定因素，从而提出图书馆建立推送服务过程中需要关注的问题以及可行的解决方案。

三、图书馆与用户的博弈

图书馆实现信息推送服务的过程，处于一个相当复杂的环境当中。但是，无论外界的影响因素有多繁杂，用户对图书馆的评价才是决定图书馆改革是否能够成功的关键。因此在以下的分析当中，我们选择图书馆和用户作为博弈的两个参与者，而对其他的一些因素进行预先设定。

（一）建立博弈模型

假设我们的博弈建立在某一个图书馆与某一个用户的基础之上，其他的图书馆和用户仅作为影响因素。图书馆可以选择提供推送服务，也可以选择不提供推送服务；而用户的选择则可能是使用该项服务和不使用该项服务。当然，在图书馆不提供信息推送服务时，用户即使想使用该服务，也是没有办法达到目的的。假设图书馆在信息技术的冲击之下，需要改进自己的服务，因此提供信息推送服务，在建立该服务期间，图书馆花费的总成本设为 C。而图书馆放任自流，依旧保持原有的服务模式和技术模式，其成本仅为 c，显然 $C > c$。图书馆在提供信息推送服务后所取得的效益设为 S；但是图书馆如果没有信息推送服务，那么它的收益则为 P。另一方面，作为用户来讲，图书馆的信息推送服务能为其带来需要的信息，并尽可能地减少用户的成本，设其效益为 B；用户如果选择不使用该功能，则仅仅通过自己的索取来获得资源,设其效益为 b。假定图书馆和用户都在作出决策之前都不知道对方的行动,即两者间的博弈是静态博弈。根据以上假设,我们建立了一个完全信息的静态博弈模型,表 1、表 2 为各种情况下图书馆和用户的效益表(其中效益=收益-成本)。

表 1 图书馆提供信息推送服务

	图书馆效益	用户效益
用户使用	$S-C$	B
用户不使用	$-C$	b

表 2 图书馆不提供信息推送服务

	图书馆效益	用户效益
用户使用	$P-c$	b
用户不使用	$-c$	b

(二)博弈模型分析及对策

随着信息化程度加深,信息技术的广泛应用,传统图书馆必须把握机会加强自身信息化建设,特别是在对用户服务的这一环节上。同时由于对信息价值的认识不断加深,及时获取信息成为了一项必备的能力和要求,人们不仅需要在自己的努力下获得信息,更需要接受来自图书馆这样的知识机构提供的信息。因此为了得到我们认为的最好的结果,在图书馆提供信息推送服务的同时用户也使用信息推送服务的时候才能达成纳什均衡,必须有 $B>b$,$S-C>P-c$。

对于用户而言,接受信息推送服务带来的效益 B 受两个因素的影响。第一,信息推送服务的确为用户带来了额外的信息,节省时间成本、空间成本和网络成本。如果用户获取信息的成本大,那么信息推送服务带来的效益就大;反之亦然。第二,信息虽然源源不断地出现,但是无法满足用户的需要,那一切都是空谈。也就是说信息越符合用户的需求,那么效益 B 就越大;反之,推送服务会引起用户的不满情绪,从而对图书馆失去信心。另外,b 作为传统图书馆提供的服务为用户产生的效益,在网络时代会呈递减趋势。最直接的原因莫过于 Google、雅虎这样简单实用的搜索引擎能帮助用户更加快捷地查找到所需要的信息,导致从图书馆获取信息的时间成本相对提高。

为了得到 $B>b$ 这一结论,图书馆的推送服务必须提高信息的质量,因此，前期收集用户信息的工作变得极为重要。图书馆是面向公众的服务机构，用户成千上万，个人爱好千差万别，如何把握用户的需求成为一大难题。无论是用户自己提交的个人背景资料，还是读者的借阅历史、阅读习惯，都显示了用户需求的类型、偏好和范围。我们需要效率高且分析准确的智能化系统，对用户的个人信息进行语义分析，掌握用户的信息，以便能更深入地了解其潜在需求，为推送信息提供基础。图书馆的资源当中，其馆藏资源是最丰富也最有价值的那一部分。如何在庞大数量的馆藏中提取合理的资源推送给用户也变成一大难题。即使我们通过智能化的系统分析出用户的偏好和需求，如何确定推送的资源也是服务策略的重要组成部分。新书信息、经典书籍、借出频率最高等均能成为推送的契机。在建立图书馆推送服务机制的初始，就应对这类推送信息进行分析和调查，以期获得最大的用户满意度。另外，充分发挥图书馆馆员的专业素养，深刻理解用户需求的具体内涵，把握不同信息的各种属性，提高推送信息的精确性和目的性。

图书馆在提供推送服务中所获得的收益 S 主要来自于两个方面。一方面是图书馆利用信息推送服务提高自身的核心竞争力，使其在争夺用户的过程中拥有一定的优势。另一方面则是该服务吸引了更多的用户，实现了自身的社会价值，提高图书馆的社会地位。对于不提供推送服务的收益 P 来说，放弃这一新服务，使得其他的竞争者将有机会赶上甚至超越该图书馆，导致其无法在信息社会中站稳脚跟，损失极大，因此 $S>P$。但为了实现 $S-C>P-c$，即 $S>P-c+C$，我们应该尽可能地减小建立推送服务时图书馆的成本 C，这部分成本包括了图书馆原本运行时需要花费的成本 c，以及建立推送服务的成本，而这推送服务系统的建立又直接与收益 S 有关。只要推送服务系统完善，服务质量较高，那么维护系统的成本降低，提供的服务稳定且信息价值高，这就是竞争力的体现，也是吸引用户的依据。在信息技术迅猛发展的今天，有关系统的编程建设变得相对简单，但是整个系统最初的分析和设计成为了最关键的部分。因此，确定系统的功能需求，理清系统的工作流程，实现系统的可扩展性和伸缩性是建设信息推送服务系统的重中之重。

四、结语

图书馆的推送服务是本着适应信息化社会，提高图书馆服务质量的初衷展开的，但是我们并不能说有了这样的推送服务，用户就会被吸引到图书馆。目前的用户大多会被 Google、雅虎这样简单实用的搜索引擎抢走，也正因为它们的简单,导致无法为用户提供主动的服务和高质量的信息资源。图书馆作为知识的殿堂,具有搜索引擎无法比拟的知识资源和学术资料,本身就极具竞争优势。如果能发掘用户的潜在需求信息,实现图书馆的信息推送服务,那么图书馆将走在信息时代的前列,充分体现其社会功能和经济价值。

参考文献:

[1] 李恬. 图书馆管理中的博弈分析 [J]. 兰台世界,2007 (8):67-68.

[2] 孙彤,闫敏,高雅佳. 论推拉技术在数字图书馆中的应用 [J]. 现代情报,2007 (10):91-93.

[3] 徐晓林,曾鸣. 博弈分析在图书馆信息服务中的具体应用 [J]. 情报杂志,2005 (11):43-45.

[4] 张智慧. 图书馆的个性化信息服务分析 [J]. 情报科学,2003,21 (6):624-626.

文献信息检索课程的教学改革初探

王圣洁

摘　要：本文结合文献信息检索课程的教学改革与探索的实际，分别对激发学生求知欲，分级教学，"实践式"教学，"互动式"教学和信息道德教育等内容进行了探索。

关键词：信息检索课；求知欲；分级教学；实践教学；互动教学

在这个知识大爆炸的年代，伴随着科技的迅速发展，人们每天需要面对各种纷繁复杂的信息。这些海量的信息常常让人们无所适从，如何在这浩瀚的信息海洋中，迅速找到自己需要的信息，已经成为这个信息时代对每个人的考验。在这个倡导强调知识创新和终身学习的时代，信息素质教育逐渐成为了世界各国教育界、信息产业界乃至社会各界关注的一个新的热点。信息素质既是学习的基础素质，更是一种能力素质。信息意识、信息能力、信息道德这三个方面内容是信息素质的主要内容。从20世纪80年代，在我国的高校中，就开始设立了"文献信息检索"课程，这是一门以培养学生的信息综合素质为主要目的，通过介绍和教授学生各种文献信息资源的查找方式和技巧，使学生的信息素质得到提高，为其以后在学习和工作中，更快、更准确、更全面地获取信息资源打下基础。当前的高等教育受到了互联网普及，信息量激增，交叉学科增加，知识面不断拓广的影响，如何能够使信息检索课程的教学更加适应高速发展的现代信息社会，成为摆在我们面前亟待解决的问题。作者在实践的基础上，从转变教学思路，改进教学手段等方面下手，对信息检索课教学方式进行了探索。

一、激发学生的求知欲

爱因斯坦曾经说过，即使是一个中等智力的人，如果集中精力长时间地研究某个方面的问题，也可以成为这个领域的专家。由此可见兴趣才是最好的老师，只有对事物有浓厚的兴趣和好奇心，才能够激发其求知欲，从而保持其学习的动力。所以在授课之前，首先要让学生明白"为什么要学习文献检索课？文献检索课有什么用？文献检索课能够帮到我什么？"找到学生的兴趣，好奇心与信息检索课交叉点，因材施教，主动学习。例如对于材料专业的学生，我们可以结合学生的专业，用"橡胶发展史"作为主题词，检索出若干文献，并根据文献内容为学生讲述这种高分子材料的发展史，18世纪中期，法国科学家康达敏从秘鲁学习了橡胶树的种植，采集乳胶的方法和如何使用橡胶。接着，在19世纪，一个叫马金托什的英国人突发奇想，向印第安人学习，把橡胶的乳胶液抹在布上，使这种布有了防雨的功能，可以被用来裁剪制作成雨衣，而几十年后，一个叫做古特义的美国人，无意间打翻了装有橡胶和硫黄的罐子，罐子中的橡胶和硫黄倒在炉火中，受热后溶解混合，自此，著名的橡胶硫化法被发明成功。这样像讲故事一样，使用信息检索的方式，同时又结合学生的专业的授课方式，使课堂气氛活跃起来，激发了学生们的学习热情，这样比单纯的讲解检索步骤，更能吸引他们的注意力，同时也使学生体会到了文献检索在科学研究中的价值和作用，达到更好的教学效果。

二、针对不同层级学生分级教学

针对不同年级，不同专业的本科生，研究生进行内容不同，形式不同，角度不同的教学，从而全方位、多层级的开展信息检索教学。对于大一、大二的学生，重点进行信息理论、网络基本知识、数据库的基本使用方法的教学，在这一阶段交给他们打开信息大门的钥匙是我们的主要教学目的，让学生们对于信息的来源和信息知识在未来学习科研中的使用方法有一个初步的了解，使学生们能了解信息知识在以后的学习工作中的重要性，建立他们的信息意识，拓展学生的学习思路培养，培养他们的信息获得能力，从而为以后的学习打下基础。对大三、大四的学生，则重点进行信息检索技能的教学，这一阶段的学生，已经开始接触专业课，并且对自己的专业也有了一定的了解，他们对信息的需求，不再仅仅局限于能够找到基础的信息，而开始对信息资源的质量有了一定的要求，针对这一阶段的学生需求，应该侧重于检索工具使用技巧方面的教学，使他们能够熟练地运用各种信息检索工具，更快、更全面地找到自己所需要的信息，同时，应该更加注重高级信息理论的教学，使学生们的信息素质得到更全面的提高。对于研究生阶段的学生，针对于他们对信息资源有更深入、更准确、更全面等方面的需求，这一阶段，则主要进行高级的信息理论和高级检索技巧及各种专业数据库的使用方法的教学，使他们不但能够顺藤摸瓜地了解信息的来龙去脉，提高信息的查全、查准率，而且能够判断信息资源的适用性，从而能够从信息资源的海洋中，快速准确地获取自己所需，提高信息搜索的效率和准确度。在这个阶段，我们可以多和专业课老师进行沟通，针对学生的毕业设计或者研究生课题来制订教学计划，为他们写毕业论文和将来的学习工作打好基础。

三、采用"实践性"教学

"实践性"教学是通过给学生设定一个检索目标，让学生自己选择检索途径和方法，完成检索任务。老师在学生检索的过程中，不是手把手地教学生如何检索，而是通过启发、提问、探讨等方式引导学生自己发掘检索的方法，从而使他们能顺利完成检索任务。这样的教学方式不同于传统的教学方式，不是刻板地让学生们背诵检索步骤，而是让学生们在搜索的实践中，通过运用自己之前所学到的知识，配合老师的引导，在实践中学习检索，掌握检索技巧。这样的学习方式不但加深了学生对于之前所学知识的理解，而且能够发现新的隐藏问题，同时，也能够培养学生独立学习和独立解决问题的能力，并且，通过完成这个目标，学生们也更加能够获得成就感，从而更加激发他们的学习热情，提高他们的信息素质。

四、"互动式"教学，改变学生的传统学习模式

一直以来，我们的教学模式都是处于"老师站在讲台上讲，学生坐在下面听"的固定模式中，而这种新型的"互动式"教学方式，则是改变了这个固定的模式，让学生和老师的角色发生互换，从原来的"老师在讲台上讲课，学生坐在下面听课"的模式，转变成为"学生走上讲台来讲课，老师坐在下面听学生讲课"的模式。具体的操作方法就是，在教学中，教师完成了基本的检索方法和检索原理的教学后，让学生分组，自己拟定和专业相关的检索课题，然后分组完成一个检索课题的相关资料的收集整理过程，之后，让学生将检索的方法、所使用的各种文献资源、检索过程中遇到的问题及解决方式，以及最终得到的检索结果，都做成PPT，让小组成员自己当一次老师，站到讲台上来，讲解这个检索报告，完成后，再由老师和同学们一起探讨提问。这样的教学方法，将让学生们体验到一种截然不同的学习方式，让他们体验到自己在课堂的主体地位，并且也将在学生与学生之间形成了一种良好的竞争氛围，调动他们的积极性和主动性，变被动学习为主动学习，

使他们能更好地理解检索的意义和方法,同时结合本专业课题的检索过程,也给学生们的专业学习,开启了一扇新的大门,让他们切实地体会到信息检索带来的全新的学习方法和学习体验。同时,老师也能对学生的学习情况进行摸底,对不足的地方及时补充纠正,使学习效果得到明显提升。

  通过以上多种形式的创新教学,不但提高了文献检索课程的教学质量,同时也提高了教师自身的素质水平,从而促进了该门课程的教学改革。通过形式多样的师生交流,不但拓宽了教师自身的知识面,而且也丰富了教学体验,为多角度、全方位地提高教学质量打下坚实的基础。我们将继续努力对信息检索课程的教学改革进行探索,为培养出具有良好信息素质的创新型人才而努力。

参考文献:

[1] 姚乐野,叶艳鸣. 信息检索与利用 [M]. 西安:世界图书出版社,2009:1-10.

数字环境下图书馆新生信息素养教育方式探讨

刘莹 杨华

摘 要：读者信息素养教育是高校图书馆开展信息素养教育的有效途径之一，是一种无形的、由读者感知质量水平的服务。图书馆信息环境的巨大变化，引发了高校图书馆新生信息素养教育工作的变革，需要以广泛、有效的宣传吸引读者参与，灵活的授课形式方便读者参与，具有时效性、应用性强的内容满足读者需求，进而获得读者的高度认可。

关键词：数字环境；高校图书馆；信息素养教育；情境式教学

一、高校图书馆新生信息素养教育的意义

美国著名教育学家卡特在 1966 年写给美国教育委员会的报告中指出："图书馆是大学的心脏，它与大学毕业生的质量密切相关"。[①] 大学生是高校图书馆最主要的服务对象，不少大学生在入学之前对图书馆知之甚少，在他们的印象中，图书馆不过是一个借还书的地方，并不知道它的其他功能。使他们从步入大学校门的第一时间就了解图书馆，懂得合理利用图书馆是一项非常有意义的工作。

为了帮助新生尽快了解图书馆，更好地使用图书馆资源，高校图书馆每年都会开展各式各样的新生教育工作。目前，国内高校主要采取现场讲解、多媒体课件的讲解、多媒体录像等方式，但是随着数字时代的到来和高校的扩招，庞大的新生人数与有限的图书馆资源（主要是人力、场地、设备等）的矛盾越来越明显，使新生信息素养教育的质量难以保证。培训时，某些注意力不集中，或者离工作人员较远的学生，所掌握的图书馆知识少之又少，

---

① 王倩、刘翔、黄志强：《图书馆新生入馆教育平台的研究和建设》，载《图书馆学研究》2010 年第 2 期，第 18-21 页。

来到图书馆依旧是一脸的茫然与不解。图书馆的工作人员在新开学的几个月要无数次重复借阅规则和方法等,给他们的工作增加了很大的压力。

二、传统的新生信息素养教育方法

(一)现场讲解教育

在教室集中讲解后,由老师分批次带领学生到图书馆各工作岗位实地参观,某些岗位还可以边参观边操作。这种模式在馆舍面积不大,学生数量不多的时候效果不错。随着高校的不断扩招,很难安排大批的学生入馆实地参观,这种方法现在已经基本不采用了。

(二)多媒体课件讲解

老师配合多媒体课件进行讲解,以图文并茂的形式向学生介绍图书馆的职能、资源、服务等。这种教育方法可以全面系统地为学生进行讲解,面面俱到的同时又可以突出讲解需要学生重点注意的事项,简单引导学生如何使用图书馆,这是目前大部分高校在采用的教育方式。多媒体课件大多是几年前制作的,再根据各自情况进行增减修改,很少重新编写。这些课件内容陈旧,已经不能满足数字环境下学生的需求,经常是老师在课堂上讲,学生在下面做自己的事情,起不到培训的效果。

(三)多媒体录像

通过放映多媒体录像,生动形象地为学生介绍图书馆的资源和服务。利用多媒体录像,可以充分调动学生的兴趣,但多媒体录像大多枯燥乏味,学生往往开始因为好奇会认真学习,时间长了就不会集中注意力,不能真正掌握教学的内容,效果也不甚理想。

数字环境下,学生的阅读和学习习惯已经发生了翻天覆地的变化,传统的培训模式已经不能有效地教学。现在的新生都是 90 后,他们的自我意识强,更喜欢通过自我认知达到一定效果。且传统的信息素养教育方式耗时耗力,通常都需要讲解几十场,耗时一个月以上,给图书馆老师带来的压力也不小。因此,寻求更有效的方法解决传统方式带来的弊端显得尤为重要。

三、新生信息素养教育中的创新

数字环境下,相当一部分新生已经具备了利用图书馆资源或其他信息机构检索自己所需信息的能力,对高校学生的要求也不仅仅是具备专业素质,还应当具备相当的信息素质,具备对多元化信息高速、有效处理的能力。图书馆新生信息素养教育是大学生信息素质教育的开端，可以为以后的文献信息检索课打好基础，提高学生的信息素质。

（一）生动形象的《读者手册》

《读者手册》是新生信息素养教育的"蓝本"，具有全面、系统、方便携带等优点。内容涵盖图书馆概况、规章制度、资源服务等。《读者手册》可随录取通知书发放给学生，学生自行学习，一方面新生对图书馆有了较为全面的认识，入校后可以最大限度地利用图书馆资源，另一方面也为新生更好地适应大学生活提供帮助。

目前，各高校图书馆基本都有各具特色的《读者手册》，如果能将纸质宣传与网络宣传结合起来，效果更佳。例如在网上开辟"新生专栏"，吸收Flash的设计元素，使版面新颖活泼，并用贴近生活的语言，如"亲""你out了"等，介绍如何使用图书馆，更符合数字环境下学生的审美情趣和自我意识。清华大学2012年《爱上图书馆新生手册》，采用16页彩页，图文并茂地为新生详细介绍了如何认识图书馆、利用图书馆，进而爱上图书馆，形式多变，内容诙谐幽默，引起广大学生关注。

（二）自测试题

图书馆在以往新生信息素养教育工作和图书馆用户日常使用行为习惯的基础上，编制自学数据库，开发测试软件，新生可在"新生专栏"中通过自测软件，自行检验学习成果。目前，中山大学东校区图书馆将部分规章制度编制成数据库，其功能相当于测试。清华大学图书馆也在其"新生专栏"中提供自测试题服务。

（三）动画动漫

将卡通动漫等元素融入图书馆课件中，以Flash的形式告诉新生如何更好地利用图书馆。动画的形式更贴近青年学生，可以吸引他们认真观看，再配合丰富的剧情和经典的台词，可深入人心，久久不忘。国外的高校，多采取这种信息素养教育方式，例如悉尼大学，将图书馆的具体应用做成了一个个简短的Flash，在Flash中一问一答，生动形象地展示了如何利用图书馆。他们还制作了小游戏，用于学生自己测试所掌握的知识。

四、数字环境下图书馆新生信息素养教育模式的探讨

随着计算机网络的普及，很大一部分新生已经有了利用计算机网络检索信息的基础，而原有的信息素养教育内容和形式只适合初级的"图书馆入门

教育",很难满足大多数新生对图书馆专业知识和信息检索的需求。如何将新生信息素养教育中的创新点融入到本馆的新生信息素养教育中,是本文要探讨的重点。

笔者认为,结合传统信息素养教育模式,充分利用现代网络技术和多媒体技术,开展形式多样的新生教育,一方面可以减轻馆员工作压力,提高信息素养教育效果,另一方面,也可以发挥图书馆人文素质教育基地的作用,将情境式教学引入到图书馆信息素养教育中,可以跨越空间、时间的限制,有效地提高信息素养教育效果。

(一)主要内容

情境式教育,不同于传统的"以教室为环境,以教师为中心"的封闭式、单向传输的课程教学模式。情境式教育是将情境式教学引入到图书馆信息素养教育中,根据教学目的、教学内容,模拟现实的情景,借用现代多媒体技术,创造出活泼生动的教学短片,辅之以生动的解说,将"教学的内容——剧本"还原为实际情景,简明扼要地介绍图书馆最实用、最基础的知识,同时又能培养学生的阅读兴趣,引导学生积极利用图书馆资源,撰写学术论文。经过信息素养教育的新生,再通过网上自助教育系统进行自测自检,这样,学生可以根据自己的情况,选择适合的时间学习,也可以锻炼他们独立思考的能力,有利于挖掘学生的潜能,培养创造性思维,同时也缓解了流通工作人员的工作压力。

(二)基本思路和方法

在"情境式教育"的具体应用上,拟采取以下四个步骤"认识—理解—巩固—实践"。首先,在参加信息素养教育之前,学生自学"图书馆使用指南",对图书馆有了初步的认知后,观看图书馆信息素养教育短片,短片模拟读者使用图书馆的真实场景,真人演示如何使用图书馆,再由老师讲解"如何利用图书馆"的课件,教育学生如何利用图书馆的各项资源和服务,并引导学生积极利用图书馆资源进行学习和科学研究。课程结束后,学生可通过自助测试题库,对自己所学的知识进行测试巩固。

(三)重点难点

图书馆新生信息素养教育不同于理论性强的文献检索课的教学,是入门式教育,要有针对性,针对新生的特点和需求进行教育。短片的拍摄,怎样突出重点才能即让学生感兴趣又能达到入馆教育的目的;随着网络的普及,图书馆中的数字化资源越来越多,怎样引导才能让学生能在短时间内掌握现代技术，充分利用各种信息资源等，都是我们应该思考的问题。网上自助教育系统，要全面详细，既能为学生讲解知识，又能真实地反映学生的学习情况。

（四）主要观点及创新之处

目前国内高校基本都采取传统的信息素养教育模式，教育效果甚微。国外的高校也有类似的新生信息素养教育，悉尼大学是以动画的方式，生动形象地介绍了如何使用图书馆和利用图书馆的资源，中间穿插一些小测试，同学一边学习一边通过测试来加深印象。情境式教学在高校图书馆新生信息素养教育中的引入，有助于提高新生学习的兴趣，直观地为学生演示如何正确地使用图书馆，利用图书馆的各种资源。短片与网上自助教育系统相结合，可以帮助学生带着疑问去学习，学习目标明确，信息素养教育的效果也就达到了。

图书馆信息素养教育工作是一项复杂系统的育人工作，高等教育事业不断发展，要求每个图书馆员本着"读者第一，服务至上"的宗旨，不断探索，用于创新，与时俱进地提出创新的思路和方法去适应新的需求，促进高校图书馆事业的健康发展。

参考文献：

[1] 曹福勇，蒋啸南. 高校图书馆新生培训效果调查及培训模式创新——以中山大学东校区图书馆为例 [J]. 图书馆学研究，2010 (12)：85-88.

[2] 范爱红，花芳，邵敏. 大学图书馆新生教育的改革与实践 [J]. 图书馆杂志，2003 (12)：51-53.

[3] 费青. 创建新型大学图书馆新生培训模式的实践——以北京林业大学图书馆为例 [J]. 农业图书情报书刊，2012 (3)：141-143.

[4] 牟素枫，李修奎. 情境式教学培训片的制作、应用实践概述 [J]. 现代教育技术，2007 (4)：70-73.

[5] 武彩珍. 关于高校图书馆新生培训的几点新思考 [J]. 山西科技，2010 (6)：137-138.

[6] 章增安. 网络环境下高校图书馆个性化新生培训模式探析 [J]. 河南图书馆学刊，2012 (10)：71-72.

文献资源共享

浅谈新媒体环境下省、自治区、直辖市高校图工委的协调功能

孙 诗

摘 要：在网络时代下合理利用网络及各种媒介资源，可以提高各地高校图工委的工作效率及质量。本文将从门户网站、电子邮件、即时通讯、手机媒体4个方面，以四川省高校图工委的工作为例，对目前省、自治区、直辖市高校图工委在新媒体环境下的日常交流工作情况做一个简要的介绍。

关键词：高校图工委；协调功能；新媒体

自20世纪60年代开始，"新媒体"这个词逐步在美国流行了起来，后来，便成为了全球性的一个热门词汇。黄纯元教授在《知识交流与交流的科学》一书中指出，"信息环境的变化会对图书馆活动产生直接的影响，在图书馆的发展史上，图书馆的变化总是和信息环境的变化联系在一起的"[①]。一切信息革命都离不开科学技术的支持。因此，图书馆的发展及各地高校图工委的工作要想跟上信息革命、信息需求的步伐，也同样离不开各种新的技术。这也使省、自治区、直辖市高校图工委在其日常工作中，广泛利用新媒体成为一个不可避免的趋势。

一、省、自治区、直辖市图工委协调功能的重要性

《新时期高校图工委的职能》一文中提到，高校图工委目前有以下4大主要职能：（1）文献信息资源联合采购的组织者和市场竞争格局的培育者；（2）文献信息资源共建共享三级梯队的宣传者和协调者；（3）各省高校图书馆资源建设、互访、整合协作中心；（4）协助教育行政部门对图书馆落实《规程（修订）》展开评估，推动其发展。网络时代的来临，以及电子数据库

---

① 黄纯元：《知识交流与交流的科学》，北京图书馆出版社，2007年，第88页。

的逐步壮大，使高校图工委在组织文献信息资源联合采购上的作用越来越重要。以四川地区为例，四川省高校图工委不仅协助 CALIS 西南中心开展文献信息资源的共建、共知、共享活动，也更加活跃于本地区高校对其他数据库资源的联合购买工作。根据四川省高校图工委 2003 年至 2012 年的总结与会议记录，发现这 10 年来四川省高校图工委主办的电子数据库联合采购会议在范围和种类上都呈增长趋势。从最早的单一电子数据库采购，到现在的资源采购多元化，四川省高校图工委所做的工作满足了更多省内高校图书馆的需求，在协助各馆在建立电子化资源上起了很大的作用。

为了让联合采购、方案指导能够更加顺利地进行，高校图工委秘书处的各位工作人员需随时了解数据库及各馆动态和意向，及时做好与各个馆之间的沟通，其协调功能越发重要。"协调是一种客观的管理活动。从本质上说，它是社会分工、社会化大生产发展的需要"[1] 各地高校图工委只有有效地发挥其协调、交流功能，才能更好地完成各项工作任务。

二、新媒体环境下的高校图工委协调工作

在新媒体广泛使用的现在，合理利用各种媒介可以帮助高校图工委的工作更加及时与准确。从受众角度来看，新媒体可以满足其用户发布和接受完全个性化的信息，实现"由'大众传播'到'小众传播'的转变"[2]。高校图工委相对整个社会，甚至整个图书馆界而言都只是一个方面，所以新媒体所提供的小众传播非常适用于高校图书馆这个群体。

合理利用网络。可以使高校图工委与已建立联系的馆联系更加紧密；吸收还处于交流边缘的各馆加入已形成的交流圈子；加大各馆之间的联系；使最新高校图书馆界的咨询、信息得到更加快捷迅速的交流。

（一）门户网站的应用

为顺应网络时代发展趋势，目前，大部分高校图工委都已建立起自己的垂直门户网站。垂直门户网站是主要针对某一类型的特定人群，为其提供某一特殊领域的相关信息和咨询服务的网站。根据实际情况调研，发现每一个高校图工委网站基本上都包括了高校图工委及成员馆介绍、高校图工委动态两个内容。虽然各地高校图工委基本都已拥有了自己的门户网站，但在网站

---

[1] 王东坤：《谈省、自治区、直辖市高校图工委的协调功能》，载《河北图苑》1992 年第 3 期，第 16-17 页。

[2] 宫承波：《新媒体概论》，北京：中国广播电视出版社，2009 年第 2 版，第 5 页。

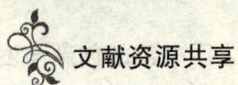

的质量和内容上,还存在着较大的差异。大部分网站做得非常详细,如江苏地区高校图工委门户网站,各个板块一目了然,而且一有新动态立即更新(如图1所示)。北京地区高校图工委、云南省高校图工委(如图2所示)等还制作了电子简报,将所做工作定时进行总结,方便其受众查阅。而有个别网站不仅内容没有及时更新、新闻过时、甚至还无法在网站上查询到其联系方式。为避免此类情况出现,各高校图工委应启用专人定时对其网站进行更新、维护。这样将能最大化利用垂直门户网站的功能,让高校图工委的工作更加透明化,也让高校图工委成员馆能够更加及时地了解高校图工委的工作和发展。

图1 江苏省高校图工委门户网站

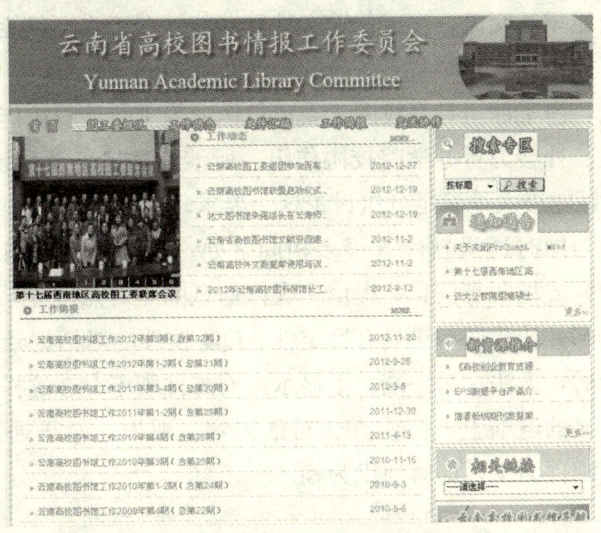

图2 云南省高校图工委门户网站

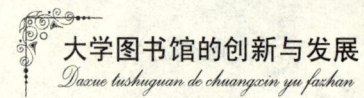

(二) 电子邮件和即时通讯的应用

仅凭高校图工委单方面的努力是无法将高校图工委的各项工作做好的，这还需要各大图书馆的积极配合与支持。以四川省高校图工委工作为例，根据近8年来的会议记录，四川省各大高校都非常积极地参与省高校图工委主办的各项会议及培训。然而现在仍然与省内一些社会力量办学图书馆及个别高职高专院校图书馆交流比较少。这些馆对省高校图工委的了解也相比而言较少。因此图工委可以利用新媒体所提供的点对点的信息传播服务与各个馆进行更加积极主动、更加深入地与其进行交流和协调。新媒体可以针对受众的不同需要，提供所对应的服务。也就是传媒学中的点对点的信息传播服务。新媒体环境下，不仅信息发出者可以通过手机号、电子邮箱地址、QQ号码等途径与一个或多个受众传播信息，而且受众也同样可以对信息进行定制和检索，从而得到对信息的控制权。与前文提到的门户网站相比，门户网站的受众更多的是被动地接受信息。网站用户只能在网站所提供的信息内去选择、检索自己所需要的。而利用新媒体互动的这一功能，例如电子邮件、即时通讯以及手机媒体的受众，则可以更加主动地去询问自己所需要的信息。这种方式具有灵活性和积极性。

"新媒体大大缩短了信息交互传播的速度，甚至实现了信息的'零时间'及时传播。"[①] 如今使用邮件、QQ等网络社交工具，使图工委秘书处与各个馆的联系更加方便快捷。即使身处异地，只要双方都在使用QQ软件等即时通讯软件，便能相互交流，完成传输文件等功能。图工委不仅能通过QQ完成通知各项事宜，还能及时解答各位同仁在线提出的任何疑问。以四川省高校图工委为例，由于四川省高校图工委成员馆分为本科院校协作组、高职高专院校协作组、社会力量办学院校协作组，所涉及的事务及会议有所不同。QQ群功能刚好能极大地满足分组讨论这一要求。

电子邮件与即时通讯软件有很多相同之处。二者都可以编辑、发送文字、图片、音频或视频等信息，提供多媒体信息的点对点服务。但与即时通讯相比，电子邮件的传送，更具有稳定性。QQ软件的对话记录有可能在某台电脑上显示后，无法在另一端口上显示。而邮件则不存在这样的问题。只要在与网络连接的电脑上，都能查到对话内容。所以，对于通知会议等事宜，还应使用邮件为主，即时通讯为辅。

---

① 宫承波：《新媒体概论》，北京：中国广播电视出版社，2009年第2版，第119页。

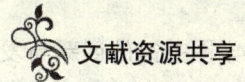

（三）手机媒体的应用

虽然现在正处于3G网络时代，各种智能手机，只要在3G网和无线网覆盖的区域都能完成查看邮件，登录QQ等功能。但是手机语音和手机短信更能确保信息的送达。有的电子邮箱具有垃圾邮件功能，不免出现一些正常的邮件也会被系统视为垃圾或因收件者因网络或其他状况无法登录邮箱而造成无法及时送达的情况。为确保信息接收者已收到通过邮件形式发出的信息，手机语音和手机短信能提供到达率更高的服务和保障，将信息发出者和接收者更加即时准确地联系在一起。"无限移动性和无限双向交流的潜力，使手机成为人际传播最方便的媒介①"因此，为了确保消息的传达，定时更新通讯录成为非常重要的一个工作。若成员馆成员通讯信息有所变动，成员馆应该主动及时地告知地区高校图工委，进行资料更新。对于无法联络上的小馆，图工委也应尽量找到其联系方式。除了加强与本地高校图工委成员馆之间的联系，各地高校图工委也应该建立起联系。就四川省高校图工委为例，目前，四川省高校图工委所持有的省内成员馆通讯信息已基本完善，然而，与其他省高校图工委的联系还不是非常紧密，甚至还未完善全国各省、自治区、直辖市高校图工委的通讯录。这对各高校图工委的交流产生了一定的影响，为避免这种情况，首先各地高校图工委秘书处应主动寻找对方联系方式，建立起一定的联系，增强各秘书处的工作交流。这样大家可以取长补短，让图工委的工作更加完善。

（四）其他网络媒体：微博

自近年来微博用户的增加，使得"微博"这个词语在我们的日常生活中，甚至新闻中的出现频率越来越高。微博的字符较网络门户相比比较受限，然而其简洁、即时的发布功能深受网民喜爱。如有条件开通微博的地区高校图工委，可以将微博作为门户网站的辅助功能，与其成员馆及对图工委有兴趣的各界人士通过此平台进行交流。

三、结语

省、自治区、直辖市高校图工委的工作应该紧跟信息时代的发展趋势，了解高校图工委各成员馆的需求，巧妙利用网络环境下的各种便利工具，使交流、协调的方式更加多元化，方便化。从近十年的发展来看，借助现在日

---

① 宫承波：《新媒体概论》，北京：中国广播电视出版社，2009年第2版，第225页。

益更新的科学技术，已使各地高校图工委能更加有效、及时地执行其协调功能。也许在不久的将来，我们还能轻松掌握远程视频会议等技术，使高校图工委的工作、交流更加迅捷，便利。

参考文献：

[1] 陈茜、刁云梅. 新时期高校图工委的职能 [J]. 图书馆学研究，2003（12）：92-93.

CASHL 服务宣传推广工作的探析

唐桂华　曾加洪　钟 敏

摘　要：本文分析了 CASHL 服务现状，总结了具体宣传举措及成效，并对以后 CASHL 服务的开展提出几点思考性建议。

关键词：CASHL；宣传推广；文献传递

北大图书馆是中国高等教育文献资源共享的重要枢纽，不仅在文献资源建设方面走在了国内图书馆的前列，在资源服务的宣传推广方面也具有开创性。为使资源共享理念深入到每个读者，激发读者的文献传递需求，CASHL 中心在宣传方面做了很多尝试，采取了一些具有特色的举措，并取得一定的效益，这些经验对国内其他图书馆在 CASHL 服务的宣传推广方面起到了引领和示范作用。

一、CASHL 服务现状

中国高校人文社会科学文献中心（China Academic Humanities and Social Sciences Library，简称 CASHL）是教育部哲学社会科学繁荣计划的重要组成部分，也是全国性的唯一的人文社会科学文献收藏和服务中心。可以从以下 5 个方面来概括它的现状。

1. 权威性

CASHL 是由教育部重点支持，北大、复旦等多所高校参建的国家人文社会科学信息资源平台。它的资源与服务体系由 2 个全国中心、5 个区域中心、10 个学科中心及中国社会科学院图书馆联合构成。管理中心设在北京大学图书馆。

2. 优质性

汇集了全国 17 所著名高校外文文科期刊和 70 所重点大学的图书资源，更有中国社科院图书馆独有资源加盟。CASHL 收藏了人文社科类外文期刊

1万余种，外文图书近 100 万种；电子期刊 1000 余种，电子图书 30 万余种；58 种国内唯一的大型特藏文献；还自建了"高校人文社科外文期刊目次库"和"高校人文社科外文图书联合目录库"两个数据库。

CASHL 提供书目查询、图书借阅、参考咨询、代查代检、原文传递、全文下载、期刊目次检索、特色服务、个性化服务等。

3. 专业性

CASHL 由来自北大、复旦等全国著名高校图书馆和中国社科院的专业馆员提供最优质、最专业的服务；专门收藏人文社科类外文期刊和图书资源，针对性强。

4. 便捷性

注册用户登录 CASHL 门户网站"开世览文"，即可检索以上资源，并通过文献传递服务获取所需资料。任何一所高校，只要与 CASHL 签订协议成为成员馆，即可享受服务和相关补贴。

5. 快捷性

1~3 个工作日所需文献直接发送到用户邮箱，没有中间环节。

另外，因为有教育部专项经费的补贴支持，CASHL 每年推出多种优惠活动。

二、CASHL 服务的宣传推广举措

（一）管理中心大力开展宣传推广活动

1. 在网络方面

建立了 CASHL 门户网站"开世览文"，意为"打开看世界的窗口，纵览人文社科文献"，这个门户集成了 CASHL 的资源和服务，为全国高校人文社会科学研究机构和工作者提供了综合性文献信息服务的平台。

2. 在平面方面

（1）CASHL 通讯的编印。CASHL 通讯是由 CASHL 管理中心编印的内部期刊，重点刊登中心的重要活动、成员馆使用报告及建议、馆际交流与合作的经验和体会等。常设栏目有：各区域中心专题、CASHL 发展、会议专题、优惠活动报道、工作研究、经验交流、使用心得等。同时在"开世览文"上也发布电子版。

（2）宣传册的制作。为突出 CASHL 收录资料的唯一性、全面性。在宣传单页中，为着力突出 CASHL 服务由全国 17 家重点高校和中国社会科学院图书馆组成、收藏的文献类型等内容，分别制作了 CASHL 中心馆手册、

宣传页（用户版）、宣传页（图书馆版）、书签、海报、易拉宝、特藏简介等，并不定期更新内容。

3. 开展活动方面

为促进 CASHL 服务的普及，加强宣传推广，CASHL 管理中心带队统筹协调，各全国中心、区域中心、学科中心积极配合，开展了一系列的丰富多彩的宣传推广活动，CASHL 走入全国八大区域，足迹遍及全国几十个省市自治区，到高校、中国社科院、福建省社科院、中国科学院等面对面地宣传推广 CASHL 服务。2007—2011 年总计有 904 家图书馆的 2310 余人参加了"CASHL 走入……"系列宣传推广和培训活动，"CASHL 走入……"系列活动成为了中国图书馆共建共享联盟开展的持续时间最长、影响范围最广的服务宣传推广活动。

（二）区域、学科中心面向成员馆开展文献传递服务宣传活动

首先配合中心馆参加了"CASHL 走入……"系列活动，其次还建立了全国馆际互借群和区域 QQ 群，如西南 QQ 群、华北 QQ 群等，方便了馆际互借员之间的交流。

（三）成员馆进行了多途径宣传，大力发展本校的用户群

（1）通过校园网（在学校主页、社科处主页、图书馆主页、学校 BBS）、电子邮件以及图书馆、社科处、研究生院、各院系的公告栏发布相关服务及活动宣传。

（2）利用"信息检索与利用"课和深入学院举办人文社会科学资源以及文献传递培训讲座宣传推广 CASHL 服务。

（3）通过教育部专项经费补贴的支持，加大文献传递的宣传力度。如 CASHL 每年 3 月和 9 月定期在全国范围内开展 2 次全免费活动；此外在全国 8 大区域内每年轮着有一个区域进行免费活动 1 次；如有特殊要求的基地和机构在上报管理中心并经批准后也会获得一定的优惠。

（4）问卷调查。针对读者是否了解 CASHL 文献传递、对文献传递的速度、联合目录质量、文献传递费用、满意度等问题做出调查，通过问卷调查的形式宣传 CASHL 服务。

（5）通过"读者服务月"活动进行宣传。

三、宣传推广效果

通过各方面多途径的 CASHL 服务宣传推广，现已取得明显成效。

1. 用户日渐增长

经过8年的宣传与推广,越来越多的图书馆通过签署《CASHL文献传递服务协议书》成为CASHL成员馆。目前,CASHL成员馆已经达到600多家,是2004年的6倍,受益逾600万人次。

每个成员馆都拥有众多的CASHL个人用户和机构(团体)用户,逐步培养了用户市场和一批忠实用户,机构(团体)用户逾3000个,直接注册的文献传递个人用户近7万,其中90%为人文社会科学教师、研究人员、研究生。

2. 文献用量不断上升

最新统计数据显示,CASHL文献服务总量突破70万次,年度服务量约10~15万篇。

文献传递满足率超过96.34%,相比运行了近30年、世界闻名的英国国家图书馆文献提供中心(BLDSC)95%的满足率,CASHL已经接近世界一流水平。

平均服务完成时间为1.37个工作日,纵观国内文献提供机构的服务完成时间,如中国国家图书馆完成时间为2天,CASHL的完成时间已达到国内先进水平。

四、对宣传工作的几点思考

图书馆应拓展宣传渠道,搭建更多的互动交流平台,要从读者的角度出发,采取面向读者的多途径宣传方式,与读者互动、交流沟通,让读者认识CASHL、了解CASHL、依赖CASHL。

(一)以读者喜欢的方式呈现

在文献传递服务的宣传工作上,图书馆馆员要树立"一切从读者角度出发"的服务理念,深入分析读者获取信息的习惯和特点,制定出符合读者实际需要的、最容易接受的多种宣传方式。例如宣传册的制作在面向学科方面的还需精细化,目前所做的宣传册里还没有做按学科类型分类的独立宣传页,一些读者不愿意到众多宣传册里查找自己所需类型的文献信息,如果宣传不到位,不经意就会流失一些用户;再如,Google和百度已是用户习惯而且喜欢使用的搜索引擎,如果CASHL和Google、百度合作,把收藏的文献资源整合到搜索引擎里,当读者通过搜索查到文献,采用相应的技术手段处理后直接启动CASHL文献传递系统提交请求,这样也可以扩大CASHL的知名度和影响力,也会提高文献的传递率。

(二)从读者的环境出发

与读者学习、科研的阶段性或需求特点相结合,适时地开展宣传工作。就学生群体而言,开学、撰写开题报告及学位论文期间是他们获取信息最为频繁、学习热情最高的阶段,也是利用图书馆最多的时候,图书馆应紧抓这一契机,加大文献传递服务的宣传力度,往往能收到事半功倍的效果;而对于教师及研究人员而言,他们的科研活动是长期不间断地,对文献的需求也是长期性的,对这类读者,就要利用一切与读者接触的机会随时主动地进行CASHL 服务的宣传工作。

(三)请读者直接参与

要激发读者的兴趣,可以多开展一些面对面的活动,与读者互相交流沟通,才能更好地宣传 CASHL 丰富的资源和优质的服务。除了每年的读者调查以外,可以举办一些有关 CASHL 文献传递的读者座谈会、征文活动、视频大赛等,当读者了解、使用并且依赖 CASHL 后,也会口口相传地帮助宣传 CASHL 服务。

(四)图书馆与用户的共赢

CASHL 服务宣传工作任重而道远,加入的成员馆中还存在一部分"睡眠馆",他们加入后有的从未使用过 CASHL 服务。所以 CASHL 中心还需探索更加有效的服务和宣传措施,唤醒沉睡用户、激发潜在的新用户,让更多用户能够受益于 CASHL 的服务,共同提升图书馆与用户资源共享的服务理念,建立图书馆与用户共赢的局面。

参考文献:

[1] 关志英,章洁. 图书馆共建共享联盟区域宣传推广效果的实证研究——以"CASHL 走入……"活动为案例 [J]. 大学图书馆学报,2012 (2):42-48.

[2] 井水. 依托 CASHL 推动西北地区高校文献资源共享建设 [J]. 内江科技,2011 (8):75.

[3] 仝卫敏. CASHL 文献传递服务宣传工作的实践与思考——以北京师范大学图书馆为例 [J]. 信息与电脑,2010 (2):191-193.

[4] 王晶晶,肖珑. 面向人文社会科学的信息资源共建共享实践 [J]. 情报资料工作,2010 (6):62-65.

[5] 开世览文 [EB/OL]. http://www.cashl.edu.cn.

依托 CASHL 资源，
提高西南地区人文社科科研保障水平

曾英姿

摘要：中国高校人文社会科学文献中心（CASHL）是国家教育部统一领导建设的文献保障服务体系。该架构通过统一书刊采购、统一编目、统一网络平台服务，为我国人文社科教学与科研的高效有序开展提供优质的服务。本文简单介绍了 CASHL 西南区域中心文献传递服务工作概况，服务现状及取得的主要服务效果，存在的问题与改进计划，旨在进一步开发 CASHL 资源，提高西南地区人文社科教学与科研的保障水平。

关键词：CASHL；西南地区；人文社科

中国高校人文社会科学文献中心（China Academic Social Sciences and Humanities Library，以下简称 CASHL）是在国家教育部的统一领导下，本着"共建、共知、共享"基本原则，"整体建设、分布服务"基本方针，针对全国高校哲学社会科学建设的文献保障服务体系。CASHL 是教育部高校哲学社会科学"繁荣计划"的重要组成部分，是唯一的全国性人文社会科学文献收藏和服务中心，旨在成为"国家哲学社会科学资源平台"。CASHL 网站主页采用其中文简称"开世览文"，意味着打开世界之窗口、纵览人文社科文献。

CASHL 于 2004 年 3 月 15 日正式启动并开始提供服务。目前，CASHL 收藏有 11796 种国外人文社会科学领域的核心期刊和重要期刊，1000 余种电子期刊，30 余万种电子图书，近 100 万种外文图书。CASHL 包含"高校人文社科外文期刊目次库""高校人文社科外文图书联合目录"等数据库，提供数据库检索和浏览、书刊馆际互借与原文传递、咨询服务。CASHL 资源和服务体系由 2 个全国中心、5 个区域中心和 10 个学科中心构成。该架构使得全国高校图书馆相关资源获得"三个统一"：统一图书采购、

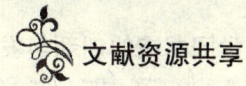

统一编目、统一网络平台服务，为我国人文社科教学与科研的高效有序开展提供优质的服务。本文简单介绍我们依托 CASHL 资源，在提高西南地区人文社科教学与科研水平方面所做的工作。

一、CASHL 西南区域文献传递服务工作概况

我国西南地区包括三省（四川省、云南省、贵州省）、一市（重庆市）、一自治区（西藏自治区）。CASHL 西南区域中心设在四川大学图书馆，其主要职能包括：参与 CASHL 资源和服务体系建设；面向全国开展 CASHL 文献传递服务；大力发展高校用户群；承担西南地区的 CASHL 宣传与推广任务。

（一）参与 CASHL 资源和服务体系建设

（1）与全国中心、区域中心和学科中心建立了文献资源建设协调关系，利用 CASHL 经费和本馆自有经费进行人文社科外文文献资源建设。另外，四川大学图书馆长期受益于教育部"文专"项目，在"文专"项目经费的支持下，人文社科外文图书订购的品种数大幅提升。

（2）向 CASHL 管理中心提交了四川大学图书馆外文人文社科类馆藏信息，加入 CASHL 外文期刊目次数据库和人文社科外文图书联合目录。

（3）与全国中心、其他区域中心和学科中心协调合作，构建了面向全国用户的文献传递服务网络。

（二）面向全国开展 CASHL 文献传递服务

（1）严格按照 CASHL 管理中心制定的文献传递服务工作流程和服务规范，向加入 CASHL 的成员馆提供文献传递服务。并按照管理中心统一的收费标准、服务响应时间来认真履行 CASHL 的服务承诺。

（2）积极配合管理中心每年制定的多次优惠活动计划，调配人力、物力，保证活动期间大量文献申请的及时处理和高质量的原文传递服务。

（三）多途径宣传，大力发展高校用户群

（1）通过四川大学校园网（学校主页、社科处主页、图书馆主页、BBS 等）、电子邮件以及图书馆、社科处、各院系的公告栏发布相关服务及活动宣传。

（2）利用文献检索课和深入学院举办人文社会科学资源以及文献传递培训讲座。

（3）加强对文科硕士研究生和博士研究生进行重点推介。

(4) 通过补贴或免费活动加大文献传递的宣传力度。

(5) 通过"读者服务月"活动进行宣传。

(四) CASHL 服务宣传与推广

(1) 建立了"CASHL 西南区域中心"网站，从资源建设、服务方式、最新活动等不同角度对 CASHL 进行宣传与推广。

(2) 配合 CASHL 管理中心的活动安排，将各项优惠活动信息及时向成员馆发布。

(3) 策划、组织本区域内各省高校图书馆参与 CASHL 共享体系的各种活动。四川大学图书馆在全国率先开展了"CASHL 走入……"活动，从 2006 年开始已陆续完成了对四川、贵州、云南、西藏、重庆的宣传活动。目前，又开展了针对最终用户的"串门活动"，已到电子科技大学、西南交通大学、西南财经大学、西南民族大学、乐山师范大学、四川师范大学等学校，对最终用户进行了 CASHL 培训，取得了很好的效果。

二、服务现状及服务效果

(一) CASHL 文献传递服务质量逐渐提高

自 2004 年 3 月西南区域中心成立以来，参与了 CASHL 所有的优惠服务活动，文献传递服务满足率及完成时间都有较大的提高（见表 1）。截至 2012 年 12 月 31 日，共收到请求 43696 笔，为教学与科研提供了有效的文献保障。

表 1　四川大学作为服务馆对成员馆的服务效果

年度（年）	收到请求总数（个）	满足请求数（个）	满足率	平均完成时间（天）
2004	862	687	79.6984%	2.6050
2005	2705	1869	69.1198%	23.2715
2006	6488	5367	82.7219	8.1266
2007	5532	5364	96.9631%	2.8443
2008	5813	5336	91.8258%	3.2017
2009	10054	9658	96.8512%	1.3101
2010	4356	4235	97.7834%	2.1762
2011	4030	3943	98.3292%	3.4636
2012	3856	3787	99.0843%	1.2569

（二）成员馆数量和文献申请逐渐增加

目前西南区域的 CASHL 成员馆有 75 个。其中，本科成员馆 65 所，占西南区域 93 所本科院校的 69.89%。截至 2012 年 12 月 31 日，西南区域高校成员的文献申请量已达到 134391 笔，占全国的 18.43%。2005 年至今，四川大学提交的申请量每年均居全国前 10 位；2007 年—2011 年西南地区每年都有三到六所高校所提交的申请量排全国前 20 位。表 2 列出了西南地区提交文献请求前十名的成员馆。截至 2012 年 12 月 31 日，本区域已注册用户数 13480 个，占全国注册用户总数的 17.72%。

表 2 西南地区 CASHL 使用量排行榜（前 10）（数据截至 2012 年 12 月 31 日）

排名	学校名称	提交申请数量（笔）
1	四川大学	43823
2	西南大学	23016
3	云南师范大学	18867
4	贵州师范大学	9857
5	电子科技大学	7278
6	长江师范学院	5844
7	西南交通大学	4453
8	四川外语学院	3841
9	重庆师范大学	3809
10	成都信息工程学院	2940

（三）文科科研实力逐渐提升

社会科学引文索引（Social Science Citation Index，SSCI）同 SCI 一样，从功能上看也是一种学术论文检索工具和数据库。但在收录内容上，SCI 以科技论文为主，而 SSCI 则以收录社会科学论文为主。SSCI 涵盖几乎所有的主要社会科学学科（如国内目前相当热门的经济、金融、管理、法律和许多交叉学科）；同时也包括了许多较为经典但目前在国内较为冷门的学科（如各种心理学），以及一些国际上刚刚开始形成但国内可能还没有太多研究的学科和领域。因此，SSCI 的学科代表性不容置疑。SSCI 和 SCI 同是美国科学信息研究所（Institute for Scientific Information，ISI）的产品。该类产品为全世界提供多种信息服务,如对学术期刊重要程度进行评价,对大学和研究机构进行学术评价等。ISI 提供的多学科引文索引有三种,除 SCI 和 SSCI 外,还有 A & HCI (Arts & Humanities Citation Index,艺术与人文科学引文索引)。

通过检索 Web of Science 平台上的 SSCI 及 A & HCI 数据库,发现从 2005 年起西南区域(四川、重庆、云南、贵阳、西藏)被 SSCI 及 A & HCI 收录的论文呈逐年上升趋势。

表 3　2005 年以来 SSCI 及 A&HCI 收录西南区域论文情况

年份(年)	2005	2006	2007	2008	2009	2010	2011	2012
SSCI 及 A & HCI 收录论文数(篇)	51	58	102	171	252	303	380	523

(四) CASHL 西南区域中心取得的成绩

CASHL 西南区域中心 2007 年度,在 17 个中心馆中以综合评分第三名的成绩获得了"CASHL 文献传递服务优秀团队奖"。随后,在 2008—2011 年又连续四年获"CASHL 文献传递服务优秀团队奖",取得了国内同行瞩目的骄人成绩。

三、存在的问题与不足

(1) 西南区域中心对 CASHL 宣传与推广工作的力度还不够。

(2) 部分高校图书馆对 CASHL 的资源与服务还不够了解,成员馆发展不平衡。四川省、重庆市的大部分本科院校都加入了 CASHL,而贵州省、云南省、西藏自治区的很多本科院校还没有加入。

(3) 我们服务的对象——最终用户对 CASHL 资源与服务还不够了解,注册用户数和文献传递请求量比较低。有部分成员馆为零使用量,甚至还有些成员馆从未在系统中注册过用户。

四、今后的工作

(1) 继续努力缩短文献传递服务的响应时间,提高文献满足率,为用户提供优质高效的人文社科文献传递服务。

(2) 按照 CASHL 管理中心的统一规划,继续做好文科文献资源建设。

(3) 做好各地区以及全国性优惠活动期的文献服务。

(4) 加强 CASHL 资源与服务的宣传与推广,着重对贵州省、云南省、

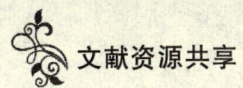

西藏自治区等业务开展相对滞后地区的宣传引导。

（5）对成员馆提供更深入细致的业务指导，尤其是需要加强对零使用量馆的宣传、业务指导和用户培训。

参考文献：

[1] 开世览文 [DB/OL]. [2012-12-10]. http://www.cashl.edu.cn/portal/index.jsp.

[2] 馆际互借事务信息管理系统 [DB/OL]. [2012-12-10]. http://ill.cashl.edu.cn/main/index.asp.

[3] Web of Knowledge [DB/OL]. [2012-12-10]. http://apps.webofknowledge.com/.

调查与分析

गीतावली

四川大学本科生使用图书馆行为的调查

任建明　刘珊珊　刘玉钰　吕陈浩　孟文晶

摘　要：本文以四川大学本科生为主要调查对象，采用抽样调查的方法面向四川大学在校本科生开展了有关图书馆使用行为及相关的调查问卷，通过对所得数据的研究分析，总结归纳出四川大学本科生各年级使用图书馆的现状，分析了现状存在的原因，针对现状中存在的问题提出了合理可行的意见和措施，以促进图书馆的高效合理利用。

关键词：四川大学；本科生；图书馆使用行为

一、引言

图书馆是学校文献信息中心，是为教学和科学研究服务的学术性机构，在高校创新性人才培养过程中发挥着重要作用。

图书馆拥有丰富多样的图书及馆藏文献资料，向学生提供各种文献服务，为学生吸取科学文化知识，拓展知识层次及进行科学研究提供了必要的条件。同时，图书馆作为大学生的第二课堂，能够提高学生求知的主观能动性，积极汲取课外知识，加深对知识的理解。再者，图书馆内人性化的设施为学生营造了良好的阅读氛围与学习环境，为其人生观、世界观的塑造，优秀品德的养成以及情操的陶冶提供了其他课堂无法比拟的优异条件。

随着四川大学图书馆的软硬件的日益完善，纸质资源和电子资源的逐渐丰富，四川大学图书馆现有馆藏纸质书刊 620 万册，引进各种中外文数据库 216 个，能为学校师生提供丰富的文献信息。但据我们日常观察，学生们对图书馆文献信息资源使用情况并不乐观。

基于对四川大学图书馆的热爱，我们组建课题组参加学校"挑战杯"竞赛时，在图书馆老师的指导下，将课题内容定为：对四川大学本科生图书馆使用行为进行调查和分析研究，了解本科生对于图书馆软硬件资源的使用状况,分析导致这种现状的原因,然后提出我们的意见和建议,以积极的姿态和有效的方式方法引导本科生更加高效合理地利用图书馆资源和服务,提高学校巨资引进的各类文献资源的使用效率。

二、调查问卷设计与实施

此次研究主要采用调查问卷和深度采访等方法。问卷调查主要针对以下两方面。

(1) 四川大学本科生群体在图书馆使用行为方面有哪些基本特征?

(2) 在图书馆使用行为方面,不同年级的本科生之间是否存在差异?出现差异的原因大概是哪些方面?不同图书馆的使用行为与年级之间是否存在类似的差异?

在具体设置上,调查问卷总共设计了 15 个问题,涵盖了学生的年级分布,使用图书馆的时间、目的,对图书馆纸质资源和电子资源的了解与使用情况,以及对于图书馆的创造性建议等内容。

课题组于 2012 年 11 月至 2013 年 1 月向四川大学望江,华西和江安三个校区的在校本科生共发放调查问卷 2000 份,实收调查问卷 1723 份,回收率达 86%。其中大一年级人数为 484 人(28.09%),大二年级人数为 498 人(28.90%),大三年级人数为 454 人(26.34%),大四年级人数为 287 人(16.65%)(如图 1 所示)。问卷发放于学生日常学习生活时间内,覆盖了图书馆,自习室,餐厅,寝室等多重环境,比较全面地涉及所有类型的学生。除此之外,我们还对各年级本科生做了相应的访谈,深入了解他们对于图书馆的使用。

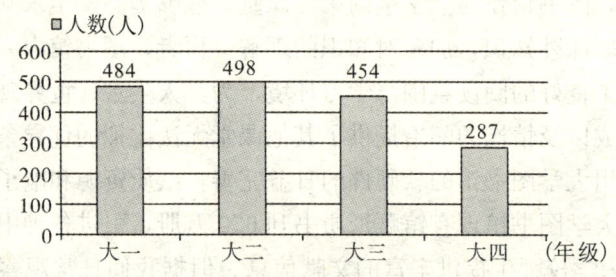

图 1 年级分布

三、研究结果与分析

（一）去图书馆的时间选择和平均每周在馆时间

调查发现，四川大学在校本科生每周在图书馆的平均时间为 10.31 小时，即平均每天在馆时间为 1.47 小时，具体情况如图 2 所示。

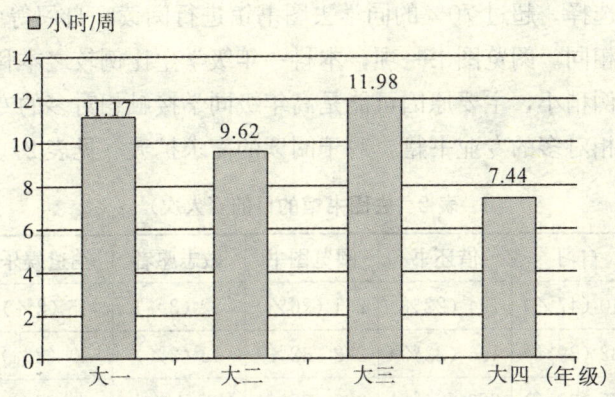

图 2　在馆平均时间

从数据分析，大一和大三的学生投入相对多的时间去图书馆学习，大三学生每周在图书馆的平均时间达 11.98 小时；大二、大四学生去图书馆的时间相对较少，其中大四学生每周为 7.44 小时，远低于平均值。究其原因，与各年级学生学习和生活状态相符：大一新生刚入学的积极性较高，延续高中时期的学习状态；大二学生通过一年的学习生活已经适应了大学的节奏，新鲜感消失，惰性增强；大三学生面临考研、工作的双重压力，学习紧迫性增强；本科四年级的学生忙于实习、找工作。这些基本情况影响着大学生使用图书馆行为。

表 1 反映出，85% 以上的四川大学学生养成了使用图书馆的良好习惯，其中大一学生使用最广泛，几乎不去或者只有临近考试才去的同学数量很少，仅占 6%。

表1　去图书馆的时间选择（占总数的百分比）

年级	几乎不去	临近考试	仅仅周末	有空就去
大一	6%	12%	12%	70%
大二	16%	17%	10%	58%
大三	13%	9%	7%	71%

续表1

年级	几乎不去	临近考试	仅仅周末	有空就去
大四	13%	7%	9%	71%

（二）去图书馆的目的

图书馆良好的学习氛围，丰富的学习资源使大多数的学生将其作为自主学习的第一选择。超过70%的同学去图书馆进行阅读、自习等学习性行为，这点各年级相同。阅览图书一项，本科一年级学生比例较之本科二、三、四年级学生比例稍小，主要原因可能是高年级同学接触相对多的专业知识，课程需要阅读相对多的专业书籍，对于阅读的需求扩大（见表2）。

表2　去图书馆的目的（人次）

年级	自习	借还书	阅览图书	做志愿者	消遣娱乐	其他
大一	410（47%）	194（22%）	231（26%）	22（3%）	15（2%）	0（0%）
大二	332（39%）	196（23%）	272（32%）	15（2%）	20（2%）	15（2%）
大三	365（39%）	223（24%）	320（35%）	9（1%）	9（1%）	0（0%）
大四	231（39%）	141（24%）	203（35%）	6（1%）	6（1%）	0（0%）
总和	1337（41%）	753（23%）	1026（32%）	52（2%）	50（2%）	15（0%）

注：问卷设置为多项选择，数据统计结果为选择的总人次。

（三）对于图书馆书籍的借阅情况

1. 去图书馆一般借阅哪种书籍

通过分析调查问卷，本科四个年级的学生借阅图书的类型也存在差异（见表3）。

表3　借阅书籍情况（人数）

图书类型	大一	大二	大三	大四
专业相关书籍	253	292	320	203
文学书籍	283	252	231	146
报刊	60	70	125	79
工具书	89	50	71	45
其他	0	25	18	11

数据显示，总体上学生们到图书馆借阅专业相关书籍的人数最多，约占

41%,其次为文学书籍,约占 35%,再次为报刊,约占 13%,最少的是工具书。专业相关书籍的借阅在大一最低,借阅比例随着年级的升高逐渐增大;本科一年级同学借阅文学书籍比例最大,随着年级升高逐渐减小。从二年级开始,同学们逐渐开始接触专业课,课程难度和专业课的要求促使同学们对于专业相关书籍的需呈递增趋势,相应的文学书籍的比例逐渐减少。图书馆报刊和工具书不能外借使二者在借阅统计中占据比较小的比重。

2. 平均每学期的借书数量

本科各年级学生平均每学期的借书量情况(见表4)。

表4 平均每学期借书数量(人数/占总数的百分比)

	0(本)	1~10(本)	11~20(本)	21~30(本)	>30(本)
大一	22(5%)	320(66%)	112(23%)	15(6%)	15(6%)
大二	35(7%)	241(48%)	136(27%)	65(13%)	20(5%)
大三	9(2%)	205(45%)	178(39%)	62(14%)	0(0%)
大四	6(2%)	129(45%)	113(39%)	39(14%)	0(0%)
总和	72(4%)	896(52%)	538(31%)	182(11%)	35(2%)

数据显示随着年级的增加本科生的借书数量总体趋势在增加,即使是大四的学生,也并没有因为实习和找工作而减少借阅图书馆的相关书籍。平均每学期借书超过三十本的只出现在本科一、二年级,因为这一阶段相比三、四年级有较多的空闲时间阅览大量书籍。

3. 所借书籍的使用情况

调查显示,各年级学生借阅图书的使用情况也各不相同(见表5)。

表5 所借图书的使用状况(人数)

	基本不看	随意翻阅	挑需要的部分看	基本都看
本科一、二年级	57	234	454	190
本科三、四年级	87	116	349	262

数据显示,大部分学生对借阅的图书的使用状况良好。

(四)对于图书馆电子资源的使用

川大图书馆拥有丰富的电子资源,包涵了图书、期刊、学术视频等216个数据库,资源量远远超过纸质资源,是同学们获取信息、拓展知识的重要途径。

1. 本科生对电子资源的了解和使用情况不佳

调查数据显示,四川大学本科生对电子资源的了解和使用情况不佳。我们对其结果进行了系统分析,其存在的原因主要是因为对于图书馆电子资源的认识和了解不够。在受调查的学生中,从未使用过图书馆电子资源的人数占所调查人数的46.45%,偶尔使用的人数占所调查人数的49.91%,经常使用的人数所占的比例仅占6.64%(如图3所示)。

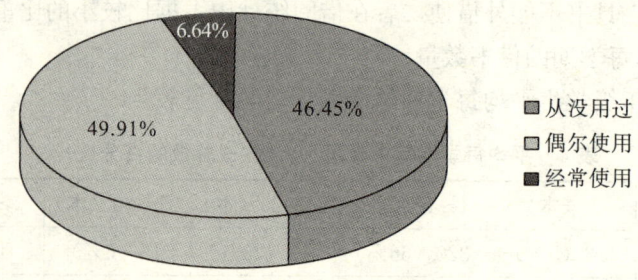

图3 电子资源使用情况

而未使用过图书馆的电子资源同学中,有12.90%不知道图书馆拥有丰富的数据库资源,60.37%知道但并不了解如何使用数据库资源(如图4所示)。

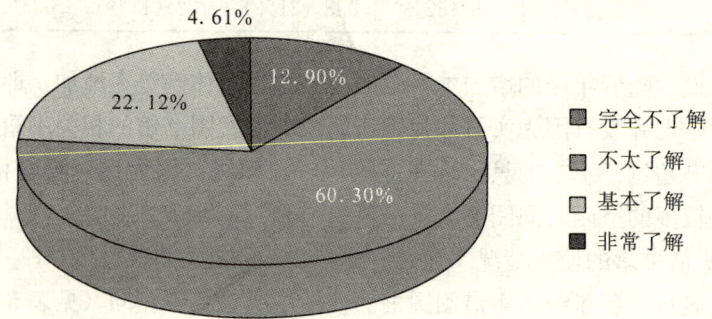

图4 对图书馆电子资源了解情况

分年级统计分析发现,一年级、二年级中不了解图书馆电子资源情况的学生高达79%,三年级、四年级学生稍好,但仍有59%学生对电子资源的了解和利用不好。资源闲置浪费情况比较普遍。如何通过合理有效的宣传提高学生们对于电子资源的有效利用是图书馆下一步着重研究的课题。

2. 本科生使用电子资源的原因

表6 使用电子资源的原因(人数)

	大一	大二	大三	大四
完成作业论文	104	211	294	186

续表6

	大一	大二	大三	大四
了解专业相关信息	104	121	187	118
参赛需要	74	75	80	51
阅览电子书籍	22	121	125	79
其他	7	10	0	0

从表6中的数据不难发现，学生使用电子资源主要为了完成作业，论文，其次是了解专业信息等，因此满足学习需求是学生使用电子资源的主要原因。

（五）图书馆宣传方式

问卷调查和访谈中发现，同学们普遍反映图书馆对于自身服务的宣传力度不够，不能够及时地向读者们介绍和传达图书馆的相关信息，针对这一现象我们统计了同学们最容易接受的宣传方式。图标清晰地告诉我们发放宣传手册和网络宣传是同学们最接受的宣传方式（如图5所示）。

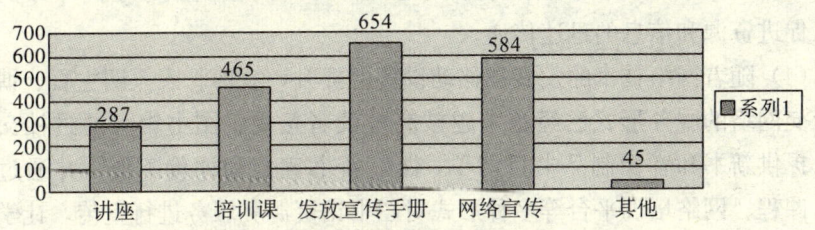

图5　最希望图书馆采取的宣传方式

四、研究结论与对图书馆的建议

（一）四川大学本科生使用图书馆存在的问题

通过调查数据分析，我们发现四川大学本科生对于使用图书馆处于一种积极健康的态度，符合大学课程设置和各年级的特点，同样也存在相应的问题，现将其特征总结如下。

（1）本科生使用图书馆的行为的共性特征：各年级在图书馆进行自习、借还书、阅览图书、做志愿者、消遣娱乐的比例类似；普遍接受发放宣传手册和网络的宣传方式；大多数同学有良好的图书馆使用习惯；多数同学不了解电子资源，使用较少。

（2）本科生使用图书馆的行为的个性特征：各年级在图书馆使用时间、

借书的数量、借阅书种类、电子资源的使用等的行为有所区别，高年级的学生对电子资源的了解更深入，使用更加普遍，对于借阅的书籍更加掌握方法合理利用，低年级的同学涉猎的书籍面更加广泛，去图书馆自习的时间更多。

（二）对图书馆的建议

结合年级特点，为促进图书馆资源和服务的合理使用，课题组提出了以下 5 点建议。

（1）大一新生刚进入大学，有着很高的热情去图书馆自习，但是对于电子资源的了解和利用，专业性书籍的阅读和了解较少，借阅的书不能够很好地消化，没有很好的使用图书馆的方法。对于大一新生，重点关注电子资源的介绍和使用方法的培训，让他们在低年级就能够熟练地运用图书馆的电子资源，为以后的科研训练打下良好的基础。

（2）大二同学需要在继续强化使用电子资源的能力同时，图书馆应多举办趣味性和实用性兼备的活动吸引他们到图书馆学习。

（3）大三、大四的同学对资源、信息的需求量很大，他们基本具备了合理使用图书馆的能力和习惯，图书馆可开辟专门的板块服务于高年级的同学，促进资源和信息的迅速传递。

（4）随着网络技术的发展和移动设备的提升，微博、人人网主页、博客等社交网络的服务形式已经越来越被高校读者接受。图书馆可通过社交网络，提供新书和音像制品书目清单，做好新书宣传和评价工作，并通过讲座、课程、网络培训平台等多种形式对图书馆资源和服务进行宣传，让学生充分利用图书馆。

（5）访谈中部分同学反映到：图书馆闭馆时间过早，借还书时间较短，图书馆数据库不能实现校外访问等问题，图书馆可以酌情考虑引进新技术，变革服务模式，逐步解决以上问题。

参考文献：

[1] 付伟棠，李龙，刘振华，等. 大学图书馆发展趋势报告——以华南师范大学图书馆为例 [J]. 新世纪图书馆，2012（12）：55-59.

[2] 郭红转，章靖平. 高校图书馆资源利用现状调研与分析——以安徽工程大学图书馆为例 [J]. 农业图书情报学刊，2012（11）：15-18.

[3] 王博，吴海雷，胡斐斐. 大学生图书馆资源利用现状及其对策 [J]. 科技情报开发与经济，2008（24）：36.

[4] 徐萌萌，王剑. 对高校图书馆资源利用状况的调查研究——以哈尔滨工程大学

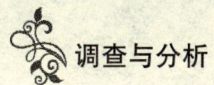

为例 [J]. 边疆经济与文化，2011（3）：172-173.

　　[5] 于迎娣. 我国高校图书馆网上参考咨询服务存在的问题与对策 [J]. 图书情报工作，2004（8）：90-93.

　　[6] 张盛强，闫钟峰. 高校图书馆创新服务的扩散研究——以四川大学图书馆为例 [J]. 图书馆论坛，2012（2）：9-13.

高校图书馆读者用户检索行为调查
——以四川大学为例①

周一萍 赵佳

摘 要：本文以四川大学为例，跨学科选取读者对象，通过记录读者检索操作、深入访谈，从主体需求、影响因素、高校图书馆现行服务考察几个方面进行了调查分析和总结，发现服务的不足，寻求相应改进对策。

关键词：高校读者用户；学术检索行为；影响因素；图书馆服务

一、调查背景和方法

无论是国内还是国外，对读者检索行为的研究越来越受到重视。目前国内对读者检索行为的研究常用的是调查问卷，缺乏直观的行为搜集。四川大学图书馆信息技术中心于 2011 年 11 月围绕读者对网络学术资源的使用行为及习惯进行调查和交流。调查分为两部分，第一部分是受访者的实际检索操作；第二部分针对操作情况进行访谈。在征求访谈对象同意的情况下，访谈过程中对实际操作进行了屏幕录像，并对访谈内容进行了录音。由于要分析访谈对象的录音、操作录像，工作量比较大，所以只征选了 23 名志愿者作为调查对象。

二、调查对象分布

23 名志愿者中有教师 6 人、学生 17 人，其中本科生 7 人，硕士研究生 6 人，博士研究生 4 人（如图 1 所示）。

---

① 本文为 2011 年度四川大学"图书馆、情报与文献学"科研项目《图书馆移动信息服务研究》研究论文之一。

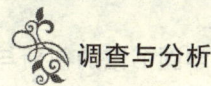

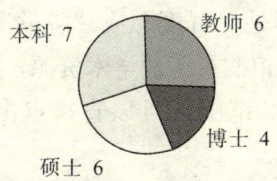

图 1　调查对象身份

23 名志愿者分别是华西口腔医学院 7 人、公共管理学院 4 人、华西临床医学院 4 人、历史学院 2 人、文学与新闻学院 1 人、艺术学院 1 人、华西药学院 1 人、电子信息学院 1 人、化工学院 1 人、计算机学院 1 人（如图 2 所示）。

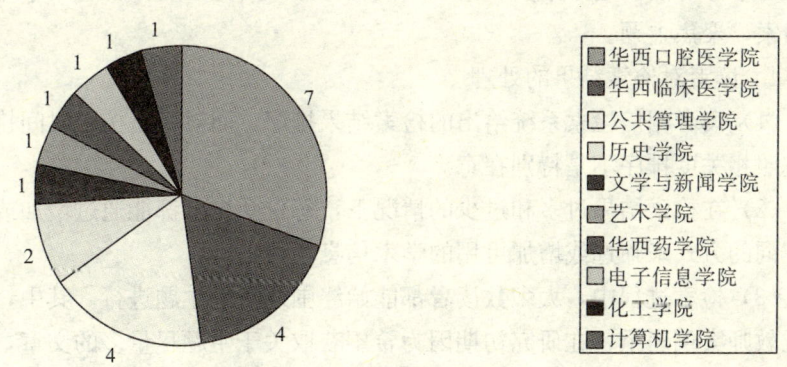

图 2　来自不同专业的调查对象的学院分布情况

三、调查的问题及结论

（一）学术检索主体需求

1. 读者的检索需求

每位访谈者检索学术资源的需求都主要来自于专业论文、课题、科研。本科阶段的学生除了一个案例以外，其他的对学术的要求不高，要求获取的文献质量也不高，平时只是写些课程论文，也并不要求一定按照规范的学术论文来书写。而研究生和教师有较高的学术要求，需要严格遵照一定的学术规范，从图书馆、通讯作者等正规的渠道获取学术文献。

2. 读者对搜索引擎的选择

查找文献等学术资源时,对于搜索引擎选择,大部分读者首选不是图书馆提供的学术资源平台,而是"百度"或"谷歌"等搜索引擎。选择"谷歌"的读者表示,如果是我馆购买了的学术资源,在"谷歌"搜索出结果后会有全文链接,在校园网 IP 范围内可以直接点击链接访问检索到的资源全文。

3. 读者使用学术资源系统进行检索

通过观察读者的检索操作和对读者进行访谈发现,大部分读者不使用图书馆首页统一检索,即使使用了评价也不高。首页的检索仍然采用联邦检索,虽说是一站式检索,但是对资源的检索耗时较久,查询的数据库有限,查询结果质量也不尽如人意。

在刚接触的领域,对研究方向不是特别明确的情况下,读者通常先使用跨库检索尽可能多地搜集资料来了解概况,深入研究之后,再选用单一库进行检索,聚焦主题。

4. 读者对检索结果的处理

(1)读者相信检索系统给出的检索结果排序,而对其是按照时间排序还是按照相关度排序不是特别在意。

(2)在检索结果过多和过少的情况下,每位受访者都能通过增加或减少关键词的方式来筛选或增加可用的学术信息条目。

(3)检索过程中,大多数读者都能始终围绕研究主题进行。其中,只有一位教师案例表示,在研究初期因为希望获取关于主题尽量多的文章,在点击系统提供的相似文献超链接时会出现迷航现象。

(4)在保存和管理检索结果方面,除了华西口腔医学院的 7 名师生,公共管理学院的 2 名学生使用 EndNote 软件管理文献外,其余师生均不使用文献管理软件。其他读者都习惯于用文件夹形式来管理文献资源,并评价自己对文献资源的管理方式较为合理。

5. 文献共享方面

华西口腔医学院和公共管理学院受访者在平时学习中会分小组,学术检索任务将会下达给小组中的每个人,并通过定期的学术沙龙,共享检索任务中检索到的文献资源。此外,利用社会互联网络进行共享方面,公共管理学院受访者加入了一些专业的学术资源博客群和 QQ 群。例如华西口腔医院一位教师就在使用 LinkedIn。

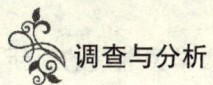

6. 对自己发表的文章的网络检索

对于自己发表了的文章基本不会去检索查询其又被哪些网络出版平台转载或分享，对网络出版方面的知识产权意识比较欠缺。而调查者也反映，因为投稿录用之后出版社会附带一份声明，表示将网络出版权授权转让给出版社，所以也不会对后续的网络出版再过多关注，而且学生群体普遍觉得越多转载、出版越好，可以让更多人检索阅读到自己的文章。

(二) 影响因素

1. 网络环境影响

在校园内寝室访问网络速度较慢，使用图书馆学术资源平台时也受到了一定影响，尤其在访问外文资源平台时速度特别慢，甚至让人放弃使用。

华西校区的同学反映在寝室不能使用 PubMed 数据库，此数据库不需要购买，但服务器不在教育网免费地址之内，只能通过公网访问，需要支付国际流量。同时某些国外数据库访问，例如 Web of Knowledge、SpringerLink 等时常不能访问。

2. 主体检索习惯影响

文献检索课、学术检索讲座对访谈对象形成的检索习惯有一定程度的影响。修读过文献检索课的读者的文献检索能力比没有接受过学习和训练的读者更强。

读者在使用学术资源检索系统过程中若遇到问题，几乎不会使用学术资源系统提供的"在线帮助"。

几乎所有读者对于学术资源系统"个性化服务"的态度是：除非服务中提供特别有用的功能外，一般不愿意使用此服务。主要原因是觉得注册麻烦。

3. 学术氛围影响

无论是检索结果的保存还是分享，表现优异的个体集中在华西口腔医学院和公共管理学院，两个学院的教师和高年级学生呈现带动性、个体检索习惯互相影响，可见，读者所处的大环境对个人信息检索素养的培养发挥着积极的作用。

4. 网络免费资源的影响

由于网络免费资源访问不受校园网 IP 限制，故读者经常检索访问，学生个体普遍对百度文库，新浪爱问，Google 图书、维基百科等网络平台提供的资源有较高的评价。

此外，开放存取学术文献（Open Access Literature）是众多网络资源中很重要的一类学术文献，在尊重著作权和知识产权的前提下，用户通过访问互联网可以免费获取到学术信息和研究成果全文。包括开放存取期刊（Open Access Journals）、开放存取图书（Open Access Books）、开放存取课件（Open Access Courseware）、开放存取学位论文（Open Access Thesis）、开放存取会议论文（Open Access Conference）以及学术机构收藏库（Repository）、电子印本资源（E-Print）等。

（三）图书馆现行服务的考察

图书馆目前开展对学术检索支持的服务，有些还不为人知，有些不为所用，有些用起来还存在不足，希望通过今后的工作能够对这些方面的服务做出改进。

1. 代查代检

所有调查的读者对图书馆提供的代查代检服务都从未使用过。大部分读者都宁愿自己搜索所需文献资源，不使用代查代检，担心他人搜索的结果不能查全、查准，从而导致检索结果质量不高。他们只对与自己有相同学科背景的人所做的代查代检相对比较认可。

2. 文献传递

大部分读者都觉得资源的可替代性比较大，以及考虑到网络可靠性、安全性的因素，大多不愿意购买网络上提供的付费学术文献，对于确实急需而愿意付费购买的，读者能承受的价位也比较低。读者对图书馆提供的文献传递服务规则和流程都不了解，从未使用过。

3. 学科馆员服务

读者对学科馆员服务持肯定态度，其中化工学院受访者反映，由学院邀请学科馆员到院系，深入开展的有学科针对性的文献检索获取讲座很有收获，并希望类似形式的讲座和学习指导可以经常开展。

4. 校外访问服务

图书馆学术资源访问受校园网 IP 限制，虽然已经对教师和博士推行了校外访问服务，但是由于受到网络环境的限制，有部分读者反映开通校外访问后使用图书馆已购买的学术资源还是受限。我馆积极与学校网络中心沟通协商，力求提供最优化的网络基础设施，保证对学校学术研究的支持。

5. 一站式学术检索

图书馆提供的一站式联邦检索，不能满足读者检索需求。新兴的资源发现系统对资源的整合和揭示更加有效，力图采用资源发现系统代替联邦检索以期有效解决这一问题。2012 年下半年我馆已经成立工作组开始进行发现

系统的调研。

6. 提供检索结果的全文链接

学术资源全文链接是通过 Exlibris-SFX 实现的,链接的准确与否影响读者对资源全文的获取。而我馆的激活的链接还存在部分问题,例如激活更新不及时、部分链接只能到数据库页不能到期刊页和文章页。目前已向数据库商索要了最新订购的期刊列表,陆续将 SFX 中的全文链接进行核对和更新。

7. 检索结果保存和引用

我馆采购了专门的文献管理软件 NoteExpress,但利用率不高。安排针对该软件相关使用介绍的学术讲座,加大宣传力度,让读者充分认识文献管理软件在保存组织、管理、引用文献方面所发挥的优势。

8. 读者检索素养培养

图书馆关于文献检索、文献获取、学术资源平台使用的知识讲座的宣传不足,大多数本科生希望能够通过发传单的方式进行学术讲座的宣传。此外,读者还反映讲座时间安排不太利于学生参加。2012 年我馆技术中心开发了讲座预约系统进行讲座预约,扩宽了获悉讲座信息的渠道,听讲人数有所提升。

四、结语

本文通过案例和访谈的方法,对高校读者学术检索行为进行了分析和总结,并基于此发现了图书馆在对学术检索支持方面的不足,具有现实意义,但由于案例数量有限,今后要在已有研究结果的基础上做更广泛的调查和探索。

参考文献:

[1] 胡银霞,赵伯兴. 国内外信息检索行为研究比较 [J]. 图书馆学研究,2011(4): 44-48.

[2] 四川大学图书馆门户网站网络免费学术资源 [EB/OL]. http: //202.115.54.22/sculib/resource/freeresource. aspx,2013-3-20.

[3] 魏群义,何希,霍然,等. 读者检索行为研究综述 [J]. 图书情报工作,2012(8): 131-134,125.

提高高校图书馆数字资源利用率的思考
——基于四川大学调查数据的分析

韩 松 张 海 李廷源

摘 要：本文以四川大学调查数据为基础，对目前高校图书馆数字资源利用现状进行了分析，并对影响高校数字资源利用率的因素进行了深入、系统的研究，提出了提高高校数字资源利用率的对策与建议。

关键词：图书馆；数字资源利用率；对策与建议

随着数字出版和图书馆数字化的发展，高等学校图书馆的数字资源收藏日益增加，各高校图书馆电子信息资源总量占馆藏全部文献信息总量的比例在不断上升，数字资源建设已成为高校图书馆文献资源建设的重要组成部分，它在高校教学、科研的文献需求保障方面发挥着日益重要的作用，如何提高馆藏数字资源利用率，加大数字资源数据库的利用范围和力度，使巨额资金的投入得到有效利用，已成为新形势下图书馆不断实践和探讨的主要方向。

一、高校文献信息资源数字化、网络化已经成为一种趋势

（一）高校加大数字资源建设的投入

根据《高等学校图书馆数字资源计量指南》定义，数字资源指"凡图书馆引进（包括购买、租用和受赠）或自建（包括扫描、转换和录入）的，拥有磁、光介质或网络使用权的数字形态的文献资源"，数字资源以覆盖面广、内容丰富、传递速度快、不受时空限制等优势受到高校师生的欢迎，并成为高校教学科研重要的资源保障，因此，各高校对数字资源引进的力度不断加大，据教育部全国高校图书情报工作委员会发布的《2011年高校图书馆发展报告》，高校图书馆馆均文献资源购置费逐年增加，由2008年的309万元

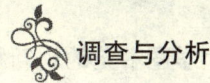

增至2011年的408万元,馆均增幅为24%,在其中各馆用于数字资源建设的费用也逐步增大。以四川大学为例,近年来,学校不断加大对数字资源的投入力度,数据库购置费已达到全馆文献资源购置费的50%以上。同时,学校还通过985项目等专项投入支持图书馆数字资源的引进和建设。目前,四川大学图书馆引进数字资源数据库由原来的100多种增加到216种,仅2012年就增加了36个。数字资源的类型和范围也由单一的电子图书、期刊,发展为涵盖所有类型,包括电子书(含学位论文及其他类似书的出版物)、电子刊(含其他类似刊的出版物)、二次文献数据库(包括题录、文摘、索引等)及视频、图片、多媒体学习等其他数据库。

(二)高校师生利用文献信息资源行为发生变化

传统上,高校师生利用图书馆,主要在纸质书刊的借还和阅览,但随着网络技术和信息技术的发展,高校图书馆纸质资源借阅量逐年下降。以四川大学图书馆为例,外借量近年来几乎平均以10%的比例下降,2012年纸本图书借还量仅为171万册次,比2009年下降35%,相反,数字资源的访问量和下载量呈现出了明显的上升趋势,仅2011年,图书馆主页访问量达425万人次,馆藏书目查询(Web OPAC)登录304.3万次,本地数据库访问有313.8万人次。

与此同时,现代化的网络技术早已经融入了高校师生学习、生活的方方面面,越来越多的师生依赖于网络来获取信息和人际交流,他们通过网络了解信息、浏览新闻、学习知识、休闲娱乐,也是师生获取文献信息的重要途径之一。网络的普及加大了师生对图书馆的依赖程度。

二、高校数字资源的利用情况分析

(一)高校学生中数字资源的利用较低

高校电子信息资源服务对象主要是教师和学生两大用户群,2011年,我们对川大一年级、二年级本科学生进行了一次问卷调查,结果显示:本科生中高校数字资源的总体使用情况不容乐观,主要表现在以下3种情况。

1. 学生对本校数字资源了解程度不高

受调查的读者中表示很了解学校数字资源的仅占7%,而绝大多数学生对学校的数字资源并不十分了解。

2. 学生搜集的资料很少来源于图书馆

调查数据显示,约32%的学生为写论文或进行课题研究收集资料时,他们首选的是谷歌、百度等表浅的搜索引擎,而利用图书馆数字资源的学生仅占10.4%。这表明,学校数字资源的使用不仅存在来自纸质资源的竞争,同时还面临着强大的互联网资源的竞争。

3. 学生不能顺利查找和熟练使用需要的数据库

被调查对象中,仅有4.6%的用户能够顺利找到并且熟练地使用需要的数字资源。

综上,数字资源在高校图书馆资源中的价值日益凸显,但师生对数字资源的利用率却没有相应提高。随着高校信息资源电子化和网络化趋势不断增强,将带来图书馆管理体制和工作方式的不断变革,因此,找准影响图书馆数字资源利用率提高的制约因素,不断提高其利用率,是高校图书馆必须高度重视和着力解决的重大课题。

(二)数字资源利用率偏低的影响因素分析

1. 数字资源数据库的宣传不到位

图书馆常被比喻成"知识的殿堂""智慧的喷泉",在学生心目中占有很高的地位。今天的高校图书馆已从单纯的藏书目录中心,逐步转变为科技文化信息中心、咨询服务中心。但是,有关方面缺乏对图书馆资源的整体宣传策划,更缺乏对图书馆所拥有的数字资源的系统宣传,导致数字资源在使用者群体中普及率较低。在我们的调查中,当学生需要使用数据库资源的时候,绝大部分学生并不清楚图书馆有哪些数据库资源,更有高达近一半比例的学生不知道图书馆拥有哪些和自己专业有关的数据库资源。

2. 电子阅览室软硬件设施建设滞后

图书馆数字资源及数据库的很好应用离不开先进的硬件支撑,而四川大学江安馆电子阅览室的计算机及网络建设滞后,其网速之慢已大大影响到了电子阅览室的发展,同学们要完成从检索到下载的操作,往往需要等待很长的时间,严重影响到了对数字资源的学习热情,失去了进一步了解的兴趣,导致了数字资源的利用率大大降低。同时,由于电子阅览室的所有计算机均安装同一套软件系统,单纯强调满足师生的查阅需求,而缺乏一些师生在学习和工作中常用的软件,例如制图软件等,而且没有配备如打印复印机等相关的设备,不利于师生对数字资源的及时利用。调查表明,本科生在使用数字资源的时候,网络问题是仅次于检索技巧的重要影响因素。

3. 图书馆对学生的专业引导不到位

由于高校图书馆电子信息资源不断丰富和完善,数字资源的检索也日趋复杂化和专业化,一般的师生很难对电子信息资源有系统了解,难以高效利用。图书馆相关工作人员往往简单地将自己定位为一名服务人员、管理人员，而容易忽略自身在专业技术及素质方面能力的提升，在为读者提供服务的时候，形式大多局限于简单的"有问才答，不问则不答"的模式，缺乏主动对读者电子信息资源利用的专业化引导和指导。同时，其他岗位的人员更是对数字资源知之甚少，难以对查阅者进行有效的引导，一定程度上降低了电子阅览室资源的利用。我们的调查数据表明，当学生在使用数字资源遇到问题时，绝大部分人会选择咨询同学或者朋友，约占62%，而我们图书馆的专职老师并不是学生的首选咨询对象，仅有30.1%的学生会选择咨询馆员。

4. 图书馆对学生使用数字资源的培训面太窄

调查表明，检索技巧问题是学生在使用数字资源的时候遇到的最常见和最主要的问题，而接近一半的学生不是通过系统的学习和培训，快速高效地掌握数据库的使用方法和技巧，而是通过自己不断试用来获取相关的信息，这样就会大大加大学生使用的时间成本，挫伤他们的积极性。

现有系统对数字资源介绍不够突出，不具有吸引力，要了解资源的使用，只有选修文献检索课，还不能错过图书馆不定期的数字资源应用讲座。对学生这个群体，由于学校仅仅将文献检索作为选修的课程，而学生对这门课程的重视程度远远低于其他专业选修课，因此大部分学生无法通过检索课或宣传讲座来了解这方面的知识，不少学生到大三、大四都还认为电子阅览室只是普通的网吧，对电子阅览室的功能一无所知；对教师这个群体而言，学校和图书馆更没有开展针对性的培训。学校花费了大量人力和财力建设起来的资源库并没有引起相关群体的充分重视，资源无法得到充分有效的利用。

5. 学生自身的原因

数据表明，每学期仅仅使用几次和几乎不用数字资源的学生占到了被调查对象的40%，而每天和每周使用数字资源的学生不足35%。学生不了解或不熟悉图书馆数字资源，在使用前不去事先了解学习，部分学生甚至完全是空白。有的读者在没有找到所需的数字资源时，不是向老师求助或反映，而是认为图书馆没有此类资源就放弃细查，空手而归。还有些学生甚至完全忽略图书馆各类资源对自己学习的重要性，忙于娱乐活动、兼职打工等，课余没有多少时间到图书馆。学生对图书馆数字资源的不重视也使得图书馆数字资源的利用率大大降低。

三、提高数字资源利用率的对策

(一)加大数字资源的宣传力度,改进宣传方式

学校和图书馆管理层要高度重视图书馆数字资源的宣传,定专人策划宣传活动,争取由校方统一组织对新生进行每年一度的图书馆应用知识集中培训,安排数据库厂商轮流到馆设点宣传,对活动效果进行跟踪,不断总结、完善。图书馆要有效利用场地,合理布局,在学校师生常到的看得见的地方(如:电梯内、阅览桌上、图书馆主页上、门进出口以及物理空间范围内的墙、梁上等)布置数字资源的宣传内容,让读者走进图书馆就能感受到电子信息资源数字图书馆的浓浓气息,登录上图书馆主页就能看到滚动的电子信息资源宣传广告,使读者产生好奇感,吸引读者步入电子信息资源大堂。

(二)提高专业化指导水平

图书馆必须不断加强自身建设,重视图书馆员的知识更新和提高,其中包括思维方式、服务意识、知识结构、专业技能等方面。努力培养一支既熟悉基本业务,又具有计算机应用技能;既了解各种形态信息资源,又具有较强的用户服务意识的专业人才队伍,以推动数字资源的利用,推动图书馆向数字化方向发展。

图书馆工作人员更要转变观念,不仅要强化服务意识,更要注重提升自己的业务水平,以适应信息化时代新形势下的岗位需要。要通过各种形式的继续教育,完善自身的知识结构,不仅要具备图书馆学的知识,还要掌握计算机操作能力并具有一定的外语水平,不断提升自己的综合能力以适应岗位要求。

(三)把好采购关,提高数字资源质量

数字资源馆藏是图书馆为读者服务的物质基础,图书馆收藏的数字资源能否符合本馆的性质、任务、服务方向,能否满足读者的基本需求,会直接影响到读者的利用和科研成果。因此在选购数字资源的时候一定要把好质量关,做到采购时既要有可行性和选择性,又要有针对性和应用性,确保数字资源建设能够向重点学科和精品课程倾斜的同时兼顾一般学科。图书馆数字资源的采购要根据学校的发展目标、教学和科研的需要、经费预算情况等,制订电子信息资源建设方案,具体进行数字资源的选择、采购,逐步建立具有特色的数字资源馆藏体系。在购买时,有必要参考读者的意见和建议,尽可能满足大多数读者的需求,同时还要和任课教师保持沟通,征求他们的意见，使馆内数字资源具有实用性。

(四) 科学管理，改进服务，提高数字资源的利用率

将电子信息资源利用的调查活动、教育活动、咨询活动、培训活动及宣传活动等有计划、有层次地进行统筹安排。例如，根据读者到馆的高峰时段确定工作人员的工作重点，并将读者到馆的高峰时间确定为"核心工作时间"，在"核心工作时间"内，可在咨询台增设图书馆数字资源咨询专点，技术中心老师到位咨询，并要求工作人员来回巡查，细心观察，发现问题及时解决，以耐心、高效的服务面对读者，给读者营造一个温馨的学习环境，以提高回头率来达到提升数字资源利用率的目的。

(五) 改善电子阅览室软硬件环境

好的硬件环境将对电子信息资源的利用起到至关重要的作用。一方面，顺应信息资源电子化、网络化发展趋势，学校的总体经费应该重点向数字资源建设的领域倾斜，另一方面，图书馆应积极运用"信息共享空间"理念，进一步优化馆内的空间布局和计算机的软件系统。可在各楼层布置 2~3 台电子信息资源及数据库专用查询机，查询机上配备学习、导读及优秀课件软件方便学生学习，也可以划定电子信息资源及数据库专用区供学生学习使用，同时增设打印、复印机等辅助数字资源利用率提高的设备。

(六) 提高读者的信息意识和检索技能

图书馆要有计划有层次地对读者进行信息意识、信息检索能力的教育和培训。如在大一下期开始对新生进行"怎样利用数字资源"的教育，对高年级学生开设"数字资源及数据库应用技巧"课程等。开展多元化的教育培训引导宣传活动激发读者的兴趣，提高读者的检索技能。校方应将信息检索课的重要性等同于其他专业课程，对师生提出明确的教学和学习要求，进一步提高图书馆数字资源的利用率。

(七) 开放电子阅览室随书光盘资源

严格按照《中国图书馆分类法》分类，对随书光盘进行排架，在架上设置醒目的标识，标明分类号和类目。尝试将随书光盘架面向读者开放，划定随书光盘复制区及光盘归还区，完善开架光盘取还方式。工作人员应热心为读者导寻，帮助他们了解光盘排架方法，使读者能够快速、准确地找到所需光盘，提高随书光盘的利用率。

(八) 尽快将数字图书馆移动平台投入正式的使用

四川大学图书馆近期刚刚引进了数字图书馆移动平台，目前正在试用阶

段。该平台的正式使用，将实现手机移动访问图书馆数字资源，实现面覆盖点对点的动态模式，让更多的学生有机会接触图书馆的资源，第一时间了解到图书馆的最新动态，这样的服务方式将带给学生更多的学习机会，也将大大提高图书馆资源的利用率。

（九）搭建横向的交流平台

图书馆应与学校各院、系就培养学生熟练使用图书馆数字资源及数据库能力进行研讨，以双赢为目的，为培养高质量人才力求达成共识。争取实现各学院网站与图书馆网站的信息互动，让师生能够通过多种途径便捷地进入图书馆的数字资源数据库。通过与院系的交流平台，及时了解各类数字资源的点击和浏览情况，不断丰富数字资源数量，优化数字资源结构，提高其利用率。

参考文献：

[1] 冯太琴，杨守文. 浅谈高校图书馆的数字资源建设模式 [J]. 科技情报开发与经济，2010，20（14）：12-14.

[2] 高等学校图书馆数字资源计量指南（2004年）[EB/OL]. http：//www. scal. edu. cn/courseInfoView. html？courseInfoId=160.

近15年高校图书馆人力资源研究论文统计分析与演进综述

雷若寒　向忠

摘　要：本文主要以CNKI检索结果作为研究对象，在现有研究成果的基础上，统计1998—2012年高校图书馆人力资源的研究论文，分析了论文的年代分布、来源期刊、作者及机构、关键词、项目资助基金等内容，为今后在该领域作进一步研究提供参考。

关键词：高校图书馆；人力资源；演进；统计分析；综述

一、引言

自彼得·德鲁克于1954年在其《管理的实践》一书中首次提出"人力资源"这一概念，几十年来，经过各国学者的不懈研究，在人力资源的理论和实践中都取得了巨大的进步。近年来，国内专家学者力图通过对大学图书馆人力资源的研究，来解决图书馆工作中的一些实际问题，例如：绩效问题、激励机制问题、怎样进行人力资源管理和人力资源建设等问题。

在有关图书馆人力资源论文的研究方面，最具代表性的是北京联合大学生物化学工程学院房宏君曾在《基于CSSCI的2001—2010年图书馆人力资源研究可视化分析》这篇论文中指出了2001—2010年期间，国内学者在图书馆人力资源研究方面的基本情况、热点和一些重要论文等。从整体内容来看，专家学者在图书馆人力资源管理方面的创新和激励机制研究得比较多，而对图书馆的战略人力资源管理研究得相对较少。

由于该文仅以CSSCI数据库中的论文作为调查取样的范围，样本也仅有103篇，虽然样本数量偏少，但在一定范围内值得参考。同时由于该文统计分析的图书馆是泛指所有类别图书馆，为了更全面、更动态地了解高校图书馆人力资源有关研究的发展状况，本文又作了一次调查统计分析。

一、研究方法和范围

本文采用调查分析的研究方法,在数据选择上,以 CNKI 数据库里的论文作为样本收集的范围,关键词使用"高校图书馆""人力资源",精确检索,截至 2012 年 12 月底,共检索到 664 篇论文,以该 664 篇论文作为本文调查的样本。

二、检索结果及分析

(一)期刊论文年代分布情况

通过下表 1 可以直观地看到各年份论文情况。

表 1　高校图书馆人力资源研究论文的年份分布情况

年份	数量	年份	数量	年份	数量
2012	31	2006	61	2000	2
2011	49	2005	70	1999	0
2010	67	2004	67	1998	1
2009	81	2003	27		
2008	87	2002	23		
2007	91	2001	7		

从表 1 可以反映出,1998 年至 2000 年四年期间,共有 3 篇论文,其中 1999 年论文数为 0,说明当时鲜有专家学者对高校图书馆人力资源管理进行研究。自 2001 年开始,高校图书馆人力资源研究内容才开始被专家注意,每年发表的论文数逐年递增,数量在 2007 年达到顶峰,该年度论文有 91 篇,然后又呈逐年下降趋势。

图 1 更加直观地从数量上反映了近 15 年来有关高校图书馆人力资源的研究状况,自 2007 年论文量达到峰值 91 篇以后,2009 年到 2012 年呈缓慢下降态势,到 2012 年,该年度论文只有 44 篇,与 2003 年论文数量大致相当。2007 年论文数量较多,内容大多是有关高校图书馆人力资源管理、开发和绩效,这可能与 2006 年教育部正在制定高校岗位聘任制度的改革措施有关。

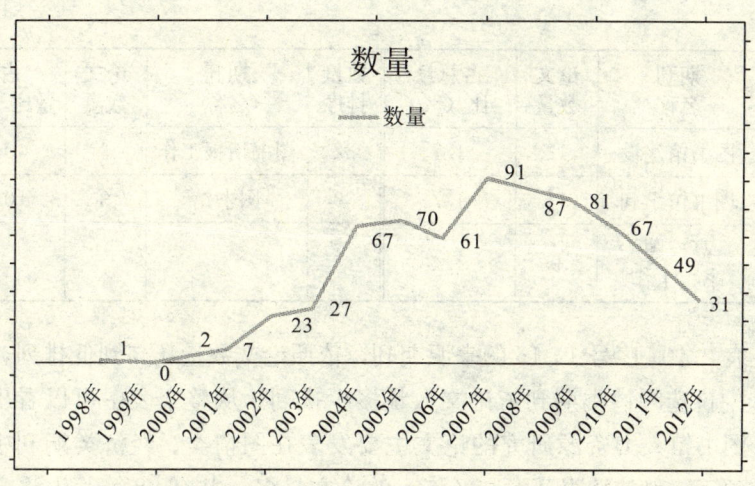

图 1 高校图书馆人力资源研究论文按年份的发展趋势

(二)来源期刊分析

根据 CNKI 检索结果,有关高校图书馆人力资源研究的来源期刊详见下表 2。

表 2 高校图书馆人力资源研究来源期刊(CNKI)

数量排序	期刊名称	论文数量	占总量比(%)	数量排序	期刊名称	论文数量	占总量比(%)
1	科技情报开发与经济	98	14.8	12	科技信息	9	1.4
2	内蒙古科技与经济	40	6	13	图书馆学研究	8	1.2
3	农业图书情报学刊	25	3.7	14	大学图书情报学刊	8	1.2
4	现代情报	24	3.6	15	中华医学图书情报杂志	8	1.2
5	情报探索	20	3	16	图书馆工作与研究	7	1
6	图书馆论坛	16	2.4	18	河南图书馆学刊	6	0.9
7	江西图书馆学刊	13	2	20	贵图学刊	5	0.8
8	晋图学刊	12	1.8	30	图书馆理论与实践	3	0.5

续表2

数量排序	期刊名称	论文数量	占总量比（%）	数量排序	期刊名称	论文数量	占总量比（%）
9	图书馆建设	11	1.7	32	图书情报工作	3	0.5
10	图书馆学刊	11	1.7	39	图书馆	3	0.5
11	高校图书馆工作	9	1.4				

在表2中，序号1~16的来源期刊，依照论文数量从高到低排列，序号18~39则挑选图情类期刊依论文数量多少排列。从整个表中可以看出，有关高校图书馆人力资源研究的论文主要发表在图情类、经济类期刊中。其中，来源于《科技情报开发与经济》的论文最多，共有98篇，占论文总数的14.8%，《内蒙古科技与经济》居于第二位，共有40篇论文，占总数的6%，来源于这两种期刊的论文占总量的20.8%。而来源于图情类的期刊虽然种类多达18种，但是在论义数量上则比较少，并不占优势，一共只有192篇，占论文总数的28.9%。特别是在中文核心期刊中发表的论文更少，除《现代情报》《图书馆论坛》《图书馆建设》等核心期刊中有超过10篇论文，其他期刊如《图书情报工作》《图书馆》等核心期刊则只有3篇论文，这说明在该领域的研究中还存在着泛化的状态，同时也说明在该领域的研究水平还有待提高。

（三）论文作者及所在机构分析

在基于该领域检索出的664篇论文中，作者多为高校图情工作者，在地理位置上遍及广东、河北、湖南、内蒙古、黑龙江、江西、广西、陕西、浙江、江苏、湖北、山东、吉林、山西、河南、福建、安徽、辽宁、贵州、甘肃等22个省份。作者所属机构论文超过5篇的有：华南师范大学、廊坊师范大学、河南大学、赤峰学院、湖南城市学院和河北农业大学。

在众多的作者中，河北工程大学的陈会谦发表的论文最多，从2007年到2010年共发表了5篇论文（其中有4篇为第一作者，1篇为第三作者）。主要内容涉及高校图书馆人力资源管理的现状及存在的问题，并对出现问题的原因做出了分析，提出了柔性管理在高校图书馆人力资源管理中的运用。江西中医学院的黎莉，河北农业大学的王芹居于其次，各发表了3篇论文，主要内容包括：高校图书馆中人力资源管理现状、问题；人力资源管理对图书馆中读者提供服务的促进作用；人力资源保障体系的建立；人力资源的开发和管理。这几位作者虽然高产,但从内容上看,也仅仅涉及人力资源的管理现状和管理策略,而对战略性的、根本性的问题并没有涉及。

(四)论文关键词分析

关键词是网络搜索索引的主要方法之一,论文的关键词表达了该论文的中心内容和基本走向。本次根据CNKI检索结果中统计的中文关键词,见下表3。

表3 高校图书馆人力资源研究论文关键词频次表

关键词	频次	关键词	频次
高校图书馆	524	激励	10
人力资源	337	以人为本	10
人力资源管理	252	馆员素质	9
管理	54	数字图书馆	9
人力资源开发	41	网络环境	9
图书馆	37	信息时代	8
激励机制	32	人力资源配置	8
开发	27	科学发展观	8
图书馆管理	23	继续教育	7
创新	19	学科馆员	7
图书馆员	18	绩效考核	7
人力资源建设	18	建设	6
对策	16	女性馆员	5
可持续发展	15	现状	5
知识经济	14	院校图书馆	5
知识管理	14	能本管理	5
管理创新	13	管理机制	5
人本管理	11	问题	4
信息资源	11	图书馆文化	4
开发与管理	11	人事管理	4

表3中,关键词使用频次超过15次的有:"高校图书馆""人力资源"

"人力资源管理""管理""人力资源开发""图书馆""激励机制""开发""图书馆管理""创新""图书馆员""人力资源建设""对策"等。说明了1998—2012年期间，国内学者们在该领域的研究方向和主要内容的关注力在于以上关键词所反映的诸多方面。"人力资源管理"这一关键词出现了252次，"管理"一词出现了54次，充分反映了国内学者们从管理的角度出发，研究高校图书馆人力资源比较多，也在一定程度上说明了实践中学者们对人力资源管理的重视。"人力资源开发"出现41次、"开发"出现27次，表明了学者们对人力资源开发和利用的重视，对以"人为中心"的管理理念的重视。"创新"出现19次，"管理创新"出现13次，"人力资源建设"出现18次，"对策"出现16次，表明目前高校图书馆在人力资源管理方面，还存在着许多不健全的地方，存在着许多与当前飞速发展的信息社会、经济文化等不相适应的方面。这些方面都需要在管理上与时俱进，改变管理体制，充分利用人力资源，优化人力资源配置，才有可能发挥人力资源的最大优势。

在表3中，关键词频次在10~15次的，例如："开发与管理""激励"，而词频低于10次的有"人力资源配置""继续教育""绩效考核""管理机制""图书馆文化"等，这些频次较低的关键词说明了，在这些关键词所体现的内容方面的研究还不够。也说明了当前高校图书馆在人力资源开发和管理体制上的滞后。"图书馆文化"这一词的使用频次最低，仅有4次，反映了高校图书馆在管理中对文化的忽视。一个企业要想得到永续经营，必然要有相合适的企业文化，才能激发员工的工作积极性和创造性，从而创造出更多的价值。对高校图书馆而言，图书馆文化同样重要，只有形成得到员工普遍认可的高校图书馆文化，图书馆工作人员才有可能更加积极热情地在工作中履行自己的岗位职责，发挥自己的能动性，增强员工的凝聚力，在工作中不断地创新。同时像"激励""绩效考核"等词的低频使用，也表明了在高校图书馆的实际管理中，有效的激励机制和完善的绩效考评体系尚未建立健全。

在该关键词词频表中，没有出现"战略""规划"这类词语，这点与房宏君基于CSSCI的研究结果一样，反映了国内专家学者在高校图书馆战略人力资源管理或者人力资源规划方面研究得比较少或者不作为重点研究。而这方面也正是实践中高校图书馆在人力资源管理方面需要增强的地方。

（五）研究资助基金分析

根据CNKI文献分类浏览中研究资助基金，该检索结果中664篇论文，有6项获得了科研基金。其中有3篇论文由湖南省教委科研基金支持，2篇论文由国家社会科学基金支持，1篇论文由河南省软科学研究计划支持。其中国家社科基金的两篇论文分别是马芝蓓的《论图书馆人力资源质量管理体系实施》和张丽君等人的《江苏贵州两省高校图书馆员工技能比较》，获河南省软科学计划支持的论文是张宽福的《高校图书馆人力资源建设研究——图书馆部室主任的角色定位》，这几篇论文都是从微观的角度说明高校图书馆在人力资源方面的管理，具有较强的现实实践意义。

三、结束语

可持续发展战略作为国家的基本国策已经贯彻到各行各业，高校图书馆也不例外。高校图书馆也应与社会、经济、文化的发展目标相适应，在网络化、数字化、信息化的条件下，图书馆通过各种业务的创新，以满足社会经济文化发展的需求，所有的这些都离不开"人"，而人力资源是现代社会最重要的一种资源，这就需要图书馆切实加强人力资源的战略性规划、开发和利用。让大学图书馆人力资源战略与图书馆本身的发展战略相适应。

本文以数据结合图表的形式分析了1998年到2012年期间，国内各专家学者对高校图书馆人力资源研究的状况。并对这些年来研究的趋势、作者、研究热点问题进行了统计和分析，可为今后在该领域作进一步研究提供参考。

参考文献：

[1] 房宏君. 基于CSSCI的2001-2010年图书馆人力资源研究可视化分析[J]. 人力资源管理，2012，1（1）：65-68.

[2] 赵秀颖，解鸣. 院校图书馆人力资源管理研究一瞥[J]. 现代情报，2004，11（11）：138-139.

2011年版与2010年版《中国科技论文统计源期刊》入选医药卫生类统计源期刊的对比分析

谭至娟 童于真 王萍

摘 要：本文统计分析了2011年版与2010年版《中国科技论文统计源期刊》入选医药卫生类统计源期刊的数量和品种变化情况，以期帮助医药卫生专业医务人员和科研工作者及时了解本专业统计源期刊的变化情况。

关键词：统计源期刊；核心期刊；医药卫生；对比分析

中国科技信息研究所（ISTIC）受国家科技部委托，从1987年开始，按照美国科学情报研究所（ISI）《期刊引证报告》（JCR）的模式，经过严格的定量和定性分析，评选出年度内各学科的重要科技期刊，即《中国科技论文统计源期刊》（以下简称"统计源期刊"），又称"中国科技核心期刊"。ISTIC据此对我国科技人员在国内外发表论文数量和被引用情况进行统计分析，并利用统计数据建立了中国科技论文与引文数据库（CSTPCD），于每年年底（11月或12月）发布年度《中国科技期刊引证报告》（CJCR），受到社会各界的普遍重视和广泛好评。其学术影响力越来越被各学术单位和科研机构所接受，用它作为科研论文学术水平的评价指标之一。"统计源期刊"是CSTPCD的数据来源，通过中国科技期刊综合指标评价体系对期刊学术质量的考核，CSTPCD每年对收录期刊的范围进行调整。

本文根据中国科技信息研究所分别于2011年12月2日和2010年11月25日发布的2011年版与2010年版《中国科技论文统计源期刊》，对入选的医药卫生类统计源期刊进行整理和对比分析，以期帮助医药卫生专业医务人员和科研工作者及时了解本专业统计源期刊的变化情况。

入选2011年版《中国科技论文统计源期刊》的期刊共2041种，其中医药卫生类期刊667种，与2010年版比较，入选的医药卫生类期刊数量和品种变化如下：

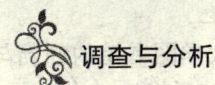

(1) 综合性医药卫生类统计源期刊。

2011年版综合性医药卫生类统计源期刊46种，与2010年版入选的48种相比较，剔除了《Chinese Medical Journal》和《安徽医药》2种期刊。

(2) 医科大学学报类统计源期刊。

2011年版综合类统计源期刊52种，与2010年版入选的51种相比较，新增加了《成都医学院学报》。

(3) 预防医学与卫生学类统计源期刊。

2011年版预防医学与卫生学类统计源期刊66种，与2010年版入选的67种相比较，除保留其中的62种期刊外，新增加了《中国生育健康杂志》《中国卫生政策研究》《国际生殖健康计划生育杂志》3种期刊；将2010年版归入安全科学类的《中国安全科学学报》归入到该类；剔除了《环境与健康杂志》《医学教育探索》《中国卫生经济》《中国医学装备》《中国医院》5种期刊。

(4) 中医学与中药学类统计源期刊。

2011年版中医学与中药学类统计源期刊69种，与2010年版入选的67种期刊相比较，新增加了《河南中医》和《中医药通报》2种期刊。

(5) 基础医学统计源期刊。

2011年版基础医学统计源期刊47种，与2010年版入选的46种相比较，新增加了《中华生物医学工程杂志》和《中国病毒病杂志》2种期刊；将2011年版归入生物类的《Virologica Sinica》《病毒学报》《实验动物与比较医学》3种期刊归入到该类；剔除了《生理科学进展》《生理学报》《现代生物医学进展》《中国真菌学杂志》4种期刊。

(6) 临床医学类统计源期刊。

2011年版临床医学类统计源期刊58种，与2010年版入选的59种相比较，新增加了《国际输血及血液学杂志》；剔除了《Asian Journal of Andrology》和《实用临床医药杂志》2种期刊。

(7) 保健医学类统计源期刊。

2011年版保健医学类统计源期刊全部保留了2010年入选的11种期刊。

(8) 护理医学类统计源期刊。

2011年版护理医学类统计源期刊全部保留了2010年入选的14种期刊。

(9) 内科学类统计源期刊。

2011年版内科学类统计源期刊51种，与2010年版入选的49种期刊相比较，新增加了《中华骨质疏松和骨矿盐疾病杂志》《中华糖尿病杂志》《中国心血管病研究》3种期刊；剔除了《临床肺科杂志》。

（10）外科学类统计源期刊。

2011年版外科学类统计源期刊61种，与2010年版入选的59种期刊相比较，新增加了《中华内分泌外科杂志》《实用手外科杂志》《中国性科学》3种期刊；剔除了《Chinese Journal of Traumatology》。

（11）妇产科学、儿科学类统计源期刊。

2011年版妇产科学、儿科学类统计源期刊24种，剔除了2010年版（25种）入选的《临床小儿外科杂志》。

（12）肿瘤学类统计源期刊。

2011年版肿瘤学类统计源期刊25种，剔除了2010年版（27种）入选的《Chinese Journal of Cancer Research》和《临床肿瘤学杂志》2种期刊。

（13）神经病学、精神病学类统计源期刊。

2011年版神经病学、精神病学类统计源期刊34种，剔除了2010年版（35种）入选的《心理学报》。

（14）眼科学、耳鼻咽喉科学类统计源期刊。

2011年版眼科学、耳鼻咽喉科学类统计源期刊18种，与2010年版入选的18种期刊相比较，新增加了《中国眼耳鼻喉科杂志》；剔除了《临床眼科杂志》。

（15）口腔医学类统计源期刊。

2011年版口腔医学类统计源期刊19种，除保留2010年版入选的全部17种期刊外，新增加了《口腔材料器械杂志》和《中华口腔医学研究杂志电子版》2种期刊。

（16）军事医学与特种医学、医学影像学类统计源期刊。

2011版军事医学与特种医学、医学影像学类统计源期刊27种，与2010年版入选的29种期刊相比较，剔除了《中国激光医学杂志》和《中华医学超声杂志电子版》2种期刊。

（17）药学类统计源期刊。

2011年版药学类统计源期刊45种，与2010年版入选的45种期刊相比较，新增加了《临床药物治疗杂志》，剔除了《Journal of Chinese Pharmaceutical Sciences》。

核心期刊是指刊载某学科论文较多、能够反映该学科最新成果和前沿动态、使用率较高、学术影响力较大、受到该学科读者重视的期刊。核心期刊在职称评定、科研评奖中具有重要的参考价值，一些单位把发表在核心期刊

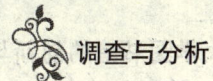

上的学术论文作为衡量院校教学科研水平的重要指标之一,教学和科研人员也把核心期刊作为投稿首选。

目前国内主要有 7 大核心期刊(或来源期刊)遴选体系:(1)北京大学出版社出版的"中文核心期刊表"(以下简称"中文核心期刊")。(2)中国科学技术信息研究所(ISTIC)"中国科技论文统计源期刊"(又称"中国科技核心期刊")。(3)南京大学"中文社会科学引文索引(CSSCI)来源期刊"。(4)中国社会科学院文献信息中心"中国人文社会科学核心期刊"。(5)中国科学院文献情报中心"中国科学引文数据库(CSCD)来源期刊"。(6)中国人文社会科学学报学会"中国人文社科学报核心期刊"。(7)万方数据股份有限公司正在建设中的"中国核心期刊遴选数据库"。其中北京大学出版社出版的《中文核心期刊要目总览》和中国科技信息研究所出版的《中国科技期刊引证报告》分别列出的"中文核心期刊表"和"中国科技论文统计源期刊表"是目前国内自然科学领域特别是医药卫生领域科技工作者发表论文应用较广的选刊标准。

"中文核心期刊"由北京大学图书馆与北京高校图书馆期刊工作研究会联合研制而成,属于民间性质;而"统计源期刊"由国家科技部委托中国科技信息研究所完成,具有一定的官方性质。虽然"中文核心期刊"覆盖的学科范围广泛,包括社会学科与自然学科,但未收录我国港澳台地区及国内其他地区出版的英文刊物,且其收录的生物医学期刊较少(2011 年版"中文核心期刊"收录期刊共 1982 种,其中医药卫生类期刊 248 种)。"统计源期刊"学科范畴主要为自然科学领域,不包含社会科学期刊,但其包括国内出版的英文刊物,且其收录的生物医学期刊较多(2011 年版《统计源期刊》收录期刊共 2041 种,其中医药卫生类期刊 667 种)。同时,由于《中文核心期刊要目总览》起初每 4 年出版一次,从 2011 年版(第 6 版)开始改为每 3 年出版一次,有一定的时差,不能完全反映当年的期刊状况,而"统计源期刊"每年公布一次,能较客观地反映期刊的当年情况。由于统计源期刊的取舍实行动态管理,故医药卫生专业医务人员和科研工作者及时了解"统计源期刊"的变化情况很有必要,以便于将自己的论文尽可能地投到统计源期刊去发表。

参考文献:

[1] 戎文慧,李娜,胡晓湘.《中文核心期刊要目总览》与《中国科技论文统计源期刊》之比较 [J].白求恩军医学院学报,2006,4(4):239-240.

[2] 郭世远,郑砾,李刚,等. 中国科技论文统计源期刊刍议及03年版与02年版(医药卫生)的比较研究 [J]. 四川医学, 2004, 25 (10): 1145-1147.

[3] 中国科技信息研究所. 2011年中国科技期刊引证报告 [M/CD]. 北京: 2011.12.

[4] 中国科技信息研究所. 2010年中国科技期刊引证报告 [M/CD]. 北京: 2010.11.

[5] 朱强. 中文核心期刊要目总览(2011年版)[M]. 北京: 北京大学出版社, 2012.

其 他

題目

高校图书馆建筑的几个问题及解决方案[①]

——以四川大学江安图书馆为例

杨 辉 程丽敏

摘 要：本文介绍了四川大学江安图书馆的基本情况，对其投入使用8年来所碰到的问题进行了分析，提出了解决这些问题的方法。最后展望了现代高校图书馆建筑的发展方向。

关键词：图书馆建筑；四川大学江安图书馆；建筑设计

一、序言

近年来，随着我国高等教育的发展，与之相匹配的高校图书馆馆舍建设也进入快速发展的阶段，高校图书馆的规模急剧扩大，很多学校都把建新图书馆作为重点工程之一。

为了适应图书馆建设的发展，我国于1999年完成修订并发布了《图书馆建筑设计规范》（JGJ38-99），对图书馆建筑设计的指导思想作了原则性规定。《图书馆建筑设计规范》强调图书馆建筑设计首先必须满足图书馆的功能要求，即文献资料信息的采集、加工、利用和安全防护的功能要求，为读者、工作人员创造良好的环境和工作条件，同时还应结合图书馆的性质和特点及发展趋势，为运用先进的管理方式、现代化的服务手段提供灵活性强、适应性高的空间，并力求造型美观、环境协调，要突出以"读者为主，服务第一"的设计原则。

我国图书馆界和建筑界根据多年的经验，通过共同研讨切磋，总结出了

---

① 基金项目：本文是四川大学图书馆、情报与文献学科研项目"基于读者文献需求统计分析下的图书馆馆藏结构评估研究—以四川大学江安分馆为例"的研究成果之一。

"适用、高效、灵活、舒适、安全、经济、美观"的图书馆建筑原则,强调了把功能的适用性放在设计的首位。从管理的角度讲,图书馆建筑指建筑物、设施及技术装备。这样的定义从企业经济的角度,使馆藏、财力、人员和用户,通过空间和技术装备,保证图书馆特殊功能的实现。图书馆建筑不仅仅是一座建筑物或一组建筑群,而是其建筑理念的集中反映和体现。

高校图书馆作为学校标志性建筑之一,是校园建筑中璀璨的明珠,目的是要给读者提供一个宁静、幽雅、舒适、宽松的读书空间。

二、四川大学江安图书馆的情况介绍

四川大学江安图书馆由加拿大方舟设计公司设计师阿穆莱德先生设计,整个图书馆地上五层,地下一层,建筑面积25300平方米,是江安校区的标志性建筑,于2005年8月正式投入使用。图书馆的设计理念先进,大空间的设计,布局和造型都非常有特色。江安图书馆采用了"藏、借、阅、咨"一体化的服务,整个馆内都有无线网络覆盖,为读者创造一个良好的信息自由环境。在图书馆内,实现了借阅合一、纸质资源和数字资源合一、师生合一、书刊合一,整个图书馆以方便读者利用为中心,通过全方位、多角度、近距离的开放式服务,让读者用最少的时间、最少的精力、最少的环节,获得最大量的文献资源信息。

三、图书馆使用中的问题及应对方法

江安图书馆虽然理念先进,总体使用情况较好,但在使用过程中也暴露出很多问题,有些是设计上不符合中国国情,有些是图书馆的实际发展与当初设计时的设想有差别等,以下对这些问题分别做分析。

(一)图书馆的外墙

图书馆的内外装饰,要与图书馆的性质、读者的阅读习惯及心理相协调。从外部看,整个图书馆要给读者以美的感受。建筑既是科学也是艺术,就图书馆建筑而言,它首先是功能建筑,外观要服从功能,近年来,经济、适用、节能已经成为图书馆建筑师设计时的主要理念。

江安图书馆的外墙使用非常流行的玻璃幕墙,玻璃外墙好看,但是难打扫清理,需要请专业的公司来清洗,费用很高。另外,这种设计的窗户基本上不能向外推开,造成馆内通风情况很差,整体空气质量不够好。一旦玻璃破裂或者有其他问题,维修维护的费用也非常高,通常更换一块玻璃的费用高达数千元。由于玻璃幕墙隔热保暖的效果较差,夏天馆内受太阳照射的区

 其 他

域会很热,空调的效果也不尽如人意。

图书馆是人群相对集中的区域,每天出入的人流量也很大,通风非常重要,所以图书馆的设计应尽量避免采用玻璃外墙。

(二)中央空调的使用

空调调节室内温度,冬暖夏凉,能给读者一个非常舒适的环境,深受读者喜欢。而江安图书馆的中央空调在实际使用中,被读者提过意见。出于能耗的考虑,图书馆只有在夏天热和冬天冷时利用空调调节馆内温度,而没有用空调的新风更换功能,依靠开窗换气的功能也很弱,造成馆内空气不流通,空气质量很差,损害了读者和工作人员的健康。

图书馆空调的设计,要结合馆内面积、入馆人次、管理方式、价格及保养维修成本等多方面考虑,选择合适的空调系统。

(三)厕所,上下水设计问题

江安图书馆厕所没有和外面相通的窗户,通风问题严重,所以厕所周围有异味,特别是到了冬天,异味非常明显。后来安装了抽风机,达到了一定的改善空气质量的效果。另外,厕所设计的男女蹲位比例不协调,从一楼到五楼,经常出现女厕所排队的现象。

由于没有设计专用的上下水管道,不能在馆内其他位置安装热水器或饮水机,读者饮用水不方便的问题也非常突出。江安图书馆在一楼侧厅靠近厕所处从咖啡吧接入自来水进水管,放置了三个烧开水的热水器,读者可以免费打开水,但仍然存在三个问题,一是该位置靠近厕所,有些不卫生。二是存在读者从馆内出来打开水需要反复出入门禁系统,给读者带来麻烦。三是没有下水通道,开水管下面都是用水桶接水和茶叶渣等,即使经常清理,仍显得有些脏乱。

在图书馆设计的时候,一定要考虑这些非常实际的问题,每个楼层都应该有上下水设计,或者专门的饮水室,方便读者。

(四)对图书馆藏书发展估计不足

国际图联的相关标准指出:存储在闭架书库中,应当允许每1000册图书有5.5平方米的藏书面积(等于182册/平方米,在开架的阅览区内每1000册应当有7平方米(等于143册/平方米)。美国、荷兰、加拿大开架阅览区每平方米藏书分别为143、165、110册,而中国为345册。国内外的标准相差甚远。我国的许多图书馆建成不久就书满为患,藏书标准设计不同可能是重要原因。有的图书馆没有办法,只好减少阅览席位的单位指标。这

样,也就很难给我们的读者创造出舒适、便捷、宽松的读书氛围与环境。

江安图书馆投入使用时,只有 18 万藏书,现在已经有 50 多万册藏书,增长速度很快。在保证读者阅览室座位的提前下,江安图书馆采取了很多办法。根据近几年的新书量,减少书架的间距,增加书架数量,2010 年将书架间距从 1.2m 减少到 1.0m,新增书架 11 排,共 300 架。2012 年将部分书架从五层架调整到六层架,还增加了一些靠墙放置的单面书架。

(五)采光照明问题

合适的照明会为图书馆带来良好的影响,舒适与足够的光线可以增加读者的阅读品质。不良的照明设计除了会对读者与馆员的视力造成伤害外,更可能会使其产生重影与眩光等视觉疲劳问题。

江安图书馆投入使用时,光线过暗,另外灯泡的更换费用也非常高。后来江安分馆综合考虑照明和馆藏维护两方面的需求,测算阅览区和藏书区采光亮度,重新改造照明系统,并把之前的带灯罩比较暗的灯更换为节能灯。一次性投入改造之后,后期维护费用小了很多,更换灯泡也非常方便。

由于图书馆内各个服务区对光线的要求不一样,采用相同的光亮度是不可取的,现代图书馆建筑设计应采用自然光为主、人工照明为辅的方式。在进深较大的开架阅览区以自然采光为主,开架书库以人工照明为主,特殊要求的藏阅空间采用人工照明。当然,由于自然光源的不稳定性,仍应提供充足且稳定的人工照明以利馆内读者使用。

(六)功能区域设计问题

一个好的图书馆建筑不但要为馆藏提供良好的存储条件,而且也要为工作人员和用户提供场所,并实现各自的目的。

江安图书馆的设计充分考虑读者的需求,在建筑空间的设计上采用了"一站式"的模式,由大厅进入,在总台完成整个馆内的借还书工作,实现"借、阅、藏、咨"一条龙服务。不设独立的书库,采用统一层高、统一荷载,打破传统图书馆"库室分离"的模式,层层相通、室室相连,真正实现全面开架、"藏、借、阅"一体化的管理模式,这种开放式的布局从可持续发展的角度出发,为图书馆今后的发展创造了灵活性条件。但是图书馆的功能区域只能满足读者的需求,没有图书馆工作人员的休息场所,只有较封闭的办公区间。如果在图书馆的设计上考虑为馆员规划一个人性化的空间,使馆员能集中精力工作和休息,提高工作效率,会起到更好的效果。

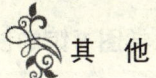

（七）图书馆的导引系统

在现代图书馆的管理中，标识导向系统成为疏导读者人流和识别空间的核心。随着读者需求的变化，现代图书馆给读者提供的服务和内容也一直在不断变化，但是，随着高校人事体制的改革，图书馆的管理人员的数量也在减少，留给读者自主活动的范围和空间在拓展。这个矛盾的解决，需要运用醒目易懂的现代标识系统，使读者不需要图书管理员的帮助就能准确、迅速、便捷地到达自己想要去的地方。

建筑的内部构架、布局能够起到为读者引路的导向标作用。有一个好的标识引导系统，读者进入图书馆，就像有"导游"带领，能够方便地前往要去的地方。否则，读者从事阅读、借还、查询等活动，会因为没有指引而晕头转向。

江安图书馆投入使用时本来有比较完整的标识系统，但是，随着图书馆的服务和功能的拓宽，以及某些功能区的变化，如新增的"新书展示区""信息共享空间"等服务区，需要增添醒目合适的标示指引。

（八）读者阅读习惯变化导致的其他问题

现在很多读者都自己带着手机、笔记本或者其他的移动设备来图书馆，导致图书馆馆内面临电源供给的压力。江安图书馆在修建时，考虑到了读者的需求，除了在会议室、报告厅、过道等地方的墙面设计了电源插头，还在阅览桌下面设计了一些地插，但是由于地插使用不太方便，而且损坏较快，更换和维修成本较高，逐渐没有使用了，现在图书馆明显存在电源插座不够用的问题，有时候会看到读者拖一根很长的插线板，甚至有些就抱着笔记本蹲在电源旁边边充电边使用，除了图书馆有供电压力之外，读者这样做也存在较大的安全隐患。

四、现代图书馆建筑的展望

高校图书馆建成后在校园里要使用几十年甚至上百年，其优劣所发生的影响是多方面的，事先对设计方案的科学评价与修改完善非常重要，在建筑设计时要充分考虑当前和长远的关系，在建设图书馆时应具有前瞻性的眼光。高校图书馆建筑一方面要求建筑空间能适应多种使用模式；另一方面应预留各种管线通路及插座位置，以及进行检修及变更的空间，满足可持续性发展的需求，使大学图书馆建筑更多融入专业智慧与研究结晶。

高校图书馆要坚持适用性、经济性的建设方针，兼备智能性、开放性、灵活性、可扩展性，增强图书馆的生命力和可持续发展能力。结合当地实际情况，对新建图书馆的规划，要结合学校或者城市的整体风格，分析图书馆的发展方向和发展趋势，面向未来，以人为本。另外，图书馆管理者和读者要共同参与建设，因为图书馆是对读者服务的建筑类型，而大学图书馆的主要使用人群是大学的本科生、研究生和教师，读者对图书馆的使用有自己的特点，各类读者在使用时间、频率、方式和选择范围等方面会有不同，设计时对使用人群行为模式做一定的调查，这样使建筑物更适用、更合理。

  成功的图书馆建筑，需要花费大量的时间和精力，做深入研究和调查，与各方面密切合作。好的图书馆建筑能降低管理成本、提高服务质量，充分发挥图书馆的各项功能。

参考文献：

[1] 贺霞. 对高校新校区图书馆建设的思考 [J]. 图书馆理论与实践，2011 (6)：91-93.

[2] 李明华. 对中国图书馆建筑文化的思考 [J]. 中国图书馆学报，2005 (3)：90-92.

[3] 图书馆建筑设计规范 [EB/OL]. http：//csgh. hbsjst. gov. cn/Web/Article /2006/10/27/1416392761. aspx?ArticleID=000c3647-8db4-4cb6-8c49-02860b3e205a.

[4] 吴彦华. 新时期高校图书馆建筑设计研究 [J]. 河南图书馆学刊，2010 (6)：66-68.

[5] 张耀东. 日本福冈市综合图书馆的节能目标和能效措施 [J]. 电力需求侧管理，2008 (10)：68-69.

[6] 周进良. 图书馆建筑艺术的美学研究 [J]. 图书馆，2005 (1)：79-81.

《隋书·经籍志》的学术价值浅析

姚大亮

摘　要：《隋书·经籍志》继承和发展了汉魏六朝的目录学成果，在体例结构、分类体系、编制方法上均有所创新，有很高的学术价值。

关键词：《隋书·经籍志》；分类体系；学术价值；目录学史

《隋书·经籍志》由魏徵等编撰。成书时间颇长，初修于唐高祖武德年间，到高宗显庆元年（公元 656 年）才修成十志，方成书。它是一部反映隋代当时藏书和梁代以前藏书的综合性图书目录，也是继《汉书·艺文志》以后的中国现存最古的第二部史志目录，反映了汉以后至南北朝以及隋代的图书著录情况。它的出现也是对唐以前的典籍存亡状况及东汉以来的学术的一个总结。它的参考价值很大，在图书分类史、目录学史，乃至文化学术史上都占有重要的地位，尤其对中国古代目录学影响深远，对古籍考证也有重大意义。本文试图对《隋书·经籍志》的学术价值做一点浅显的分析以就教于同行。

一、《隋书·经籍志》是中国古代目录学的重要文献

何谓"目录"。"目"的本义是人的眼睛。引申为孔眼，再梯次引申为木节、条目、篇目。如《汉书·艺文志》云"辄条其篇目，撮其指要，录而奏之"。"录"的本义是刻写，古代用刀刻写，故从刀旁。引申为记载、叙述。"目"和"录"二字连称，始于西汉刘向父子。《别录》一书中已有"目录"一词。目录学史上的目录，有时指一书的目录，即篇目；有时指群书的目录，即书目。从中国目录学史看，目录体制主要由篇目、叙录和类序三部分构成。另外有无小序也是目录分类的重要标准之一。目录可分为三类：一类为三者俱全。部类之下有小序，书名之下有解题。如陈振孙的《直斋书录解题》。二类为有篇目和类序而无解题。如《汉书·艺文志》《隋书·经籍志》。

三类只有篇目或书名,而小序和解题俱无。如郑樵的《通志·艺文略》。把有无类序作为分类的主要标准之一,是因为类序在目录中居于重要的位置。便于后世学者了解书目体例沿革,完成辨章学术、考镜源流的任务。

《隋书·经籍志》是《汉书·艺文志》之后出现的具备卷首总序、卷末后序、四部及道佛大序和各类小序的图书目录。它继承了《汉书·艺文志》按学术流派的分类叙说的传统,发展了汉魏以来的目录学成果,揭开目录学理论研究新的一页并取得了巨大成果。

《隋书·经籍志》总序就是对前代历朝目录著作的理论分析,是研究唐代以前中国目录学和目录学史的基本文献,也可看作是该书的总纲。

《隋书·经籍志》类序共有48篇。前有总序一篇,四部有后序四篇,各类有小序四十篇,末有后序一篇。总序独树一帜,单列一类,置于经部之首,小序则在部、类之后。撰写类序是中国目录学的优良传统,它既是评介图书的工具,也能成为后世学者做学问的门径。

从《隋书·经籍志》类序记载,可基本解决中国目录学起源的问题。《隋书·经籍志·薄录篇》云:"古者史官既司典籍,盖有目录以为纲纪。体制湮灭,不复可知"。古代史官记言记事,积累大量材料于典籍,子孙世代传习,供读者咨询与使用,应该编有目录,只是未见流传下来,更确切地说是失传了。据此很多学者推测中国目录学在殷商时代就已经萌芽了。

按《隋书·经籍志》类序的记载,可以清楚看到他分类的详细情况。《隋书·经籍志》按经、史、子、集四分法分类。其类目名称大致如下:经部十类,易、书、诗、礼、乐、春秋、孝经、论语、谶纬、小学;史部十三类,正史、古史、霸史、起居注、旧事、职官、仪注、刑法、杂传、地理、谱系、薄录;子部十四类,儒、道、法、名、墨、纵横、杂、农、小说、兵、天文、历数、五行、医方;集部三类,楚辞、别集、总集。另有道经部:经戒、饵服、房中、符录,佛经部:经、律、论。

《隋书·经籍志》总序总结了唐代以前书目方法、书目体例及分类体系,取其长,避其短。吸收《别录》《七略》的体例,使各类有序。在书目分类中,既吸收刘、班思想,又参考王、阮志录。择善从之,有所创新,从而形成了《隋书·经籍志》四部大类和道佛附录的分类体系。由此可见,《隋书·经籍志》的分类体系与《汉书·艺文志》《七录》《七志》乃至《四部书目》有明显的渊源关系。

《隋书·经籍志》类序能帮助后世学者考辨书籍类型及演变情况。如《别集》《总集》。再结合现今的《辞海》和《四库全书总目提要集部》观之,

《隋书·经籍志》关于"别集""总集"的概念都是准确的。

《隋书·经籍志》序对中国古代目录著作的得失给予了恰当的评价。如评价《七录》"其分部题目,颇有秩序,割析辞义,浅薄不经。"透过《隋书·经籍志》的记述可以清楚地了解中国古代书目的编制体例、书目方法的沿革和书目著作的得失。对《七略》《别集》产生之后到《隋书·经籍志》前,这段目录学史作了概括性的总结,也指出其中存在的问题。

总之,《隋书·经籍志》类序内容极其丰富,应认真研究。为中国当代目录学的发展提供借鉴。

二、《隋书·经籍志》在中国目录分类学史上的作用和影响

《隋书·经籍志》的突出特点就是统一并确立了经、史、子、集四部分类的体系。在中国目录学史上有承前启后的地位。书目分类在中国历史上主要有两个分类体系,即"四分法"和"七分法"。

七分法由西汉刘向、刘歆父子所创。刘向著有《别录》,这是中国第一部图书目录。刘向死后,其子刘歆继续整理群书,并把《别录》各叙录的内容加以简化,把著录的书分为六略,即六艺略、诸子略、诗赋略、兵书略、术数略、方技略,再在前面加上一个总论性质的"辑略",编成了《七略》。《七略》是中国第一部系统的分类提要目录。大类曰略,小类曰种,共七略三十八种。稍后之《汉书·艺文志》,班固将《七略》的《辑略》,也就是《七略》对各家学说著作及流派的论述按其内容分开,作为各略各类的大、小序散入各略各类之后,使论述和分类著录更紧密地结合起来。实际上就是舍弃辑略,变为六略。到南朝宋齐之际,王俭依《七略》体例撰《七志》,增加图谱志,且附上佛道二经,实为九大类。梁代阮孝绪改进刘氏父子以来的分类体系,撰有《七录》,体例仿《七略》《七志》而自定新法。该书分为内外两篇。内篇有经典录、纪传录、子兵录、文集录、术技录;外篇有佛法录、仙道录、共著录。阮孝绪的创新既体现在勘酌王(俭)、刘(歆),也暗含吸取了荀勖、李充之长。

四分法初创于郑默。郑默生活在三国魏晋之际,于青龙三年(公元235年),撰成国家藏书目录《魏中经簿》14卷,又称《中经簿》,记载了魏国藏书情况。该目录一改汉代刘向、刘歆的《七略》的六分法体系,分群书为甲、乙、丙、丁四类。该目录对后世影响颇大,四分法由此初创。晋初,秘书监荀勖与中书令张华整理书籍,乃袭《中经》又根据《七略》以后三百年中的学术变迁,各类图书庋藏的方便,著有《中经新簿》。该书取《中经》

之法，将经、子、史、集四部按甲、乙、丙、丁排列，已突破了《七略》的文献分类格局，勾画出四部分类法的雏形。

东晋李充任著作郎时，掌管国史编撰，著有《晋元帝四部书目》。该书目置换了子、史次序，乙部为史、丙部为子。即形成经、史、子、诗赋四部分类法。这样四分法就基本成型。《隋书·经籍志》在此基础上进一步应用四部分类法，将《七录》子兵录、术技录合并为子部，而且将每一部定名，即经、史、子、集。至此四部分类体系臻于完善。四分法由此获得图书分类的"标准"地位。这也就是《隋书经籍志》的历史地位。可以说《隋书·经籍志》是中国传统社会的图书分类标准。直到《四库全书》乃至更后都没有变化。如《四库全书总目》凡例指出："自隋志以下，门目大同小异，互有出入，亦各具得失，今择善而从。"就在今天，整理古籍仍需采用"四分法"。可见《隋书·经籍志》至今都还有影响。

三、结束语

透过对《隋书·经籍志》的分析，可以梳理出中国目录学史的演化路径。不难看出《隋书·经籍志》确立了经、史、子、集四部分类体系以后，无论官方还是民间都遵从沿袭，虽有少许不循四部的分类，但始终不能动摇经、史、子、集四部分类体系的正统地位。清乾隆时编修的《四库全书》更是集大成者，使四部分类法的应用达到一个新的高度。目录的演变能提供图书流转的情况，也是我们考察一个时代学术情况的最直观的材料。

参考文献：

[1] 陈力. 中国图书史 [M]. 台湾：文津出版社，1996.

[2] 李日刚. 中国目录学 [M]. 台湾：明文书局，1983.

[3] 许世瑛. 中国目录学史 [M]. 台湾：中国文化大学出版部，1982.

[4] 王重民. 中国目录学史论丛 [M]. 第1版. 中华书局，1984.

基于 RDF 的春秋历史事件描述研究

李国洪

摘　要：本文在已经构建的历史本体基础上，分析总结出春秋历史事件陈述的特征，运用 RDF 描述理论和 RDF 基本描述模型对简单的历史事件陈述进行 RDF 描述。在实际描述过程中发现基本描述模型的局限性，对于复杂的历史事件陈述难以胜任，为此尝试建立了事件描述模型，运用事件模型对较为复杂的历史陈述进行 RDF 描述。

关键词：RDF 描述；历史事件

语义 Web 是现有 Web 的扩展，其目标是使 Web 上的信息可以被机器所理解，从而高效准确地查找信息。在语义万维网的结构中，资源描述框架（Resource Description Framework，简称 RDF）和本体占有非常重要的地位。RDF 和 RDF Schema 一般被用于描述资源，从而提供资源的元数据。本体用于描述各种资源之间的联系，是进行知识描述的资源储备，本体里所有的资源都可用于知识描述。用本体资源以 RDF 描述知识的方式建立语义知识库是目前语义 Web 研究中的一个热点。

RDF 是一个用于表达关于万维网（World Wide Web）上的信息资源的语言，是 W3C 推荐标准之一。它以三元组方式描述关于 Web 资源的元数据，例如 Web 页面的标题、作者和修改时间、文档的版权和许可信息等。RDF 被用于描述任何可以在 Web 上被标识的事物的信息。RDF 的设计目的是要能被机器所理解，从而能实现对语义信息的处理，计算机会根据关键名称定义的超链接和逻辑推理规则理解数据的含义。在建立春秋历史领域本体后即可利用该本体的类、属性等资源进行历史事件的 RDF 描述。RDF 描述产生的三元组信息可存入 SQL 数据库，可用于语意检索。

一、RDF 基本描述模型

（一）基本模型

基本模型是指最基本的 RDF 描述方式，是标准的主、谓、宾三元组形式。Web 上的任何资源都可以用三元组来描述。简单模型的描述能力很差，它只能够描述最基本的标准的主、谓、宾陈述。例如可以用简单模型描述"周平王迁都洛邑"。该历史事件陈述的意思是"周平王把都城迁徙到洛邑"，如果把主语和宾语看作是节点，属性看成是一条边，属性值为本体资源 Onto2：迁都，则一个简单的 RDF 陈述就可以表示成一个 RDF 有向图（Graph），具体如下图 1 所示。在画 RDF 图时，节点为资源（URI）的用椭圆来表示，而节点为字符的则用方框来表示。

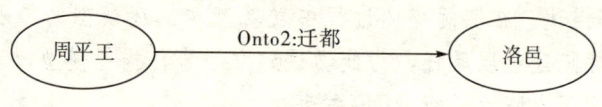

图 1 RDF 简单模型有向图

但基本模型不能胜任完整的春秋历史陈述的描述，因为所有春秋历史陈述都有一个事件的发生时间、发生地点、事件产生的结果等。基本模型无法完整描述这些属性，所以需要将基本模型具体化来描述此类信息。

（二）基本模型具体化

RDF 提供了用以描述 RDF 陈述的具体化词汇（内置词汇），一个陈述的主语、谓语和宾语对象、类型属性等都可以被具体化，分别使用 rdf：subject、rdf：predicate、rdf：object、rdf：type 来描述。具体化词汇及具体描述时 rdf 要小写。如果需要描述 RDF 陈述的修改时间、作者等信息，就需要应用具体化机制。rdf：subject 表示一个资源是某个 RDF 陈述的主体，rdf：predicate 表示一个资源是某个 RDF 陈述的谓语，rdf：object 则表示一个资源是某个 RDF 陈述的客体。用这些词汇对一个陈述的描述称为这个陈述的具体化（rdf reification），用 RDF 图表述如下图 2 所示。

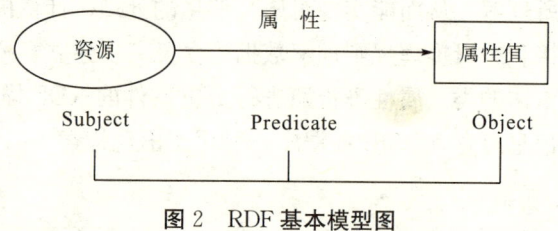

图 2 RDF 基本模型图

例如陈述"公元前658年晋假道于虞以伐虢"。其中"晋国假道虞国"这个简单陈述用RDF具体化词汇来描述就是。

rdf: subject:　　晋国;
rdf: predicate:　假道;
rdf: object:　　 虞国;
rdf: type:　　　 statement

用RDF有向图表示如图3所示:

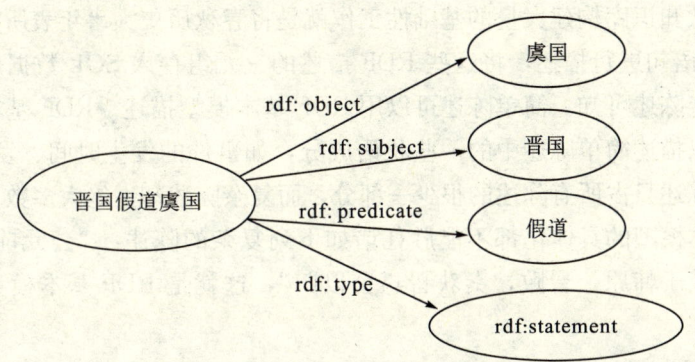

图3　RDF具体化词汇描述实例

计算机可以理解的是用RDF语句描述的三元组模式,所以需要用RDF/XML语句描述如下:

```
<?xml version="1.0"?>
<rdf:RDF
    xmlns:rdf="http://www.w3.org/1999/02/22-rdf-syntax-ns#"
    xmlns:gss="http://www.w3.org/2001/11/IsaViz/graphstylesheets#"
    xmlns:xsd="http://www.w3.org/2001/XMLSchema#"
    xmlns:rdfs="http://www.w3.org/2000/01/rdf-schema#">
    <rdf:statement rdf:about="Jin by way of the Yuguo ">
    <rdfs:comment xml:lang="zh">晋国假道虞国</rdfs:comment>
        <rdf:subject rdf:resource=" Jin guo"/>
        <rdf:predicate xml:lang="en"> by way of </rdf:predicate>
        <rdf:object rdf:resource="Yu guo"/>
    </rdf:statement>
</rdf:RDF>
```

通过与 RDF 基本模型陈述比较，用 RDF 具体化可以清晰具体的描述了该陈述，并且为表达这一事件与另外一个或多个事件的关联提供了关键的技术支持。RDF 具体化词汇的惯用法通常包含了用这个模式描述的四个陈述，因此，这四个陈述有时被称为"具体化四元组"（Reification Quad）。

二、基本模型的局限性

春秋知识库构建大量的基础性工作就是将春秋历史大事年表所有的陈述用 RDF 语句进行描述，将这些 RDF 描述的三元组存入 SQL 数据库。通过分析这些陈述可知，简单陈述可以用 RDF 基本模型描述。RDF 基本模型具体化可以描述简单陈述中的一些状语成分，如事件的发生时间、发生地点。但简单陈述只占所有陈述的很少一部分，而复杂陈述却占绝大多数。基本模型和基本模型的具体化都不能胜任诸如下列复杂的陈述："公元前 645 年，秦、晋战于韩原，晋败，秦获晋惠公以归"，这就是 RDF 基本模型的局限所在。

三、事件模型

因为大部分的历史陈述都是事件陈述，基本模型不能够胜任对复杂陈述的 RDF 描述，所以笔者尝试对基本模型进行扩展，建立一个通用的事件模型来指导历史事件的描述，使其能够描述复杂的历史事件陈述。基本模型增加属性及属性值，以适当的逻辑关系组配，从而扩展出 RDF 事件模型。

（一）事件模型的建立

一个事件的基本元素包括：发生时间、发生地点、事件主体、事件客体、事件起因、事件目的、事件结果等。根据这些元素可以建立事件模型如下图 4 所示。该模型是一个用于描述事件陈述的完整模型，它是在基本模型基础上建立起来的，因为每一个属性、属性值与主语都是一个完整的三元组，即 RDF 基本模型。事件模型可以全面地描述某个事件。该模型看似简单，其实结构比较复杂，因为后面三个元素"发生原因、事件目的、事件结果"的属性值都是另外的事件，而另外的事件又具有这 7 个元素。模型中的元素并非每个事件都要全部描述出来，大多数事件只需要描述事件模型中的一个或几个元素，其他元素可以省略。

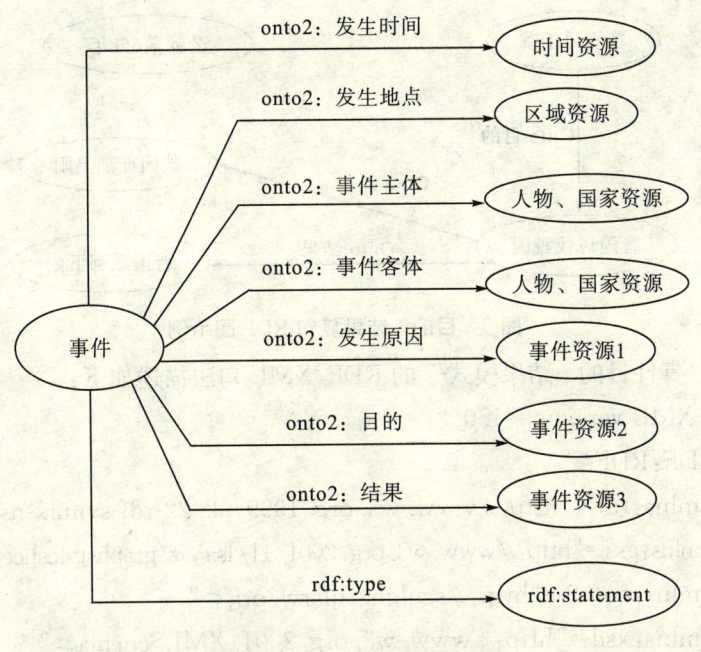

图 4 RDF 事件模型图

（二）事件模型描述复杂陈述

因为春秋历史大事陈述的是一系列事件，并且每个陈述在多数情况下有超过一个事件，事件之间有复杂的关系，所以必须用事件模型来依次描述一个陈述里的多个事件。

下面以一个实例来展示事件模型描述一个复杂陈述：

"晋假道于虞以伐虢，取都下阳，虢徙都上阳"

用 RDF 图表述如图 5 所示，从该 RDF 图可以直观地看出："晋假道于虞以伐虢"的结果是另外两个事件，即"晋国取都下阳"和"虢国徙都上阳"。这两个事件必须以具体化的方式描述才能够完成该陈述的语义描述。为了描述一个陈述里的、相互关联的多个事件，必须像简单模型具体化一样将事件模型具体化，即用 RDF 具体化词汇将事件模型的主语、谓词、宾语、类型等单独标识，除了主语、谓词、宾语之外的其他事件元素也可以一起描述。

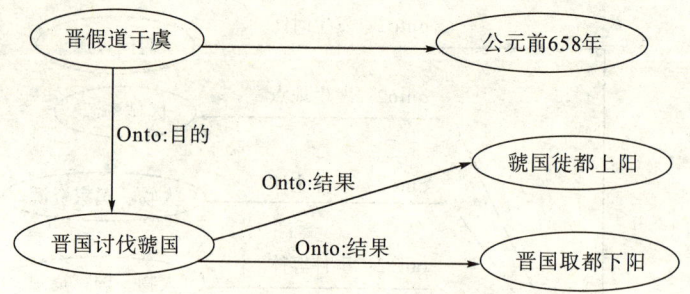

图 5　目的-结果复句 RDF 图示例

该"事件目的-结果模式"的 RDF/XML 句法描述如下：

```
<? XML version="1.0"?>
<RDF:RDF
  xmlns:rdf="http://www.w3.org/1999/02/22-rdf-syntax-ns#"
  xmlns:gss="http://www.w3.org/2001/11/IsaViz/graphstylesheets#"
  xmlns:onto2="http://sculgh.cqlsrw.org#"
  xmlns:xsd="http://www.w3.org/2001/XMLSchema#"
  xmlns:rdfs="http://www.w3.org/2000/01/rdf-schema#">
    <rdf:statement  rdf:about="event -1">
    <rdfs:comment xml:lang="zh">晋国讨伐虢国</rdfs:comment>
      <rdf:subject rdf:resource="Jin guo "/>
        <rdf:predicate XML:lang="en"> invasion </rdf:predicate>
        <rdf:object rdf:resource="Guo guo"/>
    <onto:result>
        <rdf:statement rdf:about="event-2">
         < rdfs: comment xml: lang = " zh" >虢国徙都上阳</rdfs:comment>
            <rdf:subject rdf:resource="Guo guo"/>
            <rdf:predicate xml:lang="chi">move the capital to another
              place</rdf:predicate>
            <rdf:object rdf:resource="Shang yang"/>
        </RDF:statement>
     </onto:result >
    <onto:result >
        <rdf:statement rdf:about="event-3">
```

```
        <rdfs:comment xml:lang="zh">晋国取都下阳</rdfs:comment>
            <rdf:subject rdf:resource="Jin guo "/>
            <rdf:predicate XML:lang="en"> occupied </rdf:predicate>
            <rdf:object rdf:resource="Xiayang"/>
     </RDF:statement>
   </onto:result>
  </RDF:statement>
  <rdf:statement rdf:about="Event-4">
      <rdfs:comment xml:lang="zh">晋假道于虞</rdfs:comment>
         <Onto:time of occurrence ="B.C658 /">
         <rdf:subject rdf:resource="Jin"/>
         <rdf:predicate xml:lang="chi"> by way of </rdf:predicate>
       <rdf:object   rdf:resource="Yu"/>
       <onto:Purpose rdf:resource="event-1"/>
    </RDF:statement>
</RDF:RDF>
```

四、结语

事件描述模型能够胜任绝大多数历史事件陈述的 RDF 描述，但一些更为复杂的历史陈述还需深入研究，以实现 RDF 描述。由于本体建设的质量很大程度上影响着 RDF 描述的效果，本体中属性之间的关系以及属性的体系结构有待逐步深入和完善。RDF 描述的结果还需存入 SQL 数据库才能够被利用，所以后续的 RDF 数据存储与查询、本体推理研究将直观地体现出语义 Web 实用价值。

参考文献:

[1] 董慧. 本体与数字图书馆 [M]. 武汉大学出版社, 2008: 10-80.

[2] 董慧. 基于数字图书馆的本体演化和知识管理研究 (Ⅱ)——动态知识组织 [J]. 情报学报, 2009 (4).

[3] 董慧. 基于数字图书馆的本体演化和知识管理研究 (Ⅲ)——动态知识描述 [J]. 情报学报, 2009 (5).

[4] 罗昊, 杨志新, 杨贯中. Protégé 知识模型的研究 [J]. 科学技术与工程, 2007 (7): 4606-4610.

[5] 罗彬. 基于语义 Web 的知识库系统模型实验研究 [J]. 图书馆学研究, 2007 (6).